Diálogos de serie

Linguistic Insights

Studies in Language and Communication

Edited by Maurizio Gotti,
University of Bergamo

Volume 279

PETER LANG
Bern · Berlin · Bruxelles · New York · Oxford

Luisa Chierichetti

Diálogos de serie

Una aproximación a la construcción discursiva de personajes basada en corpus

PETER LANG
Bern · Berlin · Bruxelles · New York · Oxford

Bibliographic information published by die Deutsche Nationalbibliothek
Die Deutsche Nationalbibliothek lists this publication in the Deutsche Nationalbibliografie; detailed bibliographic data is available on the Internet at ‹http://dnb.d-nb.de›.

Il volume è stato realizzato con il contributo del Dipartimento di Lingue, Letterature e Culture Straniere dell'Università degli Studi di Bergamo nell'ambito del progetto „Dipartimento d'Eccellenza".

ISSN 1424-8689
ISBN 978-3-0343-4274-2 (Print)
E-ISBN 978-3-0343-4313-8 (E-PDF)
E-ISBN 978-3-0343-4314-5 (EPUB)
E-ISBN 978-3-0343-4315-2 (MOBI)
DOI 10.3726/b18311

Wabernstrasse 40, CH-3007 Bern, Switzerland
bern@peterlang.com, www.peterlang.com

Para Flamaire, con amor

Durante la larga preparación de este libro he tenido la suerte de poder contar con el apoyo y la colaboración de muchas personas que quiero agradecer brevemente en estas líneas. Gracias al amigo Andrés Cuenca Lillo, por dejarme entrar en el universo de los guiones y a Juanma Ruiz Córdoba, por acercarme al mundo de la ideación de *Águila Roja*. Gracias a Roberto Bernasconi, Antonio Moreno Ortiz, Giovanna Mapelli, Miguel Fuster Márquez, Luis Deltell Escolar, Carmina Gregori Signes y Andrés Ortega Garrido por su generosa amistad y constante ayuda en diversos aspectos y momentos del trabajo. Y gracias también al equipo de soporte de Sketch Engine, por su disponibilidad.

Índice

1. Introducción

1.1 El discurso telecinemático

Los productos cinematográficos y televisivos contemporáneos son obras multimodales complejas en las que se entretejen principalmente dos aspectos: el sonido y la imagen. Por un lado, podemos distinguir, siguiendo a Janney (2012: 86) el concepto de *discurso cinemático* (*cinematic discourse*), que abarca "el discurso de la puesta en escena, la cinematografía, el montaje, etc." y el de *discurso fílmico* (*film discourse*), que se refiere a la "conversación en la interacción ficcional". El segundo ámbito, más pertinente a nuestra investigación, situada en el ámbito lingüístico, también ha sido denominado "lenguaje de las películas y de la televisión" (Piazza/Bednarek/Rossi 2011b), "diálogo cinematográfico" (Rossi 2011), "discurso cinematográfico" (Dynel 2011b) o, pasando al terreno de la televisión, "discurso televisivo" (Lorenzo Dus 2009), "diálogo televisivo" (Quaglio 2009), "diálogo televisivo dramático" (Richardson 2010), "lenguaje de la televisión ficcional" (Bednarek 2010) o, finalmente, "discurso telecinemático" (Piazza/Bednarek/Rossi 2011a)[1]. Esta acertada y afortunada formulación, que reconoce la existencia de características compartidas entre el lenguaje ficcional y narrativo del cine y de la televisión, ha sido últimamente ampliada por Hoffmann (2020: 4) a todos los tipos de recursos cinematográficos y semióticos que intervienen en el proceso de construcción de sentido de la producción cinematográfica y televisiva, abarcando, pues, también la dimensión del "discurso cinemático" enunciada por Janney (2012).

1 Todas las traducciones del inglés al español presentes en este libro son de la autora.

Hoffmann también incluye en el discurso telecinemático todos los tipos y formas de géneros televisivos y cinematográficos no ficcionales o semificcionales y engloba no solo los diálogos, sino también los monólogos, hablados por personajes principales o secundarios diegéticos o extradiegéticos y en general todo tipo de (re)presentaciones auditivas, como partituras, canciones y sonidos. Esta visión teórica abarcadora e inclusiva nos parece muy acertada y definitiva; por otro lado, como plantea el mismo Hoffmann (2020: 5–6), la complejidad de los artefactos culturales cinematográficos y televisivos, por su riqueza semiótica y las técnicas que implican, obliga a seleccionar los modos expresivos pertinentes a los objetivos o los intereses académicos de cada investigador o investigadora, con tal de que se tenga en cuenta la perspectiva multimodal y multisemiótica del texto.

A la luz de las reflexiones más recientes que acabamos de resumir acerca del discurso telecinemático, podemos enmarcar nuestro estudio en el ámbito del diálogo telecinemático, en el que también exploramos una dimensión semiótica más amplia, aunque sin emprender un análisis multimodal (véase el capítulo 4). Los textos de nuestro corpus electrónico no son una transcripción de los artefactos audiovisuales, ya que pertenecen al género discursivo del guion; no están diseñados para reflejar el producto cinematográfico real, sino para crearlo; pueden diferir de la obra final, por decisiones y cambios acaecidos durante la producción, o por la flexibilidad de la interpretación por parte de los actores. Podemos definirlos como productos discursivos constituidos básicamente por los diálogos de los personajes, a los que se añaden los encabezados, las descripciones, las acotaciones y las voces.

Pretendemos contribuir al estudio del lenguaje de las series televisivas y especialmente nos proponemos analizar cómo el lenguaje es utilizado para crear la identidad expresiva de los personajes, sirviéndonos de una serie española de gran éxito, *Águila Roja*, como caso de estudio. Nos ceñimos al proceso de ideación y escritura, explorando el tema del mundo ficcional a través de los diálogos y de una variedad de elementos de tipo discursivo. Centramos nuestro enfoque en una única serie de forma que sea posible observar de manera extensiva la creación y el contexto del producto ficcional objeto del análisis lingüístico[2]. La metodología que adoptamos, como veremos más detenidamente en el capítulo 6, combina un análisis cuantitativo y cualitativo y, a la vez, utiliza las herramientas de la lingüística de corpus y del análisis del discurso, acoplando perspectivas relacionadas con la lingüística de corpus, la pragmática y la estilística (Bednarek 2010: 2), en el ámbito de lo que se ha venido denominando 'estudios del discurso asistidos por corpus' (EDAC) o *corpus-assisted discourse studies* (CADS) (Partington 2004).

1.2 La ficción seriada como objeto de análisis discursivo

Las series televisivas de ficción representan un producto cultural extremadamente rico en datos lingüístico-discursivos que forma parte de la cultura popular contemporánea. Como otros productos de los medios de comunicación –películas, emisiones de radio, grabaciones de música pop– las series se consideran representaciones mediadas (*mediated performances*) y, por su enorme difusión en la sociedad contemporánea, son hoy en día el canal primario de las representaciones públicas. Se trata de representaciones intencionales del lenguaje y de otras modalidades al servicio del significado social (Bell/Gibson 2011: 559) que, por su naturaleza y por tradición, son lingüísticamente estilizadas, es decir, ensayadas, autoconscientes, teatrales y a veces hiperbólicas. Como veremos en el capítulo 2, el tipo de discurso que encontramos en las series es el discurso recitado, un discurso oral elaborado o prefabricado, nacido de la selección de aspectos específicos del discurso oral espontáneo, aceptados y reconocidos como tales por la audiencia (Baños Piñero 2009: 1), un discurso que se sitúa en el mundo de

2 Como nota Bednarek (2010: 4), la tradición de focalizar la investigación en un único producto cultural o en un único autor está muy extendida en los estudios lingüísticos, especialmente en la estilística. También varios estudios de corte lingüístico sobre ficción televisiva siguen esta pauta, como Bubel 2006, Bubel y Spitz 2006, Quaglio 2009, Stokoe 2008.

la creatividad y de la autoconsciencia, un *parlato-recitato* (Nencioni 1976) o *written to be spoken as if not written* (Gregory/Carroll 1978).

La producción discursiva mediada asume un papel importante también en la medida en que en la mente del público los recursos lingüísticos se asocian con figuras caracterizadas por determinados estilos de habla. Según Coupland (2007: 155) se trata de "a specific discursive format which packages up stylistic and socio-semantic complexes and makes them transportable". Los discursos de estos géneros funcionan como detonadores de la repetición y de la citación y, de esta manera, se infiltran e influencian otros usos lingüísticos; de ahí que el discurso recitado y mediado por los medios de comunicación, involucrados cada vez más en la vida y la experiencia de cada día, cree relaciones que circulan entre el lenguaje de cada día y el lenguaje recitado. Se trata de materiales que se basan en la comunicación real y que a su vez tienen un impacto en la producción discursiva diaria, a menudo en la juvenil. En el entorno mediado y digitalizado del siglo XXI, estas representaciones desempeñan un papel central en la fijación de estilos y de las figuras características asociadas (Bell/Gibson 2011: 558–561).

A partir de los inicios del nuevo milenio, un número creciente de investigadores ha ido acercándose desde un punto de vista lingüístico a la ficción audiovisual, un ámbito que tradicionalmente se consideraba territorio de disciplinas como los estudios literarios, de cine o de medios de comunicación de masas (Androutsopoulos 2012: 139). La televisión, en tanto que producto de la cultura popular, forma parte de la vida de cada día de un número enorme de personas que construyen discursos acerca de ella y la utilizan para negociar sus identidades – incluso cuando no la ven o dicen no verla–:

> People frequently watch television together and/or talk to each other about it, both at home, among friends and at the workplace. As 'uses and gratification theory' argues, television fulfils needs for social interaction, relationship and identity building, by helping viewers both to bond with characters, to talk to others about television series and to compare our own identity with those of televisual characters (Bednarek 2010: 8).

En el contexto televisivo, la ficción desempeña un papel muy importante, bien en la televisión propiamente dicha, bien en soportes como el DVD; cada vez es mayor su migración hacia otros dispositivos más recientes, flexibles y móviles, basados en el uso de internet (ordenadores portátiles, tabletas, teléfonos inteligentes, etc.) y especialmente hacia plataformas centradas en los contenidos en *streaming*. Refiriéndose a las series norteamericanas, Bednarek (2010: 7) apunta, entre las razones por las que merece la pena analizar lingüísticamente el discurso televisivo, las llamativas cifras de la audiencia de estos productos, así como el impacto que el discurso producido en ellas puede tener a nivel mundial para aprendices del inglés como lengua extranjera. Aunque estas consideraciones no poseen el mismo peso cuantitativo en el caso de la ficción audiovisual en lengua española, es cierto que mantienen una validez general por lo que se refiere al espacio iberoamericano.

Los estudios lingüísticos en inglés sobre series televisivas recogidos en la exhaustiva y constantemente actualizada bibliografía elaborada por Bednarek y Zago (2021) se ciñen de forma casi exclusiva a series en lengua inglesa (los autores recopilan más de cien entradas de trabajos en inglés que versan exclusivamente sobre series, y otra veintena acerca de series y cine). En particular, limitándonos al objetivo principal de este libro, es decir, la caracterización lingüística de personajes en las series, destacamos, sin pretensión de exhaustividad, algunas investigaciones de relieve a partir del volumen de Baker (2005), en el que se combinan la sociolingüística y la lingüística de corpus en la construcción de la identidad homosexual, dedicando un capítulo a los personajes gais de la serie *Will and Grace*. También Wodak (2009), estudiando la relación compleja y cambiante entre la política y los medios de comunicación, examina la construcción discursiva del héroe en la serie *The West Wing*. Bednarek, en su volumen sobre el lenguaje de la ficción televisiva (2010), así como en algunos ensayos posteriores (2011a, 2011b, 2012a, 2012b) sobre la caracterización de los personajes de series, ofrece una reflexión sobre las características de la ficción en la pequeña pantalla, uniendo los temas de la multimodalidad, el género y la audiencia con la creación de una "identidad expresiva del personaje", mediante técnicas de análisis de corpus y análisis discursivo 'manual'. Bubel (2006) dedica su tesis doctoral a la construcción discursiva de las relaciones entre personajes, centrándose en la amistad en *Sex and the City*. La caracterización lingüística de personajes de series es investigada por Bubel y Spitz (2006), Gregori Signes (2007) y Richardson (2010) focalizándose en los medios del humor verbal y la descortesía, y por Mandala (2007, 2008, 2011), quien se centra en relevantes recursos discursivos en inglés, como el uso de adjetivos en -y, el cambio de código del inglés al chino y la cortesía lingüística.

Bednarek y Zago (2021) también señalan la existencia de algunos corpus electrónicos de series norteamericanas: el *Corpus of American Television Series* (CATS), que incluye diálogos de cuatro series (alrededor de 160.000 palabras), *The Corpus of American Soap Operas* (100 millones de palabras), *The Friends Corpus*, que incluye los diálogos de nueve temporadas de la famosa *sitcom* (alrededor de 600.000 palabras), *The Sydney Corpus of Television Dialogue* (SydTV), que recopila los diálogos de un episodio de cada una de 66 distintas series televisivas norteamericanas contemporáneas (unas 275.000 palabras) y *The TV Corpus: 325 Million Words, 1950–2018*; todos estos corpus están constituidos por transcripciones.

Para las series españolas, actualmente no disponemos de recopilaciones electrónicas de transcripciones de cierta dimensión. La ficción seriada se ha estudiado en los campos de la comunicación audiovisual (p. ej., Medina Bravo/Rodrigo Alsina 2009; Ruiz Collantes *et al.* 2006), de los estudios de recepción (p. ej., Cascajosa Virino 2016), de construcción de género (p. ej., González de Garay Domínguez 2009, Galán Fajardo 2007) y de mercado (p. ej., Torrado/Castelo 2005). Mediante un análisis de contenidos, López y Cuenca (2005), Galán Fajardo (2006), Igartua, Barrios y Ortega (2012) y Marcos e Igartua (2014), se centran en la creación y uso de estereotipos sociales, mientras que Simelio Solá (2010) aborda la representación de las relaciones sociales en las series de ficción españolas creadas específicamente para Internet (*webseries*). La investigación lingüística sobre series españolas está limitada de forma casi exclusiva, que sepamos, al ámbito de la traducción y del doblaje, en algunos estudios sobre el discurso oral prefabricado (p. ej., Baños Piñero 2009, 2010, 2013, desde un punto de vista contrastivo con el inglés; Tonin 2014; La Forgia/Tonin 2016). Fuera de esta perspectiva, solo los estudios de Mapelli (2016, 2017) se centran en aspectos discursivos, a saber, la atenuación y la intensificación en el registro coloquial utilizado en las series. Podemos afirmar que, hasta el momento, en España la producción de ficción autóctona para televisión no ha sido objeto de gran interés desde el punto de vista del análisis lingüístico, y tampoco se han publicado estudios específicos acerca de la construcción discursiva de los personajes de series españolas.

1.3 El guion como objeto de análisis discursivo

La ficción seriada puede investigarse desde distintas perspectivas que se centran en diferentes objetos de estudio (Bednarek 2015c: 222):

- la creación: examinar la escritura y la producción de guiones;
- el producto: analizar los rasgos característicos del resultado del proceso de escritura y producción de guiones, a saber, la retransmisión de episodios de series[3];
- el consumo: estudiar el consumo y la recepción del producto por parte de su audiencia.

En este enfoque tripartito, el guion resulta ser un posible objeto de estudio en sí, y no solamente con vistas a su transformación en texto cinematográfico o televisivo, como si fuera un texto *irreal*, inacabado, incompleto y no fiable, comparado con el texto *real*, el cinematográfico (Macdonald 2013: 16). Analizar un guion significa explorar la manera en la que el guionista intenta "suscitar el sentido de algo percibido, más que pensado, y representar el mundo visual y cómo lo experimentamos en toda su pasión e intensidad" (Ganz 2013: 21, cit. en Macdonald 2013: 218). La investigación sobre guiones puede definirse como "el estudio de los orígenes, el desarrollo y la expresión de las ideas televisivas y cinematográficas y de los discursos e instituciones que los rodean" (Macdonald 2013: 217). Este análisis nos informa sobre lo que las personas hacen en sus espacios creativos y nos ilumina sobre el proceso de conceptualización del producto que veremos y escucharemos en la pequeña o en la gran pantalla; en él intervienen el conocimiento

3 La investigación basada en transcripciones se halla en la perspectiva hermenéutica del producto final y, por lo tanto, se relaciona con la película o la serie, no con el proceso de escritura de una determinada serie o película (Macdonald 2013: 16).

de la práctica y de la narrativa cinematográfica, la reconceptualización de saberes de tipo narrativo, de género, de estilo, etc., y su variación; en él se asientan las bases de la ilusión y de la emoción que experimentará la audiencia al identificarse con los personajes.

Desde un punto de vista lingüístico, los guiones son productos discursivos que se desarrollan en forma de documentos. Su escritura es una práctica social y discursiva que se basa en una serie de procesos que se realizan fuera del discurso y, a su vez, estos procesos están sustancialmente determinados por los discursos (Chouliaraki/Fairclough 1999: 4). Al enmarcarse en el ámbito de la realización televisiva o cinematográfica, por un lado, se pueden considerar como artefactos discursivos que tienen un valor de tipo social, económico, industrial y más ampliamente cultural (Macdonald 2013: 13); por otro, también es lícito atribuirles un valor de muestra lingüística por su potencial heurístico, es decir, su capacidad para conducirnos al conocimiento lingüístico (Alvarez-Pereyre 2011: 48), aun cuando no se trate de diálogos espontáneos. Alvarez-Pereyre (2011: 50–51) considera que las indicaciones y los diálogos individuales que se encuentran en el discurso telecinemático pueden considerarse artefactos lingüísticos en cuatro sentidos, que se sitúan, encabalgándose, en los dos niveles comunicativos y en los dos estratos (Dynel 2010, 2011b, 2012) en los que nos detendremos en el capítulo 2:

a. en un sentido actual e histórico, ya que se trata del producto de la actividad lingüística del cuerpo autoral de los guionistas, directores, actores, etc.; se trata del punto de vista comúnmente adoptado por los estudios sociales, culturales e históricos del cine, así como por la crítica y la teoría cinematográfica;
b. en un sentido ficcional, ya que son producidos por la actividad lingüística de los personajes diegéticos. Este es el punto de vista comúnmente adoptado por los métodos de enseñanza de idiomas, por los profesores de lengua que citan fragmentos como ejemplos y por los espectadores que intercambian opiniones sobre la película;
c. en un sentido ficcional, ya que son producidos por la actividad narrativa de la autoridad de narración implícita de la película (el equivalente del 'narrador' en la literatura);

d. en un sentido 'empático', por el cual el cuerpo autoral de los guionistas, directores, actores, etc. toma decisiones lingüísticas que sienten relevantes para los personajes en las situaciones específicas imaginadas.

En nuestro trabajo tenemos en cuenta las cuatro dimensiones, centrándonos especialmente en la segunda y la cuarta: estudiamos la evidencia discursiva de los diálogos ficcionales considerando la dimensión de la construcción de los personajes diseñada en vista de su fruición por parte de la audiencia, analizando las decisiones lingüísticas tomadas por los guionistas. Ya que el conocimiento y análisis de cómo se sitúa un texto dentro del contexto de la sociedad son fundamentales para analizar e interpretar el texto mismo (Baker 2006: 18), dedicamos el capítulo 2 a la descripción de las características de la ficción televisiva y el capítulo 3 a la producción de series en España, con especial referencia a *Águila Roja*.

2. La ficción televisiva

2.1 Conceptos básicos

Para delimitar el tema de nuestro análisis, partimos del controvertido concepto de *género televisivo*, apoyándonos principalmente en la obra de referencia editada por Creeber (2015), desde el punto de vista de los estudios sobre medios de comunicación (*media studies*).

El concepto de 'género' en el medio televisivo puede definirse como el conjunto de características comunes a un amplio espectro de programas que mantienen ciertas semejanzas formales, aunque los contenidos de cada uno de ellos sean distintos; también articulan una gama de supuestos culturales que se vinculan a la categoría más allá de la programación misma. Los géneros televisivos no son estáticos, se desarrollan a medida que responden a los gustos cambiantes de las audiencias y a la innovación de los creadores (Neale 2015b: 6); de ahí que su clasificación proporcione solo un punto de partida que permite localizar sus principales componentes semánticos y sintácticos, a saber, aquellos elementos de escenario, carácter y acción que los marcan repetidamente y las estructuras en las que se organizan (Altman 1996: 283–285, cit. en Neale 2015a: 3). La hibridación y la mutación de géneros es un aspecto típico de la televisión que, por ejemplo, hace que la distinción teórica entre *series* y *seriales* –las series consisten en episodios autónomos que poseen su propia conclusión individual, mientras que los seriales llegan a una conclusión final solo en el último episodio– esté actualmente superada; de hecho, en nuestro trabajo utilizamos *serie* como término general. La mutación y la hibridación están estrechamente conectadas con la interacción directa con la audiencia, ya que los productores televisivos pueden introducir cambios siguiendo la retroalimentación proporcionada por los espectadores, otrora a través de llamadas telefónicas y cartas, hoy en día a través de los medios electrónicos (Turner 2015: 9) y la Red participativa 2.0.

En cuanto a la ficción, nos situamos en el plano del contenido para definirla como "el modo de presentar una historia inventada de forma que el público llegue a creerla o sentirla como una verdad momentánea" (Palacios Arranz 2007: 8.1). El género de ficción en televisión está destinado al entretenimiento de las audiencias a través de la narración de relatos inventados, cuya distribución enlatada posibilita su programación en muy diversas franjas horarias de la parrilla (Carrasco Campos 2010: 182).

La serie de ficción consiste en la narración seriada de diferentes relatos, fragmentados en distintos episodios. Se trata de un producto televisivo de gran complejidad y heterogeneidad por acoger diferentes formas de estructura narrativa, estrategias de producción y recursos estéticos. Para enmarcar el caso de estudio de nuestro trabajo, nos interesa especialmente enfocar los que Creeber (2015) etiqueta como *drama* y *situation comedy*.

En el género del drama se incluye un heterogéneo grupo de series cuyos contenidos no cómicos van desde la acción y los conflictos personales hasta el misterio y la intriga, como las series profesionales (de policías, médicos, abogados, periodistas, etc.), o las de detectives, criminales, *teenagers*; los repartos son corales y susceptibles de variación, y las tramas de los episodios tienden a ser autoconclusivas. Destacan en este formato célebres producciones como las estadounidenses *General Hospital* (ABC, desde 1963), *Dinasty* (ABC, 1981–1989), *Dallas* (Lorimar-CBS, 1978–1991), *Santa Bárbara* (NBC, 1984–1993) o *Falcon Crest* (Lorimar-CBS, 1981–1990). En España, algunos ejemplos son *Al salir de clase* (BocaBoca-Telecinco, 1997–2002), *Herederos* (Cuarzo-La 1, 2007–2009) o *Amar en tiempos revueltos* (Cuarzo-La 1, 2005–2012) (Carrasco Campos 2010: 185).

La *sitcom*, o comedia de situación, es incluida por Creeber (2015) en el género de la comedia, ya que el humor es su forma principal, aunque no exclusiva, de entretenimiento. Tiene una estructura abierta y sus tramas principales pueden verse modificadas por cuestiones de producción o de audiencia. Se basa en la representación de la vida cotidiana de personajes cercanos al público, siendo habitual el tratamiento de cuestiones y problemas familiares y laborales. La *sitcom* utiliza un número definido de personajes y de escenarios, se rueda en interiores y puede contar con risas y aplausos enlatados o bien del público presente en las grabaciones. Al haber una trama que tiene a ser conclusiva o que se cierra tras varios episodios, la atención de la audiencia se centra en el pequeño universo cerrado de los personajes. Entre los mejores ejemplos de *sitcom* recordamos las norteamericanas *Bewitched* (ABC, 1964–1972), *Golden Girls* (NBC, 1985–1992), *Seinfeld* (NBC, 1989 -1998), *Friends* (NBC, 1994–2004), *The Big Bang Theory* (Warner Bros. Television- CBS, 2007–2019) y las británicas *Man About the House* (ITV, 1973–1976) y *George and Mildred* (ITV, 1976–1979). En España han tenido gran éxito *Farmacia de Guardia* (Antena 3, 1991–1995), *7 Vidas* (Globomedia-Telecinco, 1999–2006) y su *spin-off Aída* (Globomedia-Telecinco, 2005–2014), *Aquí no hay quien viva* (Miramón Mendi-Antena 3, 2003–2006) (Carrasco Campos 2010: 191), *Manos a la obra* (Antena 3-Aspa Video-Acanto Cine & Video, 1998–2001) y la más duradera dentro de las *sitcoms*, *La que se avecina* (Telecinco, desde 2007).

La *dramedia* (*dramedy*) es un género híbrido en el que se combinan tramas propias del drama televisivo con elementos específicos de la comedia de situación (Bednarek 2010)[4]. En este género es muy importante "la presencia de tramas de continuidad de largo recorrido (que abarcan temporadas completas, e incluso se convierten en leitmotiv de la producción) con otras, secundarias, que se inician y concluyen en un mismo episodio" (Carrasco Campos 2010: 192). Los rodajes se realizan sin presencia de público (y sin ningún tipo de risas o aplausos), en decorados interiores y exteriores, con repartos corales y abundantes personajes. El espacio, pues, cobra un mayor protagonismo y puede llegar a constituirse como punto de partida dramático (Gómez Martínez/García García 2011: 163–164). Al lado de estas características más cercanas al cine y al drama, la dramedia se acerca a la comedia de situación al nutrirse de la vida cotidiana para configurar sus personajes e historias, conjuntando y alternando el tratamiento cómico con enfoques

4 Nos apartamos, en este caso, de la clasificación de Creeber (2015), que menciona el género *dramedia* solo para referirse a la serie *Ally McBeal*, ya que este género es ampliamente reconocido en los estudios sobre ficción televisiva.

dramáticos. La hábil combinación de estos aspectos hace que la dramedia se configure como un producto televisivo confeccionado *ad hoc* con el fin de obtener el entretenimiento total de la audiencia. El público está atraído por sus tramas dramáticas de largo recorrido, que incluyen un reparto coral y potencialmente muy heterogéneo, con las que van alternándose escenas típicas de la comedia de situación. Este género se consolidó a nivel mundial con la estadounidense *Ally McBeal* (FOX, 1997–2002) y es actualmente uno de los más exitosos, con títulos como *Grey's Anatomy* (ABC, desde 2005), *Desperate Housewives* (Cherry Productions-ABC, 2004–2012) o *Gilmore Girls* (WB Television Network, 2000–2006; The CW Network, 2006–2007). En España recordamos las popularísimas *Médico de familia* (Globomedia-Max TV-Mediaset España, 1995–1999), *Periodistas* (Globomedia-Telecinco, 1998–2002), *Los Serrano* (Telecinco, 2003–2008) o *Los hombres de Paco* (Antena 3, 2005–2010) (Carrasco Campos 2010: 194). La extensión de las tramas favorece la creación de dramedias ambientadas en épocas históricas más o menos lejanas, en la que se insertan elementos de ficción, especialmente a partir de la serie en la que vamos a centrar nuestra atención, *Águila Roja* (Globomedia-TVE, 2009–2016); se trata, por ejemplo, de series como *Hispania, la leyenda* (Bambú Producciones-Antena 3, 2010–2011), su *spin-off*, *Imperium* (Bambú Producciones-Antena 3, 2012), o *Isabel* (Diagonal TV-TVE, 2012–2014), hasta llegar a *Cuéntame cómo pasó* (TVE, desde 2001) y a la serie de género fantástico y a la vez de ficción histórica *El Ministerio del Tiempo* (Onza Partners y Cliffhanger-TVE, desde 2015). La dramedia será efectivamente el género al que dedicaremos nuestra atención, al basar nuestras reflexiones en la serie *Águila Roja*.

2.2 Características de la ficción televisiva

Las características más llamativas de la ficción televisiva atañen a cuatro aspectos que vamos a explorar a continuación: el contexto comunicativo, el código realístico, la identidad de los personajes y la multimodalidad (Bednarek 2010: 14). Remitiendo a la discusión delineada en el capítulo 1, utilizamos el adjetivo 'telecinemático' al referirnos a características compartidas entre el lenguaje ficcional y narrativo del cine y de la televisión. Es especialmente significativo el hecho de que ambos discursos estén regulados por el doble plano de comunicación que caracteriza todo discurso en pantalla –y, hasta cierto punto, también el discurso teatral– (Piazza/Bednarek/Rossi 2011b: 1), la relación entre autor y público y la que se da entre personajes (Richardson 2010: 188). Al hablar de los diálogos de la ficción televisiva, también utilizamos el adjetivo 'fílmico' de manera extensiva, ya que, como afirma Androutsopoulos (2012: 140), aunque exista efectivamente una diferencia entre televisión y cine, es "empíricamente fútil y teoréticamente improductivo" asumir una neta división entre películas y televisión en una época *transmediática*, en la que las películas se ven en televisión, las producciones seriales televisivas adoptan narrativas y estéticas visuales cinematográficas, y todo visionado se produce cada vez más en pantallas de variados tamaños conectadas a internet.

2.2.1 El contexto comunicativo

Los diálogos contenidos en un guion, como comentamos en el capítulo 1, pueden clasificarse como textos escritos para ser oralizados como algo no escrito (Gregory/Carroll 1978: 47); se trata de producciones no espontáneas y construidas *ad hoc*. En la ficción televisiva más que en la cinematográfica –en la que los aspectos visuales de la acción y el diseño narrativo pueden tener mayor importancia dramática[5]–, el diálogo es una de las variables más complejas y, tal vez por ello, menos tratada en los manuales de guion (Fernández Tubau 2012: 169), a la que McKee (2018 [2016]) dedica una entera monografía. Respecto al cine, la televisión proporciona unas condiciones de recepción que se basan más en la dimensión auditiva; de hecho, el espectador televisivo puede distraerse con mayor facilidad y prescindir en algún momento del contacto visual (Richardson 2010: 19). Para sostener y reforzar la relación prolongada y constante con los personajes, en la ficción televisiva se utiliza, de la

5 McKee (2013 [1997]: 468) recuerda una famosa cita de Hitchcock: "Cuando ya se ha escrito el guion, y *se le ha añadido* el diálogo, está preparado para rodar" (cursiva del texto).

manera más discreta posible, la reiteración de informaciones relevantes y una mayor verbalización, que alcanza también la expresión de sentimientos y emociones (Gómez Martínez/García García 2011: 33).

En la escritura del guion, es imprescindible el conocimiento de un determinado público, ya que las representaciones (*performances*) no solo se *dirigen a* una audiencia, sino que se *diseñan para* una audiencia (Coupland 2007 en Bell/Gibson 2011: 563). Ante el producto final, la audiencia coconstruye el significado de los intercambios verbales (Bubel 2008: 61) utilizando una base de conocimientos compartidos activados por modelos cognitivos o *frames*, nacidos del conocimiento del mundo real y también del mundo ficcional de los personajes fílmicos (Richardson 2010: 127, 143). Los procesos cognitivos activados en el discurso 'de la pantalla al espectador' (*screen to face*) son paralelos a los procesos que experimentamos cuando escuchamos casualmente una conversación en la vida cotidiana. Sin embargo, la situación fílmica difiere de la real por estar planeada y predispuesta precisamente en función de la audición por parte de un público. Coincidimos con Dynel (2010, 2011a, 2011b, 2012) a la hora de reconocer que el diálogo fílmico, por un lado, depende de dos niveles comunicativos (Fig. II.1) y, por otro, está compuesto por dos estratos (Fig. II.2).

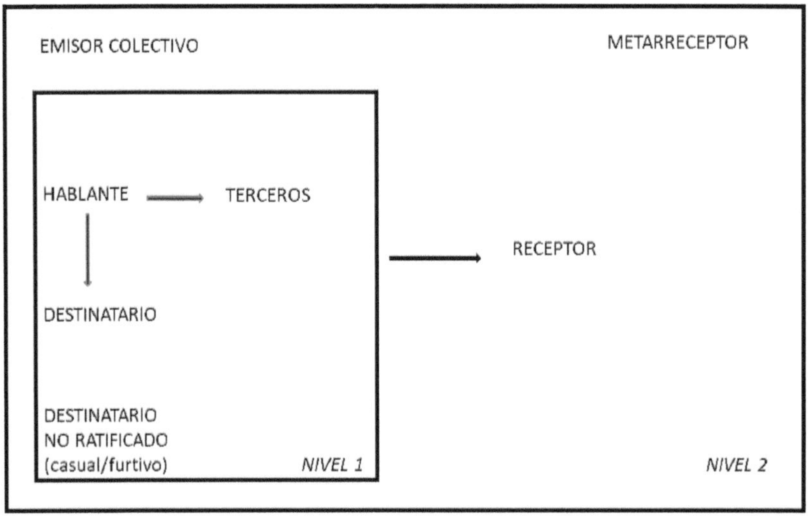

Fig. II.1 – Participantes en una interacción fílmica (en un turno) en dos niveles de comunicación (Dynel 2011b: 1634)

Dentro de la ficción elaborada por el equipo de producción (emisor colectivo), los personajes pronuncian diálogos que están elaborados y producidos para ser escuchados y vistos por una audiencia que no está presente, pero cuya existencia presuponen en cada momento. La audiencia está concebida como receptor (*recipient*) ratificado, oficial y previsto, del diálogo (Dynel 2011b: 1630), que está cuidadosamente diseñado para ella[6]; sin embargo, los personajes no se dirigen directamente a la audiencia y hablan como si no se percataran de su existencia[7]. En la Fig. II.1, el esquema del nivel 1 hace referencia a un turno conversacional entre personajes, que se desarrolla como si fuera real, y de tal manera puede ser analizado y descrito (Dynel 2011b: 1634); a lo largo de la interacción, los turnos se van repartiendo y los papeles se intercambian entre los participantes. Además del hablante y del destinatario, en este nivel pueden aparecer otros interlocutores: los ratificados por el hablante, que llamamos 'terceros' (*third party*)[8], o bien los destinatarios no ratificados (*overhearers*). Estos pueden ser oyentes casuales (*bystanders*), que escuchan algo involuntariamente, o bien oyentes furtivos (*eavesdroppers*), que escuchan deliberadamente una conversación reservada a otros interlocutores.

En el nivel 2, que es superior y que engloba al nivel 1, encontramos al emisor colectivo (*collective sender*), que coincide con el equipo de producción de la ficción, quien garantiza que los diálogos se presenten

6 El hecho de que el diálogo telecinemático haga como si la audiencia no existiera ha llevado a considerar a los espectadores como destinatarios indirectos, oyentes furtivos o casuales (véase, por ejemplo, Kozloff 2000 y Bubel 2008). Sin embargo, Dynel (2011b, 2012) argumenta convincentemente que la contradicción entre considerar a la audiencia un oyente furtivo, que escucha conversaciones dirigidas a otros, y el hecho de que las conversaciones en realidad estén concebidas específicamente para el oyente mismo, solo puede resolverse reconociendo dos niveles comunicativos.

7 Como sabemos, la 'cuarta pared' del primer nivel a veces puede ser abatida, y los personajes pueden reconocer la existencia de la audiencia, dirigiéndose directamente a ella. Se trata, de todas formas, de un tema que depende del estrato ficcional construido por el emisor colectivo que no desmiente la existencia de los dos niveles (Dynel 2011b: 1634).

8 Como argumenta Dynel (2010), el hablante puede querer comunicar algo en primer lugar a un oyente ratificado y al mismo tiempo algo, que puede ser igual o distinto, a otros oyentes ratificados (Dynel 2010: 11).

adecuadamente al espectador/receptor, mediante el uso de determinadas estrategias fílmicas. Dynel (2011b: 1633) también introduce la categoría del metarreceptor (*metarecipient*), un receptor informado que no suspende voluntariamente su incredulidad, dejándose arropar por la ficción creada para él, sino que escucha y ve el producto fílmico desde una atalaya privilegiada, por ejemplo con una finalidad crítica o académica. Dado que la apreciación de las técnicas televisivas y discursivas es graduable, la distinción entre receptor y metarreceptor no siempre está bien definida, ya que el receptor puede distanciarse para formular opiniones, por ejemplo, sobre los significados, las estrategias o las técnicas de la ficción. Aun así, la intención primaria del receptor es el placer y la diversión, mientras que la del metarreceptor es el análisis de determinados aspectos de la ficción con la finalidad de entender su funcionamiento (Dynel 2012: 172).

Por otra parte, el discurso fílmico se compone de dos estratos (*layers*): el del emisor colectivo y el ficcional. En la Fig. II.2 podemos apreciar que el primer estrato abarca distintos subestratos (*sublayers*) que configuran el personal y las técnicas discursivas y fílmicas utilizadas para crear la ficción; se representan horizontalmente para señalar la ausencia de una jerarquía entre ellos (aunque sí puede haber un orden cronológico), y su lista no es exhaustiva (de ahí la casilla vacía) (Dynel 2011b: 1635)[9].

Mientras que la noción de nivel abarca los procesos de comunicación e interpretación del significado, la noción de estrato captura la doble construcción de la ficción fílmica y el hecho de que el receptor alcanza los significados que le brinda el estrato de la ficción (*fictional layer*), que es elaborado por el equipo de producción y que depende del estrato del emisor colectivo (*collective sender's layer*); este último es superior y, por lo tanto, incluye el estrato ficcional. De hecho, la audiencia se deja absorber por la ficción planeada por el emisor colectivo, sin entrar en contacto directo con este. En su versión definitiva, en el estrato ficcional se halla el nivel comunicativo de los personajes (el nivel 1 de la Fig. II.1), el producto que se presenta al receptor. Pese

9 Dynel (2011b: 1634) recuerda que el complejo proceso de la producción cinematográfica y televisiva puede dividirse en tres fases: la preproducción (el encargo, el guion, el *casting*, la creación de guiones gráficos, etc.), la producción (el rodaje, la dirección, la actuación, el vestuario, la iluminación, etc.) y la posproducción (la comercialización, la mezcla, la edición, etc.).

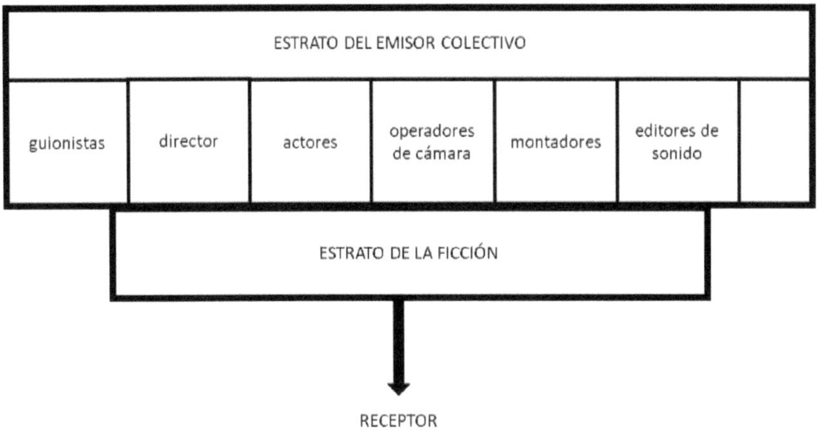

Fig. II.2 – Estratos del diálogo fílmico (Dynel 2011b: 1635)

a esta coincidencia, la distinción entre niveles y estratos es necesaria para hacer referencia, por un lado, a los procesos de comunicación e interpretación del significado, llevados a cabo bien por los personajes, bien por la audiencia, pero en distintos niveles; por otro, la noción de estrato evidencia la doble construcción de la ficción fílmica (Dynel 2011b: 1635).

Al ser los diálogos ficcionales el producto del emisor colectivo dirigido al receptor, el cual lleva a cabo procesos inferenciales complejos en función de la información proporcionada y de su conocimiento del mundo, es necesario que toda la información relevante esté disponible para que los espectadores puedan hacer las inferencias necesarias, según lo previsto por el emisor colectivo (Dynel 2011b: 1636). Este proceso se ha venido llamando *diseño de audiencia* (*audience design*) y lo entendemos como un conjunto de técnicas discursivas que activa los procesos interpretativos del espectador objetivo para que este llegue a los significados oportunamente diseñados por el emisor colectivo.

El hecho de que nuestro trabajo se base en el uso de guiones nos permite plantear la cuestión del diseño de audiencia en el nivel del guion, considerándola en su dimensión prospectiva o *ilocutiva,* es decir, desde el punto de vista de la interpretación preparada o proyectada por quienes crean y planean la serie, dentro del estrato del emisor colectivo, sin analizar la efectiva (*perlocutiva*) recepción del producto final (Huisman 2005: 155), aunque tendremos la dimensión del diseño de audiencia desde el punto de vista de las decisiones lingüísticas tomadas por los guionistas.

2.2.2 El código realista

Según venimos afirmando, el diálogo telecinemático nunca es realista, porque siempre está diseñado en función de una audiencia; además, en el caso de las series, está ahí para 'enganchar' a los espectadores (Bednarek 2010: 64; 2012a: 57) y puede romper la mímesis realística para conseguir algún efecto, como, por ejemplo, el humorístico (Quaglio 2009), o la ruptura de la suspensión voluntaria de la incredulidad en el caso de contenidos fantásticos, de ciencia ficción o de aventuras. De hecho, el concepto de realidad en la ficción fílmica no está circunscrito a la dimensión de la experiencia y del conocimiento del mundo real, sino que abarca la conformidad con la realidad del género ficcional y admite circunstancias y hechos indiscutiblemente fuera de la realidad conocida. No se trata, según Ang (1985; 2007), de un realismo *empírico* –es decir, el que presenta hechos y circunstancias reconocibles y probables con respecto a la vida de cada día–, sino *emocional*, en términos de cómo la vida emocional de cada personaje tiene resonancia (positiva o negativa) en la experiencia del espectador.

Si, por un lado, el diálogo profesional del guion exige que cada personaje tenga una voz propia, por otro lado, su función principal es "hacer que progrese la trama, dar información, revelar psicología o datos, establecer conflictos, ofrecer contextos del pasado"; además, el diálogo no solo se mantiene entre personajes, sino que aparece también en las narraciones con voz en *off*, en los pensamientos expresados asimismo con voz en *off* y en los monólogos (Fernández Tubau 2012: 180).

El significado de los diálogos ficcionales nace de un pacto y de una colaboración entre guionistas y público. Por un lado, los guionistas cuentan con el conocimiento esquemático que tiene la audiencia y hacen suposiciones acerca de los seres que ya pueblan los mundos cognitivos de su audiencia ideal de referencia; por otro lado, el público colabora facilitando esquemas apropiados y se acerca a la audiencia imaginada por los autores (Richardson 2010: 150). Profundizaremos en este tema en el capítulo 5.

2.2.3 La identidad de los personajes

Como acabamos de señalar, la ficción televisiva demanda un alto nivel de identificación con la audiencia, y los guionistas trabajan con la proyección ideal de su potencial público a la hora de construir los personajes desde el punto de vista discursivo y multimodal. Para eso, en su negociación del significado parten de lo que creen que la audiencia ya conoce y que lleva a su experiencia de fruición (Richardson/Queen 2012: 333), utilizando estereotipos y modelos. Se puede comprobar este planteamiento en la 'biblia' de una serie, a saber, el documento en el que se detallan y se explican, en distintos apartados, todos los aspectos importantes relacionados con una serie de televisión, tanto respecto a tramas como al desarrollo de personajes, con referencia también al tono y a la estética del producto[10]. Se trata de un documento elaborado *a priori* que funciona como base para los futuros guionistas, actores y directores que puedan entrar en el proyecto una vez empezado (Ríos San Martín/Olivares 2012: 45). En ella también se concretan los aspectos generales del proyecto ficcional, se les da entidad, también con vistas a su protección legal, por lo que se refiere a los derechos de autor, y se establecen los parámetros de elaboración de la serie (Gómez Martínez/García García 2011: 38). A los personajes se les añade un 'lema' que sirve para identificar fácilmente, de una manera rápida e intuitiva, su función y su pauta de conducta; en la descripción se simplifican mucho los aspectos psicológicos y temperamentales, creando un modelo que proporciona legibilidad sobre aspectos concretos de la ficción (Gómez Martínez/García García 2011: 54–55). Todos los personajes incluidos en la 'biblia' plantean algún tipo de conflicto que puede funcionar para

10 En una serie, la extensión temporal de la producción hace que la historia y el desarrollo de los personajes puedan tomar otro rumbo por motivos atribuibles a la disponibilidad de los actores o por razones de audiencia o económicas, ya que pueden reforzarse o desactivarse tramas y personajes según se observa su eficacia y desarrollo. Https://www.unir.net/humanidades/revista/que-es-la-biblia-de-la-serie-para-un-guionista-y-por-que-se-llama-asi/ [Acceso 31/12/2020]

el espectador como elemento de engarce con la serie y que se desarrolla, con transformaciones y cambios, en un futuro que en la 'biblia' se suele denominar 'arco dramático'. El conflicto y el arco guardan una relación directa con el programa narrativo del personaje (Gómez Martínez/García García 2011: 58–60).

En la dramedia se comprueba la existencia de una tendencia, muy evidente desde finales del siglo XX, a la coralidad, es decir, a la creación y al uso de un gran número de personajes, que va desplazando al héroe único. La diversidad de perfiles favorece que los espectadores tengan una mayor posibilidad de encontrar un personaje con el que identificarse, que funcione como elemento de enganche. Por eso, el elenco de personajes varía lo más posible en términos de edad, fisionomía, perfil social o actitudes, de manera que esté representada la mayor cantidad posible de posibilidades en el universo ficcional de la serie. Generalmente todos los personajes habituales de una dramedia tienen un pasado más o menos extenso y abierto a transformaciones, siendo un valor importante el de su 'grado de apertura', una característica de relieve en la duración extendida de la ficción de televisión y de escasa importancia en el cine (Gómez Martínez/García García 2011: 21–24). En la producción seriada, los personajes tienen que ser lo suficientemente sólidos y 'densos' para sostener una narración muy extendida en el tiempo y un conocimiento más profundo por parte del espectador, y al mismo tiempo deben garantizar cierta flexibilidad. La extensa duración de la ficción permite que el público desarrolle un apego especial hacia determinados personajes y un conocimiento profundo de los acontecimientos narrados (Richardson 2010: 57). Los personajes, también a través de la caracterización de su forma de expresarse, 'fidelizan' a la audiencia, ya que los espectadores/oyentes entablan con ellos una relación especial (Bednarek 2012b: 201). Este fenómeno es algo que hoy en día podemos documentar por lo menos en parte, ya que en la era de la Web 2.0 el público disfruta expresando sus gustos y sus emociones a través de géneros como las redes sociales, los blogs y los *fandoms*. Desde el punto de vista del producto final, es importante recordar que en la evolución de los personajes esbozados en la 'biblia' tienen importancia la química que se haya establecido entre los actores y los gustos del público (Gómez Martínez/García García 2011: 56). Finalmente, subrayamos que los aspectos distintivos de los personajes no se revelan solo mediante el lenguaje, sino también a través de la acción, de su aspecto, de las modalidades de filmación, etc. Es decir, de la dimensión multimodal que los caracteriza.

2.2.4 La multimodalidad

El público de televisión no solo escucha palabras, sino también sonidos y música, y todo en combinación con la visión de imágenes (Richardson 2010: 3). Una serie televisiva es un producto multimodal que incluye varias modalidades semióticas que 'bombardean' los sentidos de la audiencia y el lenguaje es únicamente una de estas (Bednarek 2010: 17). En los productos fílmicos se entremezclan elementos visuales, auditivos y verbales en los decorados, en la acción y en los intérpretes, quienes actúan reproduciendo un discurso también desde un punto de vista físico, con su sexo, edad, peinado, ropa, etc., y con una determinada pronunciación, una entonación, tono de voz, pausas, etc. Los estados mentales del personaje necesitan estar representados a través de múltiples modos, y los diálogos contribuyen a crear la expresión dramática, pero no son un elemento ni necesario ni suficiente para su construcción (Richardson 2010: 11).

La multimodalidad no caracteriza solo a los personajes, sino al producto televisivo final en su conjunto, que es una creación hecha por una serie de imágenes y sonidos que tienen un significado y un potencial ideacional o representacional, textual o composicional e interpersonal, como nos demuestra el fundamental estudio de Kress y van Leeuwen (2017 [2001]). Resumiendo con Kozloff (2000: 99), podemos afirmar que la creación de los personajes y el ancoraje del espectador a través de la identificación nace de la presentación simultánea de la información, compuesta por las palabras de los actores, sus voces, las entonaciones, las expresiones faciales y sus miradas, la postura, los gestos, los vestidos y, a la vez, por su inserción en un decorado concreto, con un determinado uso de la luz y de las técnicas de dirección. El guion hace referencia simultáneamente a distintas dimensiones de la realización, como si fuera una partitura orquestal; su especificidad es la de utilizar el lenguaje estándar para indicar y describir lo que finalmente se entenderá en la pantalla (Macdonald 2013: 19). Nuestro enfoque, al fundamentarse en la perspectiva de la creación del guion y especialmente de los personajes de la ficción televisiva, considera la dimensión multimodal tal y como está descrita, prescrita o evocada por los autores a través del discurso escrito (con las acotaciones, las descripciones y las indicaciones de voz y de encabezado de escena) y no desde el punto de vista del producto acabado o de su fruición (Bednarek 2015c).

3. La producción de series en España: *Águila Roja*

Como vimos en el capítulo 2, el 'guion de serie' es una forma de práctica discursiva de cierta complejidad que implica a la vez a productores y consumidores, un modo de acción en relación dialéctica con su contexto, que está configurado socialmente, pero que también es constitutivo de lo social, en tanto contribuye a configurar lo social mismo (Fairclough 2008: 172). Partiendo de la definición que van Dijk (2005 [1997]: 33) da del contexto como "la estructura de aquellas prioridades de la situación social que son sistemáticamente (es decir, no casualmente) *relevantes*[11] para el discurso", en este capítulo nos proponemos trazar un cuadro de las actividades sociales, culturales y económicas en las que se inserta la creación de los guiones de *Águila Roja*, para luego centrarnos en las características de la serie que elegimos como caso de estudio; finalmente, resumimos los contenidos narrativos de sus nueve temporadas.

3.1 La producción de series en España

3.1.1 La televisión en España

La presencia de televisores en los hogares españoles, después del comienzo de las emisiones, en pruebas, en 1956, se consolida alrededor de 1970. Hasta la década de los noventa, solo había dos canales de emisión, los de Radio Televisión Española (RTVE) que actualmente

11 Cursiva en el original.

se denominan La 1 y La 2[12]. En 1983, con la Ley del Tercer Canal de Televisión[13], se previó la puesta en funcionamiento de un tercer canal de titularidad estatal que se otorgó, en régimen de concesión, en el ámbito territorial de cada Comunidad Autónoma. Al amparo de esta ley nacieron los canales autonómicos que, desde 1989, crean la Federación de Organismos de Radio y Televisión Autonómicos (FORTA) para la compra de contenidos de manera conjunta.

A raíz de la Ley de Televisión Privada de 1988[14], que regula la gestión indirecta del servicio público esencial de la televisión, a partir de 1989 se entregaron las licencias de emisión a las empresas Antena 3 de Televisión (actualmente Atresmedia Corporación Medios de Comunicación), que lanzó el canal Antena 3; Gestevisión Telecinco (actualmente Mediaset España Comunicación), que creó el canal Telecinco; y Sogecable (luego Prisa TV[15]), que recibió una licencia para un canal de pago, Canal+.

En 1999 se implantó en España la televisión digital terrestre (TDT)[16]. En la primavera de 2010 se produjo el apagón analógico, es decir, el momento a partir del cual todas las emisiones de televisión terrestre comenzaron a realizarse mediante técnicas digitales; esto produjo el nacimiento de una nueva generación de canales autonómicos

---

12 La 1 tuvo varias denominaciones: VHF, Primer Programa, Programa Nacional, Primera Cadena, TVE1, La Primera; en 1966 nació el segundo canal, al que se le conoció como la UHF, Segunda Cadena, Segundo Programa y TVE2 (Marcos Ramos 2013: 36).

13 Ley 46/1983, de 26 de diciembre, reguladora del tercer canal de televisión (*Boletín Oficial del Estado*, n. 4, de 05 de enero de 1984).

14 Ley 10/1988, de 3 de mayo, de Televisión Privada (*Boletín Oficial del Estado*, n. 108, de 05 de mayo de 1988).

15 Este grupo existió hasta junio de 2015, fecha en que el grupo Telefónica compró la plataforma Canal+ y sus canales.

16 Sin embargo, el Plan Técnico Nacional de la Televisión Digital Terrestre se empezó a elaborar solo a principios de 2005. Las referencias normativas son el Real Decreto 944/2005, de 29 de julio, por el que se aprueba el Reglamento general de prestación del servicio de televisión digital terrestre (*Boletín Oficial del Estado*, n. 181, de 30 de julio de 2005) y el Decreto 805/2014, de 19 de septiembre, por el que se aprueba el Plan Técnico Nacional de la Televisión Digital Terrestre y se regulan determinados aspectos para la liberación del dividendo digital (*Boletín Oficial del Estado*, n. 232, de 24 de septiembre de 2014).

públicos, al lado de un amplio panorama de cadenas autonómicas privadas, y de emisiones de pago pertenecientes a distintos grupos multimedia de comunicación (Palacios Arranz 2007). Actualmente las emisiones pueden producirse en definición estándar (SD), alta definición (HD) y recientemente también en ultra alta definición (UHD)[17]; en la Fig. III.1 indicamos los canales de televisión actualmente visibles a nivel nacional y su correspondiente pertenencia a los grupos mediáticos españoles. Sumando las cadenas regionales, podemos afirmar que la oferta actual a disposición de los televidentes españoles llega a más de noventa canales, a los que hay que añadir los canales locales, cuyas concesiones corren a cargo de las comunidades autónomas.

La rica oferta actual tiene su origen, por lo tanto, en la década de los noventa, a raíz de la desregulación del mercado y de la industrialización del proceso creativo, basado en una lógica mercantilista (Marcos Ramos 2013: 38). La ruptura del monopolio público en la televisión, al generar una proliferación de canales, creó la necesidad de elaborar nuevos contenidos y la búsqueda competitiva de nuevas formas de éxito, sobre todo en ficción e información (Álvarez Monzoncillo/López Villanueva 1999). En este marco, las series de producción española, entre las que sobresalen las exitosas *Farmacia de guardia* (producción propia de Antena 3 emitida en esta cadena, 1991–1995) y especialmente *Médico de familia* (producida por Globomedia, Max TV y Mediaset España y emitida por Telecinco, 1995–1999), se convirtieron en uno de los motores de la programación, y dezplazaron a las series norteamericanas de la franja horaria privilegiada del *prime-time*:

> El punto de partida del éxito masivo de las series de ficción en nuestro país se puede situar en 1991. A partir de esa fecha se produce una tendencia alcista en términos de audiencia que todavía, pese a ciertos signos de agotamiento, sigue vigente. Una progresiva profesionalización de los equipos artístico y técnico, el saber hacer de algunos empresarios, una gestión y un marketing adecuados, el ajuste entre oferta y demanda, la llegada de nuevos formatos televisivos, unos costes moderados, una fuerte competencia que obliga a no bajar la guardia y la salida a los mercados internacionales (tanto con la exportación directa del

17 Actualmente, en España solo el canal nacional TVE 4K emite en UHD en unas pocas ciudades, entre las que se encuentran Madrid, Barcelona, Sevilla, Málaga, Valencia y Santiago de Compostela. Https://www.adslzone.net/reportajes/tdt/canales-4k-tdt-requisitos/ [Acceso 31/12/2020]

producto como con la venta de su formato) son algunos de los factores sobre los que se asientan los buenos resultados de la ficción española en televisión. (Álvarez Monzoncillo/López Villanueva 1999)

Fig. III.1 – Actuales operadores de televisión de ámbito nacional. Fuente: *https://televisiondigital.mineco.gob.es/TelevisionDigital/TDT/Paginas/canales-tdt.aspx* [Acceso 31/12/2020]

Grupo	Canales TV en SD	Canales TV en HD
Radio Televisión Española	La 1 La 2 24 Horas Clan Teledeporte	La 1 HD La 2 HD Teledeporte HD Clan HD
Atresmedia Televisión	Antena 3 La Sexta Neox Nova Mega	Antena 3 HD La Sexta HD Atreseries HD
Grupo Mediaset España	Telecinco Cuatro FDF Divinity Energy Boing	Telecinco HD Cuatro HD Be Mad TV HD
Net Televisión	Disney Channel Paramount Network	
Veo Televisión	DMax Gol	
13 Televisión	13TV	
Radio Blanca	DKiss	
Grupo Secuoya	Ten	
Real Madrid Televisión		Realmadrid TV HD

La industrialización del mercado televisivo hizo que las televisiones y las productoras empezaran a producir teleseries de una forma masiva. Los equipos de guionistas y la producción del rodaje funcionaban en cadena para poder filmar durante toda la temporada y así lograr la emisión diaria de episodios (Marcos Ramos 2013: 38). A factores de mercado, principalmente la externalización de la producción televisiva en paralelo en toda Europa (con Gran Bretaña como avanzadilla desde inicios de los años ochenta), se juntaron factores regulatorios, principalmente la transposición de la Directiva de Televisión sin Fronteras[18] y sus actualizaciones posteriores, que establecen una cuota mínima de emisión de obras europeas. Posteriormente, desde 2001, además, España impuso cuotas de inversión a las televisiones también en el sector independiente[19] (Fernández Quijada 2010: 69).

3.1.2 La producción de ficción seriada en España[20]

A partir de los años noventa, la realidad del nuevo mercado televisivo, incluido también el servicio público, se adaptó al nuevo entorno, modificando sus estructuras. La industria cultural de la producción televisiva, que padece elevados costes fijos debidos a las altas inversiones necesarias para la creación y fabricación de sus prototipos, empezó a externalizar esta producción, sin dejar de elaborar el producto que luego se vendería en el mercado (Fernández Quijada 2010: 69). Además de estos motivos comerciales, Fernández Quijada (2010: 70) anota que la adquisición y el desarrollo del talento se convierten en uno de los capítulos de mayor coste para las compañías televisivas, que se ven obligadas a renovar constantemente la producción, para obviar una crisis permanente de creatividad debida al limitado poder creativo disponible en su producción orgánica. Por esta razón, las compañías confían la creación y la producción

18 Ley 25/1994, de 12 de julio, por la que se incorpora al ordenamiento jurídico español la directiva 89/552/CEE, sobre la coordinación de disposiciones legales, reglamentarias y administrativas de los Estados miembros relativas al ejercicio de actividades de radiodifusión televisiva (*Boletín Oficial del Estado*, n. 166, de 13 de julio de 1994).

19 Ley 15/2001 de 9 de julio, de fomento y promoción de la cinematografía y el sector audiovisual (*Boletín Oficial del Estado*, n. 164, de 10 de julio de 2001).

20 Dada la escasez de estudios académicos que proporcionen información sobre cultura popular y, especialmente, series televisivas, hacemos uso ocasional de páginas web no académicas, además de periódicos, bases de datos de audiencias y productoras.

de ficción al denominado 'sector independiente', que comprende "tanto la denominada producción financiada, realizada por un productor independiente, normalmente con los recursos de la cadena y financiada totalmente por esta, como la producción asociada, en la que la cadena participa con productores independientes nacionales" (Bustamante 1999, cit. en Fernández Quijada 2010: 70). En realidad, en España la fuerte dependencia respecto de las cadenas impide el desarrollo industrial de una verdadera producción independiente, que acaba siendo una producción delegada o financiada, "un encargo que hacen los canales a las productoras privadas, que no asumen ningún riesgo y obtienen un beneficio industrial estipulado contractualmente entre ambas partes antes de conocer el resultado final" (Álvarez Monzoncillo/López Villanueva 1999: 67).

A partir aproximadamente de 2015, en España se han empezado a difundir servicios de televisión por suscripción, disponibles en Smart TV y en aparatos conectados a la Red, entre los que sobresale por número de usuarios Movistar + (desde mediados de 2015). Entre las opciones que hay para ver contenidos en *streaming* a través de la Red, las plataformas más destacadas son Netflix (desde finales de 2015), HBO España y Amazon Prime Video (ambas desde finales de 2016). Las operadoras televisivas ofrecen la posibilidad de consumir contenidos de manera diferida, gracias a sistemas de grabación o servicios de visionado; este tipo de consumo significa el 2,5% del visionado total, que para las series puede ascender a un 15% de la audiencia[21]. En general, podemos decir que, por lo que se refiere a la ficción, asistimos a la afirmación de una pauta de visión 'híbrida' en televisión, – lo que se viene llamando 'televisión lineal' sigue siendo vigente para contenidos como noticias, deportes o telerrealidad– y a un consumo cada vez más importante en diferido o en dispositivos digitales, especialmente en las plataformas de *streaming*. Las series producidas en España y retransmitidas por las cadenas nacionales prolongan su vida en las plataformas bajo demanda, logrando audiencias también a nivel internacional: actualmente, en Netflix, por ejemplo, se pueden ver

21 https://elpais.com/cultura/2018/07/06/television/1530875002_051549.html [Acceso 25/8/2018].

títulos españoles ya estrenados en cadenas nacionales como *Gran Hotel* (Bambú Producciones, emitida por Antena 3 desde 2011 hasta 2013), *Velvet* (Bambú Producciones, emitida por Antena 3 desde 2014 hasta 2016) *Toy Boy* (Atresmedia en colaboración con Plano a Plano, emitida por Antena 3 a partir de 2019); Netflix entró en la producción de *La catedral del mar* (producida por Atresmedia, Televisió de Catalunya y Netflix en colaboración con Diagonal TV, emitida en 2018) antes que comenzara su rodaje[22]. La serie *La casa de papel* fue inicialmente producida por Atresmedia y se estrenó en 2017 en Antena 3. Esta cadena distribuyó las dos primeras partes de la serie en España antes de que Netflix la adquiriera a finales de 2017, quien la reeditó y distribuyó las dos partes por todo el mundo[23]. En febrero de 2018 llegó a ocupar el número 22 en la lista de series más populares dentro de la base de datos de películas en Internet IMDb[24], llegando a ser la serie en lengua no inglesa más vista desde el lanzamiento de la plataforma norteamericana[25]. A partir de 2017, con *Las chicas del cable*, Netflix ha empezado a producir series originales en España; en marzo de 2019 la empresa inauguró su primera central de producción en Europa, localizada en el nuevo campus de Ciudad de la Tele, en Tres Cantos, Madrid, que será la sede de producción para la oferta de contenido original en castellano de los próximos años, con una previsión de empleo para miles de personas entre reparto, equipo y extras[26].

---

22 https://elpais.com/cultura/2018/02/14/television/1518615689_489310.html [Acceso 25/8/2018].

23 https://es.wikipedia.org/wiki/La_casa_de_papel [Acceso 25/12/2020].

24 https://twitter.com/VancouverMed/status/963764769344966656 [Acceso 25/8/2018].

25 http://ecoteuve.eleconomista.es/series/noticias/9076316/04/18/La-Casa-de-Papel-se-convierte-en-la-serie-mas-vista-de-Netflix-de-habla-no-inglesa.html [Acceso 25/8/2018]. Las producciones españolas representan un gran éxito en los países de habla hispana, especialmente en Argentina y en México (https://www.fotogramas.es/series-tv-noticias/a19469147/netflix-series-espanolas-paises-exito-internacional/) [Acceso 25/8/2018].

26 https://media.netflix.com/es_es/press-releases/netflix-establishes-its-first-european-production-hub-in-madrid [Acceso 25/8/2018].

A principios de 2020 Netflix también instaló su sede en el centro de Madrid[27]. A comienzos de 2021, leemos en *El País*:

> La producción de ficción televisiva nacional está en plena ebullición. A las apuestas de las cadenas en abierto, se suman las generadas por las plataformas de pago nacionales e internacionales. Uno de los catalizadores del gran momento que vive la industria fue el éxito internacional de *La casa de papel*, que llegará a su fin este año en Netflix con su quinta entrega.
>
> Pero el estreno de ficción televisiva nacional más esperado de 2021 es el debut del cineasta Alejandro Amenábar en la pequeña pantalla. Será con *La Fortuna*, título que prepara para Movistar + y que se basa en el cómic *El tesoro del Cisne Negro*, de Paco Roca y Guillermo Corral, una historia de aventuras que cuenta el expolio y la recuperación del tesoro de *La Mercedes.* A Movistar + llegarán, además, la nueva serie de Enrique Urbizu, *Libertad*, la historia de fantasía y aventuras *Paraíso*, la comedia sobre las rivalidades del periodismo deportivo radiofónico *Reyes de la noche*, además de la segunda temporada de *Hierro.*
>
> Amazon Prime Video también continuará con su apuesta por la producción española y tiene en cartera los estrenos de *La templanza*, que adapta la novela de María Dueñas, y *Un asunto privado*, con Aura Garrido y Jean Reno, que se sumarán a *El internado*: *Las cumbres*, que se estrenará en febrero. Otra plataforma que ha optado por el producto *made in Spain* es Starzplay, con dos proyectos, uno centrado en la industria del porno a través de la vida de Nacho Vidal y otro sobre un secuestro exprés con la firma de Iván Escobar. También HBO tiene en marcha una serie para estrenar en 2021: *Todo lo otro*, creada por Abril Zamora.
>
> En cuanto a las cadenas en abierto, Atresmedia ya tiene muy adelantada la producción de *Alba*, basada en la serie turca *Fatmagül*, el drama de época *La cocinera de Castamar* y la comedia *Deudas*, con Carmen Maura. Entre los estrenos de La 1, destaca *Ana Tramel. El juego*, un thriller judicial con Maribel Verdú. Por su parte, Telecinco, además de títulos que ya se han visto en Amazon Prime Video, como *Caronte* o *Desaparecidos*, prepara *El emérito*, sobre los últimos años de reinado de Juan Carlos I[28].

En un momento en el que las series se confirman como uno de los movimientos más relevantes en la cultura popular mundial, los guionistas y productores españoles se sitúan en la primera línea[29].

---

27 https://www.lavanguardia.com/economia/20201124/49674984871/netflix-tributara-espana-2021.html [Acceso 29/12/2020].

28 https://elpais.com/television/2021-01-09/que-esperar-de-la-television-en-abierto-en-espana-en-2021.html [Acceso 10/1/2021].

29 Para un análisis completo del fenómeno Netflix, véase Jenner (2018).

3.1.3 Los guiones de series televisivas en España

La situación cultural y económica que hemos venido trazando hasta aquí se basa, como acabamos de ver, en un cambio que afecta al proceso de producción de la ficción, en su paso de un estadio más 'artesanal', a uno más industrial, que sigue los modos importados de Estados Unidos. El gran éxito de *Médico de familia* representó uno de los primeros intentos de profesionalización del proceso de producción de series y supuso la entrada de la productora Globomedia en el mercado audiovisual español (Marcos Ramos 2013: 40). El modo de producción y realización que introdujo la productora incluyó la duración de los episodios en torno a sesenta minutos, divididos en tres actos, separados por dos cortes de publicidad (con excepciones de algunos que llegarían a noventa minutos, con tres o cuatro cortes). Se impuso la elaboración de la 'biblia' y un proceso de creación de guiones realizado con un coordinador y un equipo de nueve guionistas, que trabajaban en grupos de tres, supervisados por un coordinador, que a su vez dependía de un productor ejecutivo que funcionaba como enlace con la cadena. Las tramas se reorientaban haciendo uso de estudios de audiencia que analizaban las preferencias de los primeros episodios, o también siguiendo las opiniones de grupos de espectadores potenciales. El éxito de *Médico de familia* contribuyó a consolidar una ficción nacional destinada a una audiencia familiar, que se apoyara en temas cercanos al público, con un fuerte sentimiento de comunidad y dosis similares de drama y humor (Marcos Ramos 2013: 39–41).

Actualmente, en España, para la escritura de guiones de series se mantiene también la escritura 'de autoría', basada en la práctica teatral y cinematográfica: los guionistas se reúnen, analizan los argumentos de la serie y luego cada guionista se centra en su guion, que después el coordinador de guiones examina y eventualmente retoca. Es este el método utilizado en series muy exitosas como *Cuéntame cómo pasó* (TVE, desde 2001) o *El comisario* (Telecinco, 1999–2009).

Frente a este método, tenemos el 'de factoría', implantado por Globomedia y también utilizado en *Águila Roja*, en el que la creación de guiones de series televisivas es una tarea colectiva llevada a cabo por escritores que trabajan en equipo. Se empieza con una idea, que pasa a ser un esbozo y de ahí un guion; de este se hacen muchas revisiones y borradores sobre la base de relecturas y revisiones comunes. La dinámica de trabajo más extendida sugiere un equipo formado por un coordinador (que a menudo puede ser también el argumentista de la serie, además de ser guionista de algún episodio y editor de todos ellos) y nueve guionistas, que trabajan en grupos de tres. En este sistema de dramaturgia colectiva se siguen las directrices establecidas en la 'biblia' y, más detalladamente, en los 'mapas de trama' y en las escaletas de cada episodio. La escaleta se divide en escenas que los guionistas desarrollan y dialogan por separado. El coordinador lee y retoca con cambios y sugerencias la primera versión; la edición final normalmente se hace sobre la segunda o la tercera versión. El guion final se presenta en la 'mesa italiana' para una lectura conjunta con todo el reparto de actores, en la que se pueden introducir matizaciones. Una vez empezada la grabación, el editor o un guionista de plató puede improvisar mejoras a partir de las sugerencias que hagan los actores o el director sobre el terreno; los cambios de última hora también pueden ser introducidos directamente por los actores para crear una forma de hablar más espontánea y ajustada a la situación o al personaje (Gómez Martínez/García García 2011: 174–175; Marcos Ramos 2013: 45–46).

Las escenas de un guion aluden a un espacio y a un tiempo determinado, sin que se suela buscar una unidad de acción, ya que en una misma escena se pueden desarrollar varias tramas. El encabezamiento de escena puede incluir detalles temporales como, por ejemplo, la hora del día, algo que no se da en el guion de cine y que sirve para facilitar el trabajo de equipo de manera rápida (Gómez Martínez/García García 2011: 20). Las acotaciones se hacen más necesarias en el guion de serie que en el cinematográfico, ya que el ritmo de trabajo limita la posibilidad de ensayos con los actores y requiere la resolución previa de la mayor parte de los detalles. Sugerir acciones significa dar ritmo a los sucesos y proponer estados de ánimo que faciliten una mayor comprensión de los diálogos de los personajes (Gómez Martínez/García García 2011: 33–34).

3.2 *Águila Roja*

La elección de *Águila Roja* como estudio de caso responde a la necesidad de focalizar nuestra investigación garantizando cierta coherencia temática y, además, nos permite enfocar distintos aspectos de un mismo producto. Hemos elegido una serie de gran éxito que nos permitiera plantear unas relaciones de correspondencia entre la creación del guion y la respuesta de la audiencia, una serie que, por un lado, fuera actual, pero a la vez estuviera 'concluida', y cuya fruición siguiera siendo posible, en este caso a través de la web y también en soporte DVD. Se trata de una serie que ha cosechado éxitos en ámbito internacional, pero básicamente elaborada para una audiencia familiar española, retransmitida por el servicio público de televisión. Desde un punto de vista académico, la serie ha suscitado interés como fenómeno de audiencia (p. ej. Barrientos Bueno 2011) y por su desarrollo transmediático (p. ej. Costa Sánchez/Piñeiro Otero 2012; Guerrero 2014; Mella González 2018), además de otras breves menciones (p. ej. Rueda Laffond 2009), pero, como ya vimos en §1.2, hasta el momento no se ha estudiado desde una perspectiva lingüística que investigara su construcción discursiva basándose en sus guiones.

3.2.1 *Características y circunstancias de la serie*

Águila Roja es una serie de televisión creada por Daniel Écija, Pilar Nadal, Ernesto Pozuelo y Juan Carlos Cueto, producida por Globomedia para Radio Televisión Española y emitida en La 1 desde el 19 de febrero de 2009 hasta el 27 de octubre de 2016[30]. Se compone de nueve temporadas y 116 episodios, de los que algunos han llegado a superar un 30% de cuota de pantalla, sobrepasando los seis millones de espectadores[31]. Su calidad televisiva ha sido reconocida por la industria de

30 En la página web https://elpais.com/noticias/aguila-roja/ [Acceso 10/1/2021] puede encontrarse un resumen de los artículos dedicados por el periódico *El País* a la serie *Águila Roja*.

31 https://www.formulatv.com/series/aguila-roja/audiencias/ [Acceso 29/8/2018]. La serie también tuvo momentos críticos, especialmente en la sexta y séptima

la televisión, ya que la serie ha cosechado un total de 37 premios, más otras 17 nominaciones[32]. La serie ha sido emitida en su versión original o adaptada en más de veinte países[33].

Con *Águila Roja* comienza una gran producción transmediática en España, el "primer gran universo extendido completo generado desde RTVE" (Scolari 2014: 74), en el que los elementos de la ficción se dispersan a través de múltiples plataformas, con vistas a una experiencia de entretenimiento coordinada y unificada, una red de textos que amplía el mundo narrativo del espectáculo. A partir del micrositio en la web de RTVE[34], que vehicula la información oficial de la serie, se han creado varios contenidos, generados por dos polos: la iniciativa de los productores (contenidos *top-down*) y la iniciativa de los usuarios (contenidos *bottom-up*) (Guerrero 2014: 240, 241). Entre los primeros contamos con información general, noticias, blog, fotos, encuestas, episodios en *streaming*, entrevistas, tráileres, 'así se hizo' (*making of/behind the scenes*) y el videojuego *Mi Águila Roja*; la participación de los usuarios se da a través de comentarios en blogs, noticias, redes sociales, entrevistas *online*, foros, *Fan fiction*, *Fan vid* y *Fan art* (Guerrero 2014: 249–250)[35]. Este importante desarrollo transmediático, además de tener interés desde un punto de vista semiótico y narrativo, nos indica las dimensiones del esfuerzo mediático construido alrededor de la serie para construir una marca audiovisual (Mella González 2018) que atrajera a un público joven, un nicho de espectadores bien delimitado, y del

---

temporadas, a causa de cambios de programación que la pusieron en competencia con otros programas y, sobre todo, por recortes presupuestarios de RTVE (https://elpais.com/cultura/2016/10/21/television/1477068172_839891.html) [Acceso 29/8/2018].

32 Obtuvo el Premio Ondas (2010) a la mejor serie nacional, el TP de Oro (2009, 2010 y 2011), la Medalla de Plata del Festival de Televisión de Nueva York, el premio como Mejor Serie del Festival de TV de Vitoria y seis premios de la Academia de TV (www.globomedia.es/2005-2009) [Acceso 29/3/2017].

33 https://es.wikipedia.org/wiki/Águila_Roja [Acceso 29/3/2017].

34 http://www.rtve.es/television/aguila-roja/ [Acceso 29/3/2017].

35 También hay que mencionar que en 2011 se estrenó en las salas españolas *Águila Roja, la película* dirigida por José Ramón Ayerra Díaz. También se crearon un juego de mesa (*Águila Roja – Juego de tablero*) y un juego de cartas (*El Mundo de Águila Roja*).

considerable interés que, en su momento, ha llegado a suscitar no solo dentro, sino también fuera del panorama cultural español.

3.2.2 El contexto comunicativo

Águila Roja se inserta en una tendencia asentada en la parrilla televisiva española, que a su vez se implanta en un filón internacional principal: el de la producción seriada ambientada en un contexto histórico[36], con elementos de acción y aventuras. Sin embargo, la serie presenta también elementos de la ficción seriada de tema familiar, ya que sus personajes e historias se nutren de la vida cotidiana, aunque en este caso desplazada a la época de los Austrias. La presencia de algunos elementos fantásticos y el uso frecuente del *deus ex machina* sitúa a *Águila Roja* también en el hemisferio de la fantasía, acercándolo a la tendencia del *fantasy drama*[37]. El resultado de la hibridación de varios géneros televisivos se concreta en lo que se ha venido llamando "una dramedia de capa y espada" (Guerrero 2014: 241) destinada a la audiencia familiar, como leemos en la web de RTVE:

> Televisión Española entra de lleno en el género de aventuras de época con *Águila Roja*, una producción de Globomedia para toda la familia ambientada en el Siglo XVII español. Con *Águila Roja* nos adentramos en una serie de aventuras e intriga sobre el valor, la nobleza, la amistad y el amor. El protagonista, interpretado por David Janer, es un héroe anónimo justiciero del Siglo XVII –conocido con el apelativo de Águila Roja– que ayuda a los débiles y que está empeñado en desenmascarar la conspiración que se esconde tras el asesinato de su joven esposa y en conocer sus orígenes[38].

---

36 Además de las series que recrean hechos históricos, como las españolas *23-F. Historia de una traición* (Antena 3, 2009), *La princesa de Éboli* (Antena 3, 2011), *El asesinato de Carrero Blanco* (La 1, 2011), recordemos las que están situadas en un determinado período histórico con personajes de ficción, como las españolas *Amar en tiempos revueltos* (La 1, 2005–2012), *La Señora* (La 1, 2008–2010), *El secreto de Puente Viejo* (Antena 3, 2011–2020) y también *Las chicas del cable* (Netflix, 2017–2020).

37 El mayor ejemplo de *fantasy drama* de éxito mundial es actualmente *Juego de Tronos* (*Games of Thrones*, HBO, 2011–2019).

38 www.rtve.es/television/aguila-roja/serie [Acceso 29/3/2017].

La búsqueda, impulsada por las leyes del mercado, para encontrar nuevas fórmulas de entretenimiento serial afecta a los contenidos, no a la estructura de la serie, que se organiza en varias tramas (habitualmente una principal, dos secundarias y una cómica, que discurren en conjunto) y en episodios semanales de más de una hora de duración (entre setenta y ochenta minutos), con cortes publicitarios solo en el caso de la primera temporada[39].

3.2.3 La trama

Resumir la complicada y extendida trama de las nueve temporadas de la serie no es una tarea fácil, ya que la acción principal se enlaza con muchas historias secundarias. Nos detendremos especialmente en la primera temporada, en la que se establece el planteamiento de la serie, para dar cuenta de los hilos fundamentales de la ficción.

Gonzalo de Montalvo, maestro de escuela, vive feliz con su mujer, Cristina, y su hijo, Alonso; en la villa se relaciona con los amigos Cipri, dueño de la posada con su esposa Inés, y Floro, el barbero, que está casado con Catalina, criada en el Palacio de Santillana. El pequeño Alonso está vinculado con sus amigos y compañeros de clase Gabi, sin padre reconocido, y Murillo, hijo de Catalina y Floro. Una noche Cristina es asesinada, víctima inocente de una conspiración contra la corona de los Austrias por parte de una sociedad secreta, La Logia, a la que pertenecen el Comisario, Hernán Mejías y su amante, Lucrecia, marquesa de Santillana. Desesperado, Gonzalo se convierte en Águila Roja, justiciero enmascarado, para descubrir quién mató a Cristina y vengar su muerte. Saca de la prisión a un pícaro ladronzuelo, Sátur, quien se convierte en su fiel criado; solo él y Agustín, un misterioso fraile, conocen su doble identidad. El pequeño Alonso convence a Margarita, hermana de Cristina, para que conviva con los tres, pese a la

39 La Ley 8/2009, de 28 de agosto, de financiación de la Corporación de Radio y Televisión Española (*Boletín Oficial del Estado*, n. 210, de 31 de agosto de 2009) hace que, a partir del 1 de enero de 2010, los informativos, las series, el cine, la animación infantil y los documentales que no permitan cortes se emitan íntegros, sin cortes publicitarios.

oposición de Gonzalo, que fue un antiguo novio suyo. A lo largo de las nueve temporadas, asistimos a los amores, desamores, separaciones y reencuentros de la pareja, que solo al final logrará coronar su sueño. Contra este enlace combaten Lucrecia, quien está secretamente enamorada de Gonzalo, el Comisario, con el que la marquesa maquina todo tipo de conspiraciones, y también otros personajes como, por ejemplo, el hipócrita y arribista cardenal Mendoza, un doble de Águila Roja y el mismísimo rey. Al final de la primera temporada, Gonzalo entiende que el asesino de su mujer es el Comisario, pero, cuando está a punto de asestarle el golpe final, Agustín le revela que Hernán es su hermano. El fraile es asesinado sin que pueda desvelar a Gonzalo más detalles acerca de sus oscuros orígenes, así que el héroe, de allí en adelante, dedicará sus esfuerzos a indagar sobre su pasado valiéndose de la ayuda de Sátur, sin descuidar sus obligaciones de padre y de defensor del pueblo.

A partir de la segunda temporada, el espectador sabe que la supuesta sobrina del cardenal Mendoza, Irene, es hermana de Hernán y Gonzalo y que los tres pertenecen al linaje francés de los Montignac, cuyo emblema es un águila roja. También se aclarará que Laura de Montignac fue asesinada por orden del rey, quien quería preservar el secreto de su familia bastarda.

A lo largo de la serie, Gonzalo sigue con su doble identidad de maestro y héroe, buscando sus orígenes y ayudando a todos los necesitados. En su camino se cruzan personas con las que se relacionó durante sus estancias en el lejano oriente, entre las que se incluyen piratas y mujeres enamoradas, pero también variados y misteriosos personajes relacionados con el ocultamiento de su familia de origen. La reconstrucción del pasado se entrelaza con la búsqueda del Santo Grial y con los intereses de las jerarquías eclesiásticas y civiles. Se asiste a los amores de Nuño, hijo de la marquesa (y, según se descubre, del Comisario) y de otros personajes, entre los que descuella la relación entre Catalina, ya viuda de Floro, y Cipri; Hernán se casa con Irene (esta, cuando descubre que su marido en realidad es su hermano, se suicida) y, al final de la serie, también con la Marquesa. Águila Roja y Sátur decenas de veces ven el peligro de cerca, salvan al mundo de cientos de injusticias librando una lucha continua con sus emociones, para llegar al gran final, en el que el fiel criado regresa de una muerte aparente, mientras que Gonzalo y Margarita logran coronar su larga y atormentada historia de amor con una humilde y casi secreta boda.

3.2.4 El código realista

En *Águila Roja* el tono realista de la dramedia se funde con varias licencias de diversa naturaleza, que van desde la identidad del héroe epónimo, un ninja héroe justiciero en el siglo XVII, hasta el uso del lenguaje contemporáneo, alejado deliberadamente del propio de la época (Barrientos Bueno 2011: 7), que puede tener efectos humorísticos (§ 3.2.5).

El trasfondo histórico crea una base lógica que otorga credibilidad al relato, no obstante las incoherencias, y permite que la vida emocional de cada personaje tenga resonancia en la experiencia del espectador. La mayor inverosimilitud de *Águila Roja* es, de hecho, la representación de valores culturales actuales propios del siglo XXI, como la exaltación de la capacidad de autonomía femenina, la crítica al poder autoritario, el elogio de la tolerancia familiar o el laicismo (Rueda Laffond 2009: 87); sin embargo, precisamente esta descontextualización radical contribuye a crear un realismo no empírico (Ang 1985; 2007) y, por ende, la evocación y el reconocimiento por parte de la audiencia, que llega a percibir situaciones y personajes como cercanos y familiares. A este respecto, varias personas involucradas con esta producción seriada han reaccionado contra algunas críticas acerca de la verosimilitud y el rigor histórico-lingüístico, alegando la voluntad de entretenimiento 'popular' de la propuesta. Por ejemplo, Pilar Nadal, productora ejecutiva de la serie, y Adriana Rivas, guionista, afirman: "En *Águila Roja* se combinan expresiones de la época y formalismos con el modo de hablar actual. El lenguaje elegido no es un error, es intencionado" (López Morales 2011). Aunque el tema histórico aparezca como preponderante, en esta dramedia el código realista no consiste en una reconstrucción minuciosa de los rasgos históricos, sino que se mantiene en el 'realismo emocional' basado en el tratamiento de situaciones cotidianas y en la alternancia de enfoques dramáticos y cómicos.

3.2.5 La identidad de los personajes

Encontramos un ejemplo de este tratamiento en la construcción de la identidad del criado Sátur (en la que profundizaremos en el capítulo 7) a través de sus diálogos, que están caracterizados por la desviación entre la situación comunicativa anclada en el siglo XVII y la coloquialidad contemporánea. Esta discrepancia crea un efecto humorístico basado en la interrupción de la convención narrativa (Ruiz Gurillo 2012: 26) y es especialmente llamativa cuando el personaje incorpora a su discurso referencias totalmente incongruentes con el contexto histórico en el que se hallan, evidentemente inteligibles solo para el público, en (1), (2) o bien unas unidades léxicas y fraseológicas coloquiales indiscutiblemente actuales, como en (3) y (4):

(1) (Descubriéndose) Decir criado es simplificar mucho mi condición. En realidad soy ayuda de cámara, postillón, paje, cocinero. Vamos que ordeno a las personas y las cosas, se podría decir que soy un ordenador personal. (*Águila Roja*, 1)

(2) Que... como el gorro es talla única, me queda grande. Y los ojos que... que no veo. (*Águila Roja*, 24)

(3) Como nos ataquen aquí, no lo contamos. Dicen que en este bosque los bandoleros primero disparan y luego... ni preguntan ni nada... te rematan y no te ponen mirando para Cuenca de milagro. (*Águila Roja*, 43)

(4) Amo, por una vez, póngase en modo disfrute, no en modo justiciero, haga el favor. (*Águila Roja*, 112)

La audiencia de *Águila Roja*, después de reconocer a Sátur como criado del siglo XVII, basándose en la ambientación explícita de la serie, lo recategoriza como 'contemporáneo' a través de su discurso cercano al habla coloquial actual y en tanto que se percata de que el diálogo va más allá del intercambio diegético 'normal', ya que se dirige directamente al oyente furtivo. De esta manera, se rompe la ilusión de que el espectador esté solamente escuchando de manera furtiva a los personajes y se pone de manifiesto que el diálogo se dirige al público, violando el principio de la suspensión de la incredulidad y a la vez 'sorprendiendo' al espectador (Kozloff 2000: 57). Este procedimiento crea emoción e impresión de cercanía en la audiencia y genera un apego que, siguiendo a Bednarek (2012b: 201), podemos comprobar trasladándonos a la perspectiva del producto ficcional (Bednarek 2015c), a través de algunos de los textos secundarios de los consumidores televisivos; por ejemplo, en la red social Twitter se han creado los hashtags #grandesatur y #Perlas-Satur, de los que proponemos a continuación algunos textos[40]:

> XXX 18 set 2014
>
> Que gracia @CarmenMartin11: Amo está en modo héroe no en modo maestro asi que no se vaya por las ramas #PerlasSatur #GrandeSatur
>
> XXX 15 giu 2016
>
> "La vidas felices solo pasan en los cuentos, aqui es una hostia sobre otra" #GrandeSatur
>
> XXX 29 set 2016
>
> Tira pa la casa y aprovecha que no estamos pa hacer limpieza general 😂😂😂😂😂 jajajjaaja #perlassatur #ÁguilaRoja112
>
> "Este traje es… Amo, que si se lo pone usted se van a cagar por la pata abajo" jajajajajaaaaa #PerlasSatur #ÁguilaRoja114 @aguilaroja_tve

3.2.6 La multimodalidad

Entre los varios rasgos multimodales, sin duda la localización y la recreación de la época del Siglo de Oro desempeñan un papel primario a la hora de plasmar el contexto histórico de la serie y contribuyen a la caracterización de los personajes (Bednarek 2010: 43). Los decorados interiores de *Águila Roja* se grabaron en un enorme plató de 3000 metros cuadrados de extensión que sirvió también para recrear la calle principal de la villa[41]. El criterio perseguido por la dirección de arte de la productora es el de una creación visual "histórica pero no historicista", en el que se reproduzca un estilo de época, pero al mismo tiempo resulte familiar y "con aspecto de barrio contemporáneo"[42]. Para los

40 Reproducimos la grafía original de los *posts*, omitiendo, por cuestiones de privacidad, las referencias a los nombres y apodos usados por los usuarios de Twitter.

41 http://www.rtve.es/television/20140930/decorados-aguila-roja-calle-villa-colores-acabados/1020024.shtml [Acceso 9/9/2018].

42 http://www.rtve.es/television/20140918/diseno-arte-aguila-roja-bases-proyecto-atipico/1011743.shtml [Acceso 9/9/2018].

rodajes en exteriores se buscaron lugares en su mayoría castellanos, como leemos en la página web de RTVE:

> Las localizaciones de carácter histórico o artístico elegidos [*sic*] han acogido el galope de caballos, **luchas** entre el héroe y los malvados, **guerras**, **conspiraciones** de los poderosos e **historias de amor**. Destacan los jardines del **castillo de Batres**, el patio del **castillo de Chinchón** en Madrid, el **Hospital Tavera**, el **castillo de Guadamur en Toledo,** el **Alcázar de Segovia**, el **castillo de La Adrada** en Ávila, el **Monasterio de Uclés** en Cuenca y el **Parque Arqueológico de Segóbriga** en Cuenca, además del [. . .] **Monasterio de El Escorial**.
>
> Los parajes naturales como bosques, caminos, riscos, lagunas o ríos se han localizado en torno a la **Comunidad de Madrid** en lugares como **El Escorial**, **Talamanca del Jarama**, **Las Navas del Marqués**, **Malpica de Tajo**, **Alcalá de Henares**, **Pelayos de la Presa**, **Toledo**, **Burujón**, **Villanueva de Perales**, **La Pedriza** o **Titulcia**. La ficción también se ha atrevido a viajar al **mar**, pues la **costa de Villajoyosa** en **Alicante** fue también escenario de las aventuras del héroe[43].

La elección y la construcción de interiores y exteriores confirman la orientación de la serie hacia la creación de un universo ambientado en la España del siglo XVII que funcione como telón de fondo de unas aventuras en las que, en definitiva, el universo familiar y relacional tiene una importancia mayor que la reconstrucción histórica. El testimonio de uno de los directores de arte de la serie, Héctor G. Bertrand, nos confirma la estricta relación que tienen las indicaciones de localización y las acotaciones del guion con el producto final:

> «Cuando lees un guion como escenógrafo, te fijas en los movimientos de personajes: cuántos hay, cuantos [*sic*] salen y entran, si es una escena de un banquete o una íntima. . . A partir de ahí, imaginas el escenario», explica Bertrand.

---

43 http://www.rtve.es/television/20160929/aguila-roja-villa-aguila-roja-mosaico-localizaciones-espanolas/1412924.shtml [Acceso 29/3/2017]. Mantenemos los elementos en negrita del original. En la misma página web, se aprovecha también el tema de las localizaciones para la interacción con los usuarios, proponiendo un juego de emparejamiento de los exteriores históricos con las fotos del *making of.* Esta atención hacia las localizaciones se relaciona también con el desarrollo de formas de turismo suscitadas por el interés de recrear el fuerte vínculo emocional experimentado previamente en la pantalla o por razones ampliamente culturales (*film induced tourism*) (Chierichetti/Garofalo/Mapelli 2019: 10–11).

> Además, se tiene en cuenta la percepción del espectador y cómo hay que combinar interiores y exteriores: «En una serie de más de una hora por capítulo, después de salir de una celda, por ejemplo, el espectador necesita un respiro visual. Por eso hay tantas escenas en caminos, que son muy sanos. Alucino de la forma tan inteligente que se hace el guion en este aspecto»[44].

Otro rasgo que caracteriza significativamente a los personajes y la serie en general es el vestuario, que se confeccionó partiendo de una base histórica, documentándose en museos (sobre todo en las obras de Velázquez en el Museo Nacional del Prado y en las colecciones del Museo del Traje, en Madrid), adaptándolo a las exigencias del rodaje, especialmente en cuanto a peso y comodidad de los materiales. También en este ámbito volvemos a encontrar la tendencia a la hibridación con la contemporaneidad, que venimos viendo en distintas esferas, ya que en la base histórica se inserta una parte creativa inspirada en diseñadores contemporáneos[45], como Alexander McQueen, Thierry Mugler, Jean Paul Gaultier o John Galliano[46], como podemos comprobar especialmente en los atuendos de la Marquesa; además, es totalmente anacrónico el hecho de que ella y los demás personajes femeninos luzcan escotes, especialmente con corpiños 'palabra de honor'. Para Águila Roja, quien, como su antagonista, el Comisario, viste de negro, se ha creado un traje inspirado por un lado en los samuráis, por otro en los héroes de videojuegos, con altas botas y generoso uso del cuero.

Finalmente, tomamos en consideración la música de *Águila Roja*, que, en palabras del compositor, Daniel Sánchez de la Hera, da "la clave emocional" de la serie, creando la atmósfera adecuada. En la página web de RTVE dedicada a este aspecto[47], el autor ejemplifica su labor ante una estación de trabajo de audio digital, en la que, a través de un teclado electrónico que imita el sonido de instrumentos en vivo, sincroniza sus creaciones musicales directamente con las escenas. Se trata de un tipo de música incidental totalmente independiente de la dimensión

44 https://www.abc.es/tv/series/20130602/abci-escenarios-aguila-roja-201306021833.html [Acceso 9/9/2018].

45 http://www.rtve.es/alacarta/videos/el-siglo-de-aguila-roja/siglo-aguila-roja-como-se-hace-vestuario-aguila-roja/3341876/ [Acceso 9/9/2018].

46 http://www.rtve.es/television/20161020/aguila-roja-vota-tus-estilismos-favoritos-marquesa/1427562.shtml [Acceso 9/9/2018].

47 http://www.rtve.es/television/aguila-roja/musica/ [Acceso 9/9/2018].

histórica de la serie, formada por temas orquestales enraizados en la tradición clásica occidental, que marcan la narración dramática y definen el impacto emocional de las escenas. A este tipo de música se añaden algunas canciones, de las que solo una, *Cuando las nubes oculten el sol*, cantada por Margarita (Inma Cuesta), mantiene alguna conexión con la ambientación histórica de la serie, al ser una versión española de *Scarborough Fair*, una antigua canción tradicional inglesa de autor desconocido. Las otras canciones, *The Invincibles*, de Álex Olmedo y *Rising Sun*, de Hans Constructor, son totalmente de estilo pop, con letra en inglés y, por lo tanto, se desvinculan completamente de la ambientación histórica de la serie, confirmando así la marcada tendencia a la hibridación como rasgo distintivo de *Águila Roja*.

4. Las funciones del diálogo telecinemático

4.1 Introducción

Dentro del discurso telecinemático (véase § 1.1) vamos a detenernos en el diálogo telecinemático, en el que incluimos todo el discurso de los personajes o del narrador, bien emitido por un hablante (monólogos, apartes, narración *en off*), mantenido entre dos hablantes (interacción diádica) o entre más hablantes (interacciones plurales). Las acotaciones, las descripciones y las indicaciones de voz y de encabezado de escena propiamente no forman parte de los diálogos, pero, al trabajar con guiones, tendremos en cuenta las acotaciones, ya que facilitan unas indicaciones fundamentales acerca de la dimensión emotiva y expresiva del personaje. En el capítulo 2 nos detuvimos en el contexto comunicativo en el que se encuadra el diálogo fílmico (véase Dynel 2010, 2011b, 2012), haciendo hincapié en la necesaria creación de efectos de realidad que se insertan en el código del realismo (Skowron *et al.* 2016: 945), ya que se trata de un producto discursivo preconstruido que intenta parecerse al habla espontánea. Por esta última razón, el diálogo telecinemático, además de ser fundamental para el estudio del funcionamiento de las narrativas televisivas, es una importante fuente de información acerca del lenguaje y de la sociedad y de las hipótesis cognitivas que están en la base del trabajo de los guionistas.

El diálogo desempeña una serie de funciones relacionadas con la audiencia: por ejemplo, puede utilizarse para marcar el tiempo dramático (crear urgencia o reducir la velocidad de una acción), para captar la atención, para guiar la interpretación o para crear reacciones emotivas. Según Kozloff (2000) a estas funciones estéticas, persuasivas, comerciales e ideológicas hay que añadir la explotación de recursos lingüísticos (creación de ironía, humor, narración, etc.) y los cameos de actores populares que hacen alarde de sus habilidades interpretativas; también se dan mensajes o enseñanzas, comentarios del autor y alegorías, a menudo en los diálogos que, especialmente en la parte final de una obra, se dirigen directamente a la audiencia.

Bednarek (2018) reelabora esta sistematización de Kozloff (2000) con un enfoque funcional (*FATS, Functional Approach to Television Series*) que abarca los posibles usos que el diálogo telecinemático de las series cumple con respecto a la audiencia (Tab. IV.1):

Tab. IV.1 – Enfoque funcional del diálogo en las series televisivas (Bednarek 2018: 37)

Funciones relativas a la comunicación narrativa
Entornos y sucesos: anclaje del tiempo y el espacio, clarificación de la modalidad, representación de eventos narrativos, comunicación de la causalidad narrativa, estructura de la escena y cambios de escena. Personajes: anclaje de los personajes, biografía de los personajes, rasgos sociales e individuales, relaciones entre personajes, roles narrativos.
Funciones relativas al efecto estético e interpersonal y atractivo comercial
Control de la evaluación y de las emociones del espectador Explotación de los recursos del lenguaje: uso poético del lenguaje, bromas/humor, ironía dramática, narración verbal en pantalla Innovación lingüística, intertextualidad, metaficcionalidad Oportunidades para actores populares
Funciones relacionadas con los mensajes o enseñanzas y la ideología
Enseñanzas o mensajes explícitos o implícitos Promoción de productos de la vida real, colocación verbal de productos Representaciones ideológicas
Funciones relacionadas con el realismo
Imitación del lenguaje hablado y escrito 'real' Referencias al mundo 'real'
Funciones relacionadas con la naturaleza serial de las narraciones de TV
Creación de consistencia Creación de continuidad

Los personajes participan en acciones, acontecimientos y eventos situados en el tiempo y en el espacio y con su diálogo contribuyen a la construcción del mundo ficcional de la serie. A continuación, vamos a ofrecer algunos ejemplos extraídos de los diálogos de *Águila Roja* para ejemplificar las principales funciones que asumen en nuestro caso de estudio[48].

4.2 Funciones relativas a la comunicación narrativa

En la narrativa tradicional el espacio y el tiempo se construyen lingüísticamente a través de las descripciones, la deixis, los tiempos verbales, los adverbios de lugar y de tiempo y las conjunciones. La dimensión multimodal de la serie televisiva permite representar estas referencias a través de la construcción visual y auditiva, pero también el diálogo permite identificar estas dimensiones.

4.2.1 Entornos y sucesos

Kozloff (2000: 34–37) y Bednarek (2018: 38–39) definen como "anclaje del tiempo y el espacio" al uso del diálogo para orientar a los espectadores con respecto a los movimientos de los personajes en estas dimensiones[49]. En el ejemplo (1), la toma está rodada en exteriores: se trata de la villa en la que está ambientada la ficción. Nos situamos en el primer episodio de la serie, en el que Gonzalo, Alonso y algunos amigos vagan por las calles, buscando angustiosamente a Cristina:

(1)

Se acercan INÉS, CIPRI también con faroles en la mano y haciendo gestos de frío. CIPRI niega con la cabeza.

CIPRI

Ni un alma en la calle…

48 Mi gratitud va a Andrés Cuenca Lillo, director de *casting* de cine y televisión, por haberme facilitado los guiones de la serie.

49 Siguiendo a Bednarek (2018), consideraremos el 'anclaje de los caracteres' dentro de la caracterización de los personajes, a diferencia de lo propuesto por Kozloff (2000: 34–37).

GONZALO

¿Habéis mirado en la plaza de las comendadoras?

FLORO

Sí, desierta. A lo mejor ha vuelto a casa por "cuchilleros" y nos hemos cruzado con ella.

GONZALO

Vamos.

(*Águila Roja*, 1)

En este ejemplo, el diálogo *identifica* lo que las imágenes *muestran* (Kozloff 2000: 35), a saber, la villa desierta, y, además, *representa* la estructura de la escena, evocando espacios que no se muestran. El mismo procedimiento se da cuando el diálogo orienta y reorienta el movimiento de los personajes en el tiempo, especialmente después de una elipsis temporal. En el ejemplo (2) esta situación coincide con un cambio de escena, mientras que en el ejemplo (3) apreciamos cómo la escena está estructurada a través de un diálogo:

(2)

GONZALO y SÁTUR entran en la casa.

SÁTUR

Menos mal que estaba yo allí para subirle, porque a ver quién tira si no de la cuerda.

GONZALO

Gracias, Sátur. (*Satisfecho*)
No ha sido fácil, pero tenemos el libro.

(*Águila Roja*, 27)

(3)

La habitación está a oscuras, GONZALO está sentado con un trozo del alfabeto de Cristina en la mano. GONZALO ha llorado. CATALINA entra.

CATALINA

(Abriendo una ventana) Hijo, abre un poco que entre luz, que vas a criar murciélagos.

GONZALO

Por favor, cierra la ventana.

CATALINA mira a su alrededor, la habitación está muy desordenada.

CATALINA

Hay establos más limpios que esta casa, claro que es culpa mía, que no se le puede dejar a un hombre solo, que lo deja todo... (*Águila Roja,* 1)

En el ejemplo (2), a la función del anclaje espaciotemporal se une la de la comunicación de la causalidad narrativa (Kozloff 2000: 38; Bednarek 2018: 42–45), ya que se proporciona información sobre antecedentes y se crean conexiones entre eventos y cadenas causales (Richardson 2010: 53). En (4) vemos cómo también se puede anticipar un desarrollo narrativo (la futura boda de la Marquesa) y la conclusión de la escena (la Marquesa anuncia que seguirá enseñando el palacio al Valido, evento que no se representa en la pantalla):

(4)

MARQUESA

Como algunos sabéis, Fernando de Haro y yo vamos a contraer nupcias en poco tiempo...

LOS CRIADOS se miran entre sí sorprendidos. Se escuchan murmullos.

MARQUESA

...Y eso significa que ahora él será el señor de la casa. Espero sepáis atenderle como merece.

CATALINA

Será un placer servirle en lo que podamos, señor.

VALIDO

El placer será mío por teneros a mi servicio.

MARQUESA

Ven, querido, te seguiré mostrando el Palacio. (*Águila Roja,* 21)

La representación de eventos narrativos también puede ser contrafactual, es decir, representar un suceso que no ha acaecido o que ha ocurrido de forma distinta, de una manera que la audiencia conoce perfectamente (ejemplo 5):

(5)

CIPRI

Señor Comisario, yo no vi entrar a nadie esa noche...

COMISARIO

(Cortándole) Todavía no te he preguntado.

CIPRI

Pero quiero que lo sepa, señor Comisario. La posada estaba llena, usted lo vio, y yo iba jarra de vino pa' arriba, jarra de vino pa' abajo. Imposible estar pendiente de la puerta...

COMISARIO

Nada sospechoso, entonces.

CIPRI

Nada de nada, señor Comisario, puede usted creerme. Mucho borracho, eso sí.

(*Águila Roja,* 14)

En el ejemplo (5) el diálogo no señala de forma explícita el hecho de que se trata de una reconstrucción de los hechos que no se corresponde con la realidad del mundo ficcional; de hecho, nos encontramos ante un ejemplo de *ironía dramática*, ya que la audiencia sabe algo que un personaje (en este caso el Comisario), por el momento, ignora. Por contra, en otros casos, se remarca que la representación en la pantalla no ha acontecido 'realmente', sino que se trata de un sueño, un deseo, una alucinación –rasgos que visualmente se representan con disolvencias, imágenes distorsionadas, uso de cámara lenta, etc.– también a través de los diálogos. Se cumple así la función que Bednarek (2018: 39–40) llama el *anclaje de la modalidad*, es decir, de la credibilidad o de la fiabilidad del mensaje expresado. En el ejemplo (6), después de una secuencia en la que Gonzalo y Margarita se besan apasionadamente, sin que la modalidad visual esté marcada por ningún efecto, el diálogo entre Gonzalo y Sátur aclara que se trata de un sueño:

(6)

GONZALO

(En sueños) Bésame, Margarita, bésame...

SÁTUR cabecea. GONZALO repite de nuevo lo dicho, cada vez más alto. SÁTUR, nervioso por las voces, le chista, pero GONZALO no se calla. SÁTUR vuelve a chistar todavía más alto. GONZALO despierta.

GONZALO

(Sobresaltado) ¿Se puede saber qué haces, Sátur?

SÁTUR

Intentaba hacerle callar, que... ¡menuda escandalera estaba montando usted! Hablaba en sueños...

GONZALO lo mira sorprendido.

GONZALO

¿Y qué decía?

SÁTUR

Pues era más o menos como... *(Imitándolo)* "Te quiero, mucho... Bésame, Margarita... Bésame."

(*Águila Roja,* 12)

Por lo que concierne a la representación de eventos narrativos (Kozloff 2000: 41, Bednarek 2018: 40–42), nos encontramos ante la producción de actos de habla que ya constituyen en sí eventos narrativos; es el caso especialmente de los actos performativos, como el del ejemplo (7):

(7)

COMISARIO

Por los actos de conspiración, herejía y asesinato, el morisco queda condenado a morir lapidado para escarnio público y ejemplo de comportamiento.

TODOS aplauden las palabras del COMISARIO.

(*Águila Roja,* 21)

Otros eventos verbales incluyen, según Kozloff (2000: 41–43), la revelación de secretos, el desmoronamiento de testigos, rezos o absoluciones, es decir, unos sucesos inesperados y emocionantes que constelan esta serie de aventuras llenas de golpes de escena. En el ejemplo (8), la secuencia entre Cipri y Gonzalo desvela un posible peligro para el Águila Roja, ya que las sospechas del tabernero podrían llevar al descubrimiento de su identidad:

(8)

CIPRI

No es que quiera malmeter, ni hablar mal de él, pero... creo que Sátur está metido en un lío.

GONZALO

¿Sátur? ¿Qué clase de lío?

CIPRI mira alrededor para asegurarse de que Sátur no le escucha, y con gesto serio.

CIPRI

Llevo un tiempo observándole y sé que sale de casa cada noche... Y a veces también se levanta al alba, prepara los caballos y se los lleva. Los dos.

GONZALO comprende que habla de sus salidas como Águila Roja.

CIPRI

¿Tú sabías que a veces coge tu caballo?

GONZALO

Bueno... Si lo coge será porque lo necesita, ¿no?

CIPRI

No me has entendido bien, Gonzalo. A veces vuelve con la ropa desgarrada e incluso heridas. ¡Si hasta le he visto limpiando sangre!

GONZALO

No sé, Cipri. Alguna explicación tendrá.

CIPRI

Si me das tu permiso, una de estas noches le voy a seguir para ver a dónde va.

GONZALO

¿Qué? No, no, tú déjame a mí que yo hablo con él.

(*Águila Roja,* 58)

El largo intercambio de preguntas y respuestas del ejemplo (8), que forma parte de un coloquio aun más extenso, construye a través del diálogo, al introducir y detallar información, una realidad narrativa que tiene su propia consistencia y que influye en el desarrollo de la acción. En este caso, pues, no se recurre al uso de construcciones performativas, sino que es la extensión del diálogo lo que permite, de forma indirecta, la creación de un evento narrativo (Bednarek 2018: 42).

4.2.2 Personajes

El diálogo telecinemático aporta información sobre la biografía de los personajes y, al mismo tiempo, los identifica y denomina; esta función de anclaje que se da cuando aparece por primera vez un personaje, algo que se produce señaladamente en los primeros episodios de una serie televisiva (Bednarek 2018: 47), como es el caso del ejemplo (9):

(9)

Ambientazo. GONZALO y FLORO sentados en una mesa beben alegremente. INÉS (con gran escote y muy guapa) se acerca.

GONZALO

Hola Inés.

INÉS

Buenas ¿qué os ofrezco?

FLORO

(Piropea infantilmente refiriéndose al escote) Un paisaje de impresión... Jua, Jua. Otra jarra de clarete...

INÉS

(Divertida) Cuando te pille Catalina sí que te va a dejar clarete.

CIPRI pasa con jarras en la mano.

CIPRI

Inés, al maestro y el barbero ponles lo que quieran.

(*Águila Roja,* 1)

En el ejemplo (9) se mencionan los nombres de los personajes que se introducen por primera vez (Inés y Catalina), a la vez que se identifica a Floro y Gonzalo con sus oficios (barbero y maestro). La identificación también puede incluir alguna información sobre sucesos acaecidos en el pasado que contribuyen a la definición del personaje, más que a la comunicación de la causalidad narrativa (véase § 4.2.1) como en el ejemplo (10):

(10)

CATALINA

Es el Cardenal Mendoza. Buenisísima persona. Estuvo muchos años en el Vaticano y ahora ha vuelto.

MARGARITA

¿Y tú cómo sabes todo eso?

CATALINA

Porque estoy atenta. En palacio se oyen muchas cosas... Y las que me callo...

(*Águila Roja,* 14)

En el ejemplo (10), por un lado, el discurso de Catalina aporta elementos que la audiencia utiliza para construir el personaje del cardenal Mendoza en su primera aparición en la pantalla; sin embargo, el prelado se revelará como uno de los 'malos' de la serie, algo que la audiencia pronto conocerá, aunque ya sabe que "buenisísima persona" no es, en tanto que, siendo un alto prelado, mantiene una relación sexual con la Marquesa. Se trata, pues, de otro ejemplo de ironía dramática, que también nos sirve para ilustrar la función que el diálogo tiene a la hora de establecer los roles narrativos, como los del 'héroe' o el 'malo' (Bednarek 2018: 52–53), que tendremos en cuenta en el análisis presentado en el capítulo 7. Por otro lado, Catalina, en el turno siguiente, alude de manera explícita a un rasgo de su propia personalidad ("Porque estoy atenta") que la caracteriza como ama de llaves observadora y vigilante, hábil en el arte de servir a la Marquesa callando y prestando atención a todo. El diálogo, pues, revela al personaje y permite que los espectadores obtengan información acerca de sus estados mentales y de su personalidad (Bednarek 2010: 101), ya que, en palabras de Culpeper

(2009: 31), "it is the speech of each character that partly determines the different characters we perceive".

Siguiendo a Bednarek (2018: 49), denominamos *rasgos sociales e individuales* a las características, temporales o estables, que definen a los personajes. A su vez, estos rasgos pueden consistir en características relacionadas con el *tipo* de personaje (p. ej. sexo, edad, condición social) o bien con su *carácter*, es decir, sus peculiaridades individuales (p. ej. tranquilidad, maldad, imprevisibilidad, pasión, etc.). La construcción de la identidad social puede darse a través del uso compartido de algunas preferencias lingüísticas, como pueden ser, en nuestra serie, el debilitamiento en posición intervocálica del sonido consonántico dental sonoro /d/, que habitualmente se representa en la escritura marcándolo en cursiva en el guion original. En general, este rasgo es compartido por los personajes del pueblo (entre los principales queremos recordar a Sátur, Cipriano, Catalina y Floro) y se contrapone a la pronunciación esmerada de los que pertenecen a estamentos superiores (el Comisario y los nobles, como la Marquesa, el Rey, etc.). En el ejemplo (11) comprobamos el uso de esta pronunciación, entre otros vulgarismos, para caracterizar a los miembros de una familia de pescaderos que accede a hablar con la Marquesa:

(11)

JUSTINO

(Discreto, nervioso, a su familia) Lo que hemos dicho, ¿eh? Hablo yo, que tengo *mu* claro qué es lo que hay que decir.

La familia llega hasta la MARQUESA. JUSTINO se adelanta.

JUSTINO

Señora Marquesa... Hemos *escuchao* que ha habido defunción en su casa y... bueno, que... ante todo, somos solidarios con la pérdida...

La MARQUESA les mira sin entender nada.

SOLEDAD

Si vienen al velatorio, la difunta está en ese salón.

JUSTINO

No, no... si no veníamos a eso... Verá, nosotros llevamos la pescadería de la calle Postas... le han *hablao* de ella seguro, vendemos el mejor género de *toa* la Villa...

La MARQUESA está perdiendo la paciencia.

MARQUESA

¿Qué pasa? ¿Se les debe algo? *(A Soledad)* Págales y que se marchen.

MARI

(Adelantándose) Esto no tiene que ver con el *pescao* ni nada que se le parezca. *(A Justino)* Y tú, vete al meollo, Justino, que te enfrascas y confundes a la gente.

JUSTINO asiente y coge del brazo a REMEDIOS. La coloca frente a la MARQUESA.

JUSTINO

Esta es mi hija Remedios, la cosa que más quiero yo en este mundo. Y como verá... está en *estao* de buena esperanza.

La MARQUESA mira el abultado vientre de REMEDIOS.

MARQUESA

(Impaciente) Salta a la vista, sí... ¿Y?

JUSTINO

Pues que... está usted de enhorabuena.

MARQUESA

¿Cómo dice?

JUSTINO

Que la hemos hecho abuela. Que su hijo, el Marqués, es el padre. ¿Verdad, niña?

REMEDIOS asiente con una sonrisa.

REMEDIOS

Posí... Al principio pensaba que era un gas *atravesao*, pero luego ya se vio que no.

(*Águila Roja,* 105)

El hecho de que un grupo de personajes comparta una serie de preferencias lingüísticas no impide la construcción única de cada personaje, que llega a ser especialmente esmerada cuando se trata de alguno de los personajes principales. En palabras de Queen (2015: 155; véase también Bednarek 2018: 51), estas dos facetas de la caracterización explican por qué un determinado personaje puede ser a la vez estereotípico y totalmente original.

Otra manera con la que los personajes se definen es a través de las relaciones que mantienen entre sí, con vínculos discursivos que pueden ser indirectos o bien directos, en este último caso como en el ejemplo (12):

(12)

MARGARITA

Víctor, soy tu mujer, ante los ojos de Dios y de la ley y sé que eso significa que te pertenezco... Pero no pienso volver nunca contigo.

MARGARITA saca el hocino de debajo del chal. VÍCTOR la mira tenso.

MARGARITA

Y si quieres, mátame... porque te aseguro que esa va a ser la única manera de tenerme a tu lado.

VÍCTOR asimila e intenta no perder la calma.

VÍCTOR

Margarita, yo... Yo sé que no fui un buen marido para ti y que no supe tratarte como merecías... pero...

VÍCTOR habla muy sincero.

VÍCTOR

...Te juro que he cambiado. Me he arrepentido día y noche de lo que te hice, y ahora soy una persona diferente... Déjame demostrártelo.

(*Águila Roja,* 27)

Las funciones relacionadas con la comunicación narrativa, que ilustramos siguiendo el modelo *FATS* de Bednarek (2018), son cruciales a la hora de construir una serie televisiva, ya que es fundamental que el diálogo a la vez caracterice a los personajes y estructure el tiempo y el espacio en el que se mueven, definiendo y organizando las relaciones de causalidad, finalidad y modalidad de la narrativa. Sin embargo, el diálogo telecinemático también cumple otras funciones adicionales, ya indicadas en la Tabla IV.1, que vamos a examinar en los apartados 3 y 4 de este capítulo.

4.3 Funciones relativas al efecto estético e interpersonal y al atractivo comercial

A la hora de analizar un diálogo telecinemático no debemos olvidar que algunas de sus funciones no se relacionan tanto con el desarrollo narrativo como con sus posibles efectos en la audiencia desde un punto de vista estético e interpersonal, y con su potencial atractivo comercial (Bednarek 2018: 54). A continuación, nos detendremos en los aspectos de estas funciones que efectivamente se hallan en los guiones de *Águila Roja.*

4.3.1 Control de la evaluación y de las emociones del espectador

Una de las funciones del diálogo, en palabras de Kozloff (2000: 49–51), es la de guiar las respuestas emocionales del espectador a través de elementos evaluativos, entendidos como expresión verbal de sentimientos, creencias y valores (Bolívar 1994 en Kaplan 2004: 53). El diálogo puede alargar una acción y crear un efecto de suspense o de tensión, preparar al espectador para alguna sorpresa visual o, como en el ejemplo (13), evocar, a través de una narración en *off*, algunos sucesos ocurridos en el pasado que esclarecen un misterio:

(13)

LAURA, encorvada y aterida de frío, está frente a uno de los pilares del puente. Recuerda las palabras de su padre relativas al secreto familiar del cap. 42, sec. 38.

PADRE DE LAURA OFF

Desde hace cientos de años, nuestra familia es la encargada de custodiar un bien muy preciado. Cuando te encuentres en apuros, ve a los pilares del puente de Briñas, junto al río.

LAURA observa el pilar.

PADRE DE LAURA OFF

Hallarás una marca. Bajo la piedra encontrarás nuestro tesoro.

(*Águila Roja*, 43)

Las palabras del padre de Laura (que es la madre de Gonzalo) suscitan expectación y crean curiosidad en el espectador, así como el arranque del diálogo entre el Comisario y Lucrecia en el ejemplo (14) producen expectativa y tensión por las condiciones del hijo de la Marquesa:

(14)

SALÓN: El COMISARIO deja a NUÑO sobre el diván.

MARQUESA

¡Nuño, hijo! *(A Comisario)* ¡¿Por qué no contesta, Hernán?! ¡¿Qué le pasa a mi hijo?!

COMISARIO

(Aturdido) Le dije que guardara la espada, pero... *(Niega, con dolor)* Lo siento mucho, Lucrecia... El caballo se encabritó y... lo tiró de espaldas.

La MARQUESA mira al COMISARIO aterrorizada.

MARQUESA

¿Está muerto?

COMISARIO

No, claro que no...

MARQUESA

(Muy angustiada) ¡¿Entonces, por qué no abre los ojos?! *(Grita)* ¡¿Por qué no los abre?!

(*Águila Roja*, 22)

El diálogo también puede ayudar a los espectadores a interpretar las imágenes (Kozloff 2000: 50–51), por ejemplo, apoyando los elementos visuales para revelar sensaciones olfativas:

(15)

SÁTUR cierra el petate. De pronto, GONZALO detecta algo en el aire. Huele mal.

GONZALO

Espera.

Se detienen. SÁTUR también lo huele. Se lleva la mano a la nariz, atufado.

SÁTUR

¿Pero qué cojón? Es horrible, amo... huele a muerto.

Entonces, escuchan el zumbido de varias moscas volando. GONZALO mira hacia arriba para ver su procedencia, no puede creer lo que ve: El cadáver de un HOMBRE sobre el árbol, rodeado de moscas.

SÁTUR

¡Joder! ¡Joder! ¡La madre que me...! Ha sido el viento asesino ese, amo... es horrible.

(*Águila Roja*, 78)

4.3.2 Explotación de los recursos del lenguaje

Kozloff (2000: 51–52) asocia la función que llama *exploitation of the resources of language* con la función poética de Jakobson, a saber, la que nos orienta hacia el mensaje como tal, al mensaje por el mensaje, y la divide en cuatro categorías: el uso poético del lenguaje, las bromas y el humor, la ironía dramática y las narraciones contadas por los personajes. Ya propusimos los ejemplos (5) y (10) por lo que se refiere a la ironía dramática, y podemos añadir el siguiente diálogo, en el que Sátur anticipa en la obra teatral que escribe una información clave –Gonzalo y Hernán, el comisario, son hijos del Rey– que solo la audiencia conoce:

(16)

GONZALO

Es mi vida. Toda mi vida está en este libreto.

SÁTUR

Tampoco exagere... Igual hay una leve inspiración.

GONZALO

Cuentas la historia de dos hermanos enfrentados. Uno es bueno y otro es malo.

SÁTUR

Como Caín y Abel, amo. Que los parientes cabreados ya eran un clásico antes de llegar ustedes.

GONZALO

Sátur... El hermano malo se llama Fernán.

SÁTUR

Bueno, Hernán, Fernán... Pero en mi obra descubrimos que son hijos del Rey. ¡Y ustedes no son hijos de su Majestad!

GONZALO

Te reconozco que ese giro me sorprendió.

(*Águila Roja*, 93)

En este caso la ironía dramática crea humor (Bednarek 2018: 60); además, reconocemos cierto juego basado en la metaficción, ya que Sátur se propone como dramaturgo, empresario y autor de una ficción en la que participan como actores algunos de los personajes, representando un drama que reproduce fielmente la historia del Águila Roja que encuentra sus orígenes reales.

Por lo que se refiere al uso poético del lenguaje –que incluye el uso de citas poéticas o literarias, o bien recursos retóricos como la metáfora, la aliteración o la repetición– hay pocos casos en *Águila Roja*. Proponemos el ejemplo (17), que también es un ejemplo de intertextualidad, ya que reproduce un célebre fragmento del *Lazarillo de Tormes*:

(17)

MURILLO lee.

MURILLO

"Pues sepa vuestra merced ante todas cosas que a mí llaman Lázaro de Tormes, hijo de Tomé González y de Antonia Pérez, naturales de Tejares, aldea de Salamanca. Mi nacimiento fue dentro del río Tormes, por la cual causa tomé el sobrenombre,".

GONZALO le cortará antes de que termine de leerlo entero.

En la parte de atrás, NUÑO, come una chocolatina con alardes y sonríe disfrutando. GABI y ALONSO le miran salivando. GONZALO observa.

GONZALO

Se acabó el Lazarillo por hoy. Murillo, siéntate, que vamos a hablar de algo que tiene que ver con el hambre. ¿Alguien sabe quién es Confucio?

(*Águila Roja*, 18)

Por el contrario, la categoría del humor sí está representada en nuestra serie, y se da especialmente en el discurso de Sátur y en sus diálogos con otros personajes, como ya pudimos comprobar en varios ejemplos. A menudo su discurso se caracteriza por ocurrencias que también entran en las categorías adicionales que Bednarek (2018: 61–63) añade a las de Kozloff (2000), como la innovación lingüística y la intertextualidad; en el ejemplo (18), del que ya nos valimos en el capítulo 3, se utiliza el sintagma "ordenador personal" con un significado distinto del contemporáneo ('computadora'). La incongruidad y el humor se crean porque el diálogo sale del contexto de referencia del siglo XVI para entrar en el universo de la audiencia de la serie, rompiendo indirectamente la 'cuarta pared' del primer nivel del contexto comunicativo (véase § 2.2.1):

(18)

SÁTUR

(Descubriéndose) Decir criado es simplificar mucho mi condición. En realidad soy ayuda de cámara, postillón, paje, cocinero. Vamos que ordeno a las personas y las cosas, se podría decir que soy un ordenador personal.

(*Águila Roja*, 1)

Otras situaciones humorísticas relacionadas con la intertextualidad se dan cuando los percances de los personajes de ficción se entrecruzan con figuras reales, creando referencias a obras artísticas conocidas por los espectadores y, por lo tanto, también haciendo una incursión en otro nivel comunicativo, como en el caso de *Las tres gracias* de Rubens, en (19), o del *Lazarillo de Tormes* en (20):

(19)

MARGARITA

Yo me tengo que ir, que me ha pedido la Marquesa que hoy vaya antes... Está Rembrandt en Palacio.

GONZALO

¿Rembrandt, el pintor? ¿En Palacio?

MARGARITA

Le ha pedido a Lucrecia que pose para él.

SÁTUR

Pues ya verá, un tipo encantador; cercano, sencillo...

ALONSO

(*Le mira asombrado*) Sátur, ¿tú le conoces?

SÁTUR

No le voy a conocer... Una vez en Ámsterdam nos fuimos de jarana Rembrandt y yo con las tres Gracias ¡Menudas eran las tres! Vamos, tal cual las pintó.

GONZALO

Ese no era Rembrandt, Sátur, sino Rubens.

SÁTUR

Déjeme que le diga que sabré yo si estuve con Rembrandt o con Rubens... Lo que pasa es que igual a Rubens le gustó el cuadro y se lo copió. Que esto es muy de artistas. Luego con llamarlo homenaje...

(*Águila Roja*, 33)

(20)

SÁTUR

¡Señor! ¿Es usted, verdad? ¿Es el secretario de Don Calderón de la Barca?

SECRETARIO DE CALDERÓN

Mi señor no dedica libros.

SÁTUR

No, no... No es eso, no quiero que me dedique nada... Es que... he escrito un manuscrito... y desearía que lo leyera Don Calderón.

EL SECRETARIO DE CALDERÓN, ignorándole, comienza a avanzar por la calle acompañado de uno de los LACAYOS. SÁTUR le sigue detrás, tendiéndole el manuscrito.

SECRETARIO DE CALDERÓN

No estamos interesados.

SÁTUR

¡Por favor, señor! Cuenta toda mi vida... tengo más vivencias que el Lazarillo y... no soy anónimo.

(*Águila Roja*, 49)

Finalmente, señalamos que el diálogo también puede representar una ocasión para poner en primer plano a algún personaje interpretado por un actor de relieve, otorgándole, por ejemplo, un espacio mayor, o unas líneas especialmente expresivas o emocionantes, o un parlamento que requiere ciertas habilidades histriónicas (Kozloff 2000: 60). Como nota Bednarek (2018), es muy difícil escoger un fragmento de un diálogo de una serie televisiva, sobre todo porque sería imposible demonstrar este aspecto centrándonos solo en el guion, sin tener en cuenta la actuación del actor. En *Águila Roja*, el personaje de Sátur, interpretado por el conocido y apreciado actor Javier Gutiérrez, es sin duda central por su gran presencia en la pantalla; a él se reservan espacios discursivos especialmente expresivos, que arrojan luz sobre sus miedos y sus preocupaciones, a menudo con efectos humorísticos. También cabe notar que a lo largo de la serie se insertan en el reparto algunos actores cinematográficos muy populares, como Carmen Maura, Eusebio Poncela, Loles León, Gabino Diego o Mónica Cruz; aunque se trate de personajes menores, estos cameos o "colaboraciones de lujo"[50] tienen un espacio dedicado que les otorga cierto relieve discursivo.

4.4 Funciones relacionadas con los mensajes, las enseñanzas y la ideología

Las funciones que Kozloff (2000: 56–60) indica como *Thematic messages/authorial commentary/allegory and interpretation* y Bednarek (2018: 64–67) como *Functions relating to thematic messages and ideology* se relacionan con el mensaje de fondo que puede tener una obra, como "el bien se impone sobre el mal", "el amor es imprevisible", "todo lo mueve el dinero", hasta llegar a temas ideológicamente más específicos, como "las dictaduras son malas" o "es necesario declarar guerra al sistema".

50 http://www.rtve.es/television/20161013/aguila-roja-actores-famosos-han-participado-aguila-roja/1423683.shtml (12/1/2019),

En *Águila Roja* encontramos con frecuencia enseñanzas y mensajes explícitos que representan valores culturales actuales propios del siglo XXI; como ya comentamos (§ 3.2), se trata de un rasgo totalmente inverosímil con respecto al marco histórico de la serie, que, por otro lado, es coherente con la concepción de esta como espectáculo para el entretenimiento familiar. El discurso del personaje de Gonzalo, caracterizado como un hombre culto, tolerante, laico y crítico hacia el poder autoritario, es la tribuna privilegiada para este tipo de mensajes, que pueden ser muy extensos, como en el ejemplo (21):

(21)

GONZALO

Como os veo tan interesado en el tema, hoy vamos a hablar de los moriscos. Sentaos... ¿Quién me puede decir quiénes son los moriscos?

GABI

Pues unos que son muy oscuros porque nunca se lavan la mierda.

GONZALO

Una definición muy científica, Gabi... Los moriscos son musulmanes que han nacido en España y que fueron obligados a cristianizarse. Se les expulsó hace años del país.

ALONSO

Y si les expulsaron, ¿para qué han vuelto?

NUÑO

Pues porque quieren quitarnos lo que nos pertenece. Pero el imperio español es nuestro y no nos lo van a robar.

GONZALO

Nuño, ellos han nacido aquí y deberían tener el mismo derecho que todos nosotros a vivir en este país. ¿O es que os creéis de una raza superior?

ALONSO

A mí esa gente no me gusta, padre, no me parecen de fiar... Yo no quiero convivir con los moros.

GONZALO

Pues para no querer convivir con ellos, utilizas muchas cosas suyas...

ALONSO

(*Ofendido*) ¿Yo? ¿El qué?

GONZALO

Pues por ejemplo... el número cero y nuestra forma de contar... Los árabes nos han dado el calendario, los molinos, el papel y muchos avances en medicina y en geografía.

ALONSO

(*Le corta*) Lo que tú quieras, pero a parte de eso son todos unos asesinos.

GONZALO

Gente que se equivoca hay de todas las razas, pero eso no significa que todos los moriscos sean asesinos.

(*Águila Roja*, 21)

Si en el discurso del maestro a menudo cabe la negociación explícita de alguna posición ideológica –o directamente la crítica al poder autoritario, el elogio de la tolerancia familiar o el laicismo–, los personajes femeninos plantean de forma más implícita situaciones discriminatorias en cuanto al género sexual. La Marquesa, que por lo general es un personaje negativo, perteneciente al grupo de los 'malos', resalta por su capacidad de autonomía y poder en una sociedad dominada por el poder masculino. Su rebeldía no es siempre explícita, como en el ejemplo (22), en el que, sin embargo, destaca la frustración por un destino que la hermana con las mujeres de toda clase, aportando una representación ideológica de la sociedad:

(22)

MARQUESA

Ese hombre, mi futuro marido, solo ha cogido por la fuerza algo que ya le pertenece. Y yo no puedo hacer nada al respecto.

MARGARITA se acerca a la MARQUESA y se arrodilla frente a ella.

MARGARITA

Seguro que puede hacer algo.

MARQUESA

(*Rompe, los ojos se le llenan de lágrimas*) ¿Hacer qué? ¿Enfrentarme al rey? Él ha impuesto este matrimonio.

MARGARITA

Pero usted es la Marquesa de Santillana.

MARQUESA

Solo soy una mujer, y una mujer no es nada. Noble, plebeya, en esto somos todas iguales.

(*Águila Roja*, 21)

Con respecto a la clasificación *FATS*, no encontramos en los guiones de la serie los casos señalados por Bednarek (2018: 67) de colocación de productos (*product placement*), creemos que a causa de la ambientación histórica de *Águila Roja*, que obstaculiza las referencias explícitas a bienes comerciales contemporáneos[51].

4.5 Funciones relacionadas con el realismo

Como ya vimos en § 2.2.2, el concepto de realismo en una serie televisiva no se limita a la dimensión de la experiencia y del conocimiento del mundo real, sino que tiene un significado vinculado con la coherencia del universo ficcional y con la vida emocional de cada personaje. Según Kozloff (2000: 47), en todos los productos cinematográficos hay diálogos cuya función primaria es la de reproducir las situaciones de encuentros en la vida de todos los días, con la finalidad de otorgar relieve a la vertiente realista de la producción. Bednarek (2018: 70–73) reconoce dos funciones conectadas con el realismo: la imitación del lenguaje 'real' y las referencias al mundo 'real'.

51 Sin embargo, como comentamos en el capítulo 3, *Águila Roja* ha tenido un importante desarrollo transmediático con significativas implicaciones publicitarias y comerciales.

4.5.1 Imitación del lenguaje hablado y escrito 'real'

Una de las posibles maneras de crear efectos de realismo es la representación de situaciones propias de la experiencia cotidiana, en las que el diálogo tiene como finalidad principal la de proporcionar autenticidad y cercanía al mundo de la audiencia. En el caso de *Águila Roja*, estos diálogos, por un lado, van en la dirección de una mayor implicación del público familiar y buscan la creación de un sentimiento de empatía hacia los personajes; por otro, no siempre resultan verosímiles en el contexto histórico del siglo XVII. El contexto situacional es frecuentemente el del hogar doméstico y la escuela que regenta Gonzalo, como en el ejemplo (23):

(23)

GONZALO imparte clase a los NIÑOS.

GONZALO

¿Cómo se llamaban las carabelas con las que Colón descubrió Las Indias?

MURILLO, entusiasta, levanta la mano para responder.

GONZALO

Aparte de Murillo, ¿alguien más lo sabe? Alonso.

GONZALO se gira y escribe en una especie de tablón que hace las veces de pizarra.

ALONSO

(*Pensando*) Eh... La Santa María, la Pinta y...

En ese momento entra en clase MATILDE seguida de CIPRI.

MURILLO

¡Una niña!

GONZALO

Murillo, no vale chivar...

Los NIÑOS ríen. GONZALO se gira y ve a CIPRI y MATILDE.

CIPRI

Buenos días maestro, perdón por la interrupción. ¿Tienes un momento?

Los NIÑOS comentan la llegada de MATILDE en segundo término. ALONSO y NUÑO la miran enamorados.

ALONSO

(*A Gabi*) Mírala, es guapísima...

NUÑO

(*A Murillo*) Parece una princesa...

GONZALO y CIPRI hablan en un aparte.

CIPRI

Es la niña, que no nos hacemos con ella, y como tú sabes de esto...

GONZALO

¿Qué le pasa?

CIPRI

La pobrecita está... apagada, como mustia.

GONZALO

Hombre Cipri, pues normal ¿no? Ten un poco de paciencia. Lo que le vendría bien es, venir a clase y relacionarse con niños de su edad.

(*Águila Roja*, 8)

En el ejemplo (23) resulta evidente que la situación trazada en la clase de Gonzalo no es de ninguna manera una reconstrucción de una posible interacción escolar ambientada en el siglo XVII; además, la aprensión manifestada por Cipri y la respuesta pedagógicamente correcta del maestro entran en un mundo de valores contemporáneos para con la audiencia y están radicalmente descontextualizados con respecto a la localización histórica.

En realidad, en las series es difícil que una escena o un diálogo no sirva también, de alguna forma, para la evolución de la historia; de hecho, en el ejemplo (23) la llegada de Matilde representa un hecho que dará lugar a una determinada acción posterior. Finalmente, notamos que los rasgos sociales e individuales que vimos en la función 'Personajes' (§ 4.2.2) también pueden servir para representar las peculiaridades discursivas de un determinado personaje o grupo de personajes, creando un efecto de autenticidad.

4.5.2 Referencias al mundo 'real'

Las referencias al mundo 'real' permiten anclar la narrativa al mundo de la audiencia; en el caso de las series situadas en una lejana época histórica, como *Águila Roja*, se trata de elementos vinculados a ese período, que confieren credibilidad a la dramedia (Bruti/Vignozzi 2016), como la mención a una celebérrima obra pictórica y a las vicisitudes de su autor en (24):

(24)

El REY le dice con un gesto a sus ACOMPAÑANTES que les dejen solos. TODOS salen, cerrando la puerta.

REY

(*Sonríe*) Ven. Lo he hecho descolgar de mi despacho sólo para mostrártelo.

El REY lleva al CARDENAL frente a un cuadro cubierto por una sábana. El REY lo descubre: son "Las Meninas" de Velázquez.

REY

Mi familia. Velázquez es un genio. Esa viruela le está matando. Dime, ¿qué noticias traes de Roma?

CARDENAL

Me temo que no muy buenas, Majestad. El Vaticano se ha convertido en un antro de inmoralidad y corrupción. El Papa está muy enfermo.

(*Águila Roja*, 14)

Como ya comentamos, una constante de *Águila Roja* es la hibridación de detalles históricos y anacronismos; de ahí que no nos sorprenda descubrir referencias al mundo 'real' actual, que son totalmente incongruentes con el contexto histórico en el que se hallan y que evidentemente son inteligibles solo para el público, es decir, se sitúan en el segundo nivel comunicativo, el del receptor (véase § 2.2.1). El fragmento (25) ejemplifica este recurso:

(25)

FLORO ultima uno de sus inventos. (Una rudimentaria fregona). CATALINA friega el suelo arrodillada.

FLORO

Cariño, mira lo que te he inventado.

CATALINA

Déjame de inventos que todavía tengo que apañar la casa antes de ir a trabajar a Palacio.

FLORO

¡Pero mira, tonta! He establecido una unión solidaria entre el trapo de limpiar y este simple palo. De este modo podrás hacer tu trabajo sin doblar el lomo.

CATALINA se levanta, observa. Coge el invento y frota el suelo.

FLORO

Lo voy a llamar ingenio de limpieza doméstica (*piensa*); eso o fregona.

(*Águila Roja*, 4)

Menciones como las que encontramos en el ejemplo (25) producen, en realidad, el efecto opuesto al de las referencias situadas en el contexto propio de la serie, ya que, creando una incongruencia, interrumpen la convención narrativa y la suspensión voluntaria de la incredulidad, obteniendo un efecto humorístico.

4.6 Funciones relacionadas con la naturaleza serial de las narraciones de televisión

La última categoría propuesta por Bednarek (2018: 73–75) se relaciona con dos funciones que conciernen a la naturaleza serial de las series televisivas: la creación de consistencia y la creación de continuidad.

4.6.1 Creación de consistencia

Como vimos en el capítulo 2, en la dramedia encontramos tramas de continuidad de largo recorrido, que se cruzan con otras, secundarias, que abarcan uno o unos pocos episodios. La extensión de este formato es muy amplia: *Águila Roja* se desarrolla a lo largo de 116 episodios, divididos en nueve temporadas, a lo largo de siete años. Es fundamental y necesario que los personajes, la trama, el estilo, el tono y lo que podemos llamar 'la marca' de la serie se mantengan coherentes a lo largo de todo este tiempo y se ajusten a las expectativas de la audiencia (Bednarek 2018: 74). Un personaje de una ficción serial, mucho más que el de una película, por mucho que plantee algún tipo de conflicto que se desarrolla en su 'arco' (véase § 2.2.3), debe mantener cierta estabilidad para garantizar la fidelización de la audiencia a lo largo de un periodo de tiempo bastante extendido (Bednarek, 2011b: 187–197).

Una de las técnicas discursivas que crean una identidad expresiva relativamente estable consiste en la repetición de determinadas pautas. Un ejemplo es la insistencia en el uso del alocutivo 'amo' por parte de Sátur para dirigirse a Gonzalo, que se convierte en una muletilla (véase § 7.1). En el ejemplo 26 encontramos una alusión más sutil:

(26)

Unos ojos, también algo humedecidos pero de diferente color, se entornan repletos de ira. Se trata de GONZALO, que termina de leer la sentencia de su madre. De pronto, rabioso, reacciona tirando la sentencia al suelo.

GONZALO

Malnacidos.

SÁTUR, que estaba leyendo alguno de los documentos, recoge la sentencia y mira a GONZALO.

SÁTUR

Es la primera vez que le oigo soltar un insulto, amo. *(Serio)* Y *pa'mí* que se queda corto. Son todos unos hijos de puta.

(*Águila Roja*, 105)

La observación de Sátur remite a la caracterización de Gonzalo a lo largo de la serie como un personaje especialmente moderado en su expresión, subrayando, por un lado, el cambio que se ha producido en el maestro a la hora de conocer el trágico destino de su madre; por otro, confirma la distancia entre el discurso de los dos personajes, ya que Sátur traduce a su manera el insulto ("hijos de puta").

4.6.2 Creación de continuidad

La extensión de las series y su complejo entramado de historias secundarias de varia extensión también justifican la necesidad de crear continuidad; esta función se basa en estrategias como el uso de *flashbacks* o la inclusión de escenas de episodios anteriores en la secuencia de apertura. En el diálogo podemos encontrar narraciones, redundancias o referencias a situaciones o eventos pasados, como en el ejemplo (27):

(27)

PASILLO: CATALINA y MARGARITA frente a la puerta, a punto de entrar, portando más bandejas de dulces y fruta.

CATALINA

Es que cuando no te secuestra un inglés, te meten en un manicomio. Hija, debes ser muy golosa, porque lo tuyo no es normal.

MARGARITA

Estoy por no poner un pie fuera de casa, porque llevo una racha...

(*Águila Roja*, 72)

4.7 Conclusión

En este capítulo aplicamos la clasificación funcional elaborada por Bednarek (2018) a la serie *Águila Roja* para ofrecer una visión de conjunto de las funciones que desempeña el diálogo en la ficción televisiva. Para cada función hemos incluido deliberadamente un número de ejemplos que fuera muy limitado, pero de una extensión adecuada para apreciar la escritura del guion, aportando una cantidad suficiente de contexto que permitiera notar la coexistencia y la superposición de varias funciones. De hecho, por razones de claridad, cada extracto ha sido utilizado para ejemplificar una sola función, pero se ha destacado que el diálogo telecinemático es 'polifuncional', ya que puede simultáneamente servir, por ejemplo, para caracterizar a un personaje, construir su relación con otros personajes, captar la atención de la audiencia, crear humorismo y producir efectos de realidad.

Por otro lado, no hay que olvidar que el diálogo, también en la perspectiva de creación que adoptamos, es decir, en la fase de escritura de guiones, está construido siempre teniendo en mente un texto multimodal, con vistas a la creación de un producto audiovisual. De ahí que el discurso nunca sea el único recurso disponible para alcanzar las funciones descritas en este capítulo, y que la relación entre lo visual y lo verbal pueda variar en cada instancia. El enfoque *FATS* que definimos y ejemplificamos será uno de los puntos de referencia a la hora de acometer el análisis de los guiones de la serie *Águila Roja* en el capítulo 7.

5. La caracterización de los personajes a través del diálogo telecinemático

En el capítulo 4, siguiendo el enfoque funcional de Bednarek (2018), examinamos los posibles usos que el diálogo telecinemático cumple con respecto a la audiencia, aportando algunos ejemplos extraídos del corpus de guiones de *Águila Roja.* En este capítulo, asumiendo las reflexiones sobre la ficción televisiva contenidas en el capítulo 2, nos centramos en la caracterización expresiva del personaje por medio del diálogo telecinemático (véase el capítulo 3 para algunas reflexiones generales acerca del código realista y la identidad de los personajes), tal y como se conceptualiza en la fase de creación de la ficción seriada (véase el capítulo 1).

El tema de la construcción e interpretación de personajes en la ficción se extiende a toda una multitud de disciplinas y es accesible desde muchas perspectivas, que se resumen en Culpeper 2001, 2009 y Culpeper/Fernández Quintanilla 2017; en nuestro análisis, siguiendo las pautas marcadas por Bednarek (especialmente 2008, 2009c, 2010, 2011a, 2012a, 2012b, 2015a, 2017, 2018), consideramos que son especialmente los aspectos de la emoción, la actitud y la ideología los que se combinan para formar la *identidad expresiva del personaje.* Sin embargo, antes de abordar el análisis, es necesario partir de la definición de la ontología del personaje y describir algunas peculiaridades del proceso de inferencia que son distintivas de la caracterización ficticia.

5.1 La ontología del personaje

En un enfoque cognitivo, que es sustancial para considerar la comunicación de significados en un determinado contexto, los personajes son representaciones de seres imaginarios en la mente de la audiencia (Eder *et al.* 2010: 8; Culpeper/Fernández Quintanilla 2017: 94). Esta definición implica que no se trata de personas reales o representaciones de personas reales, aunque algunos personajes imaginarios pueden estar modelados para parecerse a alguna persona concreta, o tener alguna de sus características. A pesar de esta cualidad imaginaria, es innegable que, a la hora de ver una serie (o una película, o a la hora de leer una novela, etc.), intentamos interpretar la esencia de los personajes utilizando nuestros conocimientos de las personas reales, adoptando un "enfoque humanizador" (Culpeper 2001: 6–7) y atribuyéndoles finalidades, emociones, creencias y actitudes propias de los seres humanos. Por otro lado, según señalan Culpeper/Fernández Quintanilla (2017: 95), en algunos casos, la interacción con los personajes puede darse al revés, y la ficción puede influir en la interpretación de la realidad –véase, por ejemplo, el análisis de la serie *The West Wing* acometido por Wodak (2009) para una relación de este tipo entre el mundo político ficticio y el real–. Este mecanismo 'humanizador', en realidad, se aplica generalmente a todo proceso de caracterización, no solo al de los personajes, como advierte Emmott (1997: 58, cit. en Culpeper/Fernández Quintanilla 2017: 95):

> In reading narrative texts, we imagine worlds inhabited by individuals who can be assumed to behave, physically and psychologically, in ways which reflect our real-life experiences of being situated in the real world.

McKee (2018 [2016]: 15–16), dirigiéndose principalmente a los aspirantes a guionistas, pone de relieve la importancia del diálogo en este proceso:

> Lo que dice un personaje enfrentado a un conflicto irradia los significados ocultos bajo las palabras. El diálogo expresivo se convierte en una pantalla traslúcida a través de la que lectores y espectadores perciben pensamientos y sentimientos ensombrecidos en el silencio que ocultan los ojos de un personaje.

> La buena escritura convierte al público y a los lectores en una especie de médiums. El diálogo dramatizado tiene el poder de unir dos ámbitos sin palabras: la vida interior de un personaje y la vida interior del lector/espectador.

Así y todo, no inferimos las características de los personajes de ficción exactamente de la misma forma con la que interpretamos el discurso y el comportamiento de las personas reales, ya que los personajes poseen dos características distintivas: no solo sus comportamientos son completos, sino que, además, tienen una mayor trascendencia. Por una parte, la 'vida' entera de los personajes de una ficción se desarrolla en lo que dicen y hacen en el guion o en la escena o plató, sin que continúe en otros ámbitos, mientras que, en la vida real, nunca podremos tener un conocimiento completo de las personas con las que nos relacionamos, ya que nuestro trato solo podrá abarcar los límites espacio-temporales de nuestras relaciones con ellas; al contrario, para interpretar a los personajes, utilizamos un conjunto completo y acabado de datos como base de nuestras inferencias y deducciones (Culpeper/Fernández Quintanilla 2017: 96). Por otra parte, notamos que en la vida real hay acontecimientos que se producen de manera casual, sin que haya un significado determinado, una relación efectiva con otros eventos o una conexión con hechos, actitudes, pensamientos o sentimientos de una determinada persona o grupos de personas. Por el contrario, en la ficción cada suceso adquiere un peso adicional y origina una inferencia que permite interpretar los comportamientos de los personajes dentro del complejo contexto comunicativo que hemos descrito en § 2.2.1, en la relación que mantienen el emisor colectivo y el receptor y que se basa en la fiabilidad del emisor (de ahí que, a veces, pueda socavarse de manera deliberada para obtener efectos estilísticos basados en el distanciamiento y la distorsión).

En resumen, los conocimientos sobre las personas en la vida real que adquirimos a lo largo de nuestra socialización, bajo la influencia de experiencias y de agentes sociales, y dentro de una determinada cultura, son una fuente primaria a la hora de crear y de entender a los personajes de ficción (Culpeper 2001: 57–86); asimismo, concurre en este proceso el conocimiento de los tipos de personajes y en general de los géneros narrativos en los que se sitúan (Culpeper/Fernández Quintanilla 2017: 101).

5.2 Estrategias de caracterización del personaje

El modelo cognitivo propuesto por Culpeper (2001, 2009 y Culpeper/Fernández Quintanilla 2017), constituye una referencia imprescindible para los estudios sobre la caracterización de los personajes (Bednarek 2017: 144) y presupone la interacción entre dos tipos de datos: los que aportan información *top-down* (de arriba abajo, descendentes) y *bottom-up* (de abajo arriba, ascendentes).

5.2.1 La información top-down

Los conocimientos de los que partimos a la hora de relacionarnos con un personaje de ficción se corresponden con una serie de estereotipos cognitivos insertados en estructuras de conocimiento que en la psicología cognitiva se conocen como 'esquemas', a saber, "fragmentos de conocimiento bien integrados sobre el mundo, eventos, personas y acciones" (Eysenck/Keane 2000: 352, cit. en Culpeper/Fernández Quintanilla 2017: 99), que en otros ámbitos de investigación se han venido llamando, con distintos enfoques y realces, 'escenarios', '*frames*' o 'guiones'. Se trata de una discusión que presupone vastos campos de investigación que exceden los propósitos de nuestro estudio, en el que nos ceñimos a los mecanismos que vertebran la construcción expresiva de los personajes. Nos limitamos a señalar que los trabajos sobre la cognición y el discurso han desarrollado modelos sofisticados de su comprensión y producción, integrados con teorías generales de la cognición (Graesser/Gernsbacher/Goldman 2003 [1997]: 445), a menudo utilizados en el ámbito del a´nálisis crítico del discurso. Remitimos a Culpeper (2001: 47–112) para una amplia discusión sobre la organización y el papel de los conocimientos previos y de las estructuras abstractas de conocimiento en la construcción e impresión del personaje.

A la hora de aproximarse a un personaje, los esquemas sociales representan un importante caudal de categorías que permite abordarlo con un proceso *top-down* o 'de arriba abajo', eventualmente manipulándolo para obtener efectos específicos. Según Culpeper (2001: 75–76), los esquemas sociales pueden dividirse en tres amplios agrupamientos:

- Categorías personales: atañen al conocimiento acerca de las preferencias e intereses de las personas (por ejemplo: le gusta la comida china), hábitos (por ejemplo: llega tarde a las citas), rasgos (por ejemplo: es extrovertida) objetivos (por ejemplo: quiere seducir a alguien), habilidades (por ejemplo: es una buena profesional). Aunque también puedan referirse a características idiosincrásicas, se trata de categorías que permiten la delimitación de grupos (por ejemplo: las personas que son tímidas, las que son desorganizadas), que pueden entrecruzarse y ser predictores del comportamiento de un personaje en un entorno particular.
- Categorías de roles sociales: conciernen al conocimiento de las funciones sociales de las personas e incluyen roles de parentesco (por ejemplo: padres, hijos), roles ocupacionales (por ejemplo: médico, criado) y roles relacionales (por ejemplo: amigos, parejas, compañeros de trabajo). Muchos roles son fluidos, así que un personaje puede moverse rápidamente de uno a otro, combinarlos o incluso crearlos. Se trata de unos esquemas especialmente consistentes para realizar inferencias sobre otros aspectos del personaje.
- Categorías de membresía grupal: incluyen el conocimiento sobre grupos sociales: sexo, raza, clase, edad, nacionalidad, religión, etc. Algunas categorías de este tipo son evidentes a partir de las apariencias físicas del personaje y se utilizan de forma relativamente automática y universal.

Estas categorías pueden relacionarse con esquemas culturales vinculados con estereotipos, por ejemplos de género o de raza, que a su vez pueden llevar a perjuicios (van Dijk 1988). Van Dijk (1987: 188–189) también sugiere que las creencias evaluativas pueden estar asociadas a aspectos emocionales, algo que resulta especialmente interesante para nuestra investigación. Esta vertiente es fundamental en el estudio de la caracterización, ya que a menudo, como hemos comentado anteriormente, los autores construyen a los personajes para crear determinados efectos evaluativos (Culpeper 2001: 77–78; véase también § 2.2.2). En los guiones de series, los rasgos básicos de los esquemas cognitivos relacionados con los personajes principales se hallan en las acotaciones y también se les proporcionan de manera más sistemática en la 'biblia' (véase § 2.2.3) a guionistas, directores y actores. El hecho de que en estos textos se hallen observaciones que se refieren a actitudes, ideologías, disposiciones y reacciones emocionales (junto con el aspecto físico y los principales aspectos biográficos), es índice de la importancia que revisten los recursos expresivos en la percepción y caracterización de la persona, al lado de las señales visuales o de apariencia como la estatura, la ropa, la expresión facial y la postura (Culpeper 2001: 221; Bednarek 2010: 120), que pertenecen a la dimensión multimodal.

Como anticipamos, la impresión causada por un personaje no se basa únicamente en los esquemas cognitivos adoptados a partir de la vida real, sino también en los patrones trasmitidos a través del conocimiento de los tipos de personajes de ficción y de sus funciones recurrentes (Propp 1991 [1928]), así como de los géneros narrativos en los que participan (comedia, tragedia, película o serie dramática, de acción, etc.), creando una red de inferencias de la que se obtiene una amplia serie de informaciones.

Ambos esquemas cognitivos, tanto el real como el ficcional, pueden ser distorsionados o quedar desatendidos para que resulten, de alguna manera, sorprendentes (Culpeper 2001: 94) y poder plasmar de esa forma una serie de personajes más dinámicos, ricos de vida interior y psicología profunda ('redondos' según Forster 1927, véase § 6.2.1). La sorpresa y el interés provocado por la desactivación o el incumplimiento del esquema es un proceso menos económico desde el punto de vista cognitivo, pero se traduce en un desafío cognitivo destinado a activar el interés y la implicación de la audiencia en la construcción del significado, alcanzando efectos que van desde la introspección hasta la denuncia o el humorismo. Desde la perspectiva de la Teoría de la relevancia (Sperber/Wilson 1986), podemos afirmar que estos personajes están construidos para ofrecer recompensas cognitivas adecuadas por el esfuerzo dedicado a comprenderlos y, para ello, reclaman la atención del destinatario utilizando un caudal de diálogo superior al de los personajes secundarios (Culpeper/Fernández Quintanilla 2017: 104; véase también § 4.3.2).

5.2.2 La información bottom-up

Los mecanismos *bottom-up*, o 'de abajo arriba' de la caracterización de los personajes son los que la audiencia deduce a partir de señales textuales, lingüísticas o no lingüísticas, que varían según el grado de control narrativo, según si se orientan hacia el yo del personaje o hacia otros personajes y según si son explícitas o implícitas, sin que estas dimensiones se excluyan mutuamente (Culpeper/Fernández Quintanilla 2017: 105).

Una primera dimensión es la del control del narrador y de la relación de este con los discursos de los personajes. En el caso de la ficción en el teatro, la televisión y el cine, los diálogos a menudo no están filtrados por un narrador (aunque queda la posibilidad de que haya un narrador extradiegético o intradiegético, como, por ejemplo, la voz en *off* del Carlos Alcántara adulto en la serie *Cuéntame cómo pasó* o la de Tokio en *La casa de papel*). Aun así, también en este tipo de ficciones encontramos elementos textuales que remiten a determinados conjuntos de valores y, por lo tanto, configuran un punto de vista ideológico; a menudo están encarnados por el héroe o por otros personajes principales. La repetición de patrones lingüísticos y textuales sistemáticos, por ejemplo en el léxico, la fraseología o la sintaxis, así como el uso de lenguaje figurativo, desencadena una serie de inferencias acerca de la manera en la que funciona la mente del personaje (Culpeper/Fernández Quintanilla 2017: 108–110): se trata de lo que Fowler (1977: 103, cit. en Culpeper/Fernández Quintanilla 2017: 108) define como 'estilo mental' (*mind style*), a saber, "cualquier presentación lingüística distintiva de un yo mental individual". Distinto es el caso del monólogo interior de los personajes, que facilita a los espectadores una vía de acceso al personaje desde el punto de vista psicológico, adquiriendo un conocimiento más profundo de su 'privacidad' y una serie de informaciones que concurren a darle más 'rotundidad' y, por lo tanto, mayor relevancia (Culpeper/Fernández Quintanilla 2017: 107).

La segunda dimensión es la de la relación del personaje consigo mismo y con los demás personajes, concretada en la autopresentación o en su presentación por parte de otros. El diálogo consigo mismo puede proporcionar información explícita y sincera, mientras que la presencia de determinados grupos de personas puede desembocar en un discurso estratégicamente orientado. También lo que los demás personajes dicen de un personaje contribuye a revelar su personalidad, sus creencias y sus deseos (Skowron *et al.* 2016: 944–945). Asimismo, la información puede ser implícita y debe ser descifrada a partir de señales discursivas que, a su vez, necesitan inferencias que tienen en cuenta los factores contextuales (Culpeper 2001: 172). Así pues, lo explícito y lo implícito configuran la tercera dimensión de los mecanismos *bottom-up.*

Finalmente, señalamos que, en principio, cualquier comportamiento o ausencia de comportamiento en un determinado contexto podría contribuir a la caracterización de un personaje, ya que será la audiencia, a través de un proceso de criba, quien seleccionará los elementos que 'indiquen', o permitan inferir significados y contextos. Culpeper/Fernández Quintanilla (2017: 111–112) señalan la posibilidad de que se cree un cortocircuito, ya que los aspectos discursivos se asocian de forma semiconvencional a determinadas características de los personajes precisamente porque de forma prototípica vienen provocados por la presencia de personajes con esas características; de ahí la frecuente creación de esquemas sociales y estereotipos cognitivos.

5.3 Emoción e identidad expresiva

La aproximación a los procesos cognitivos a través de los cuales se forma en la audiencia la impresión de un personaje con sus características es fundamental para situar nuestro análisis en un marco teórico asentado. Sin embargo, es preciso recordar que nuestra investigación se sitúa en el nivel textual, en los diálogos de los personajes tal y como se dan en los guiones que forman parte del corpus de *Águila Roja* y, por lo tanto, nuestra atención se centra en los mecanismos *bottom-up*, que reconocemos estar diseñados en función de las reacciones de la audiencia. Los recursos expresivos de tipo verbal y no verbal (estos últimos limitados al ámbito de las acotaciones), en un contexto y cotexto determinado, construyen, insertándose en los esquemas del proceso *top-down*, la identidad expresiva (*expressive identity*) del personaje de ficción televisiva que Bednarek (2011a: 9–10; 13) define como el conjunto de los rasgos del personaje que conciernen a las emociones, actitudes, valores e ideologías, ámbitos que tienen un fuerte elemento de subjetividad. Las potenciales identidades expresivas, desde un punto de vista cognitivo, están diseñadas para dar lugar a la formación de la impresión del personaje en la audiencia. Asimismo, las relaciones con los demás personajes (véanse Bednarek 2017, Bubel 2006 y Mandala 2007 por lo que se refiere a la construcción lingüística de la amistad) contribuyen a crear el 'realismo emocional' (véanse § 2.2.2 y § 4.3.1), tan importante por su resonancia en la experiencia del espectador. De hecho, el afecto personal es un componente de las relaciones de los participantes y, en definitiva, la expresión verbal de la emoción contribuye a crear una idea de los patrones de comportamiento y de las características anímicas del personaje, así como de los estados mentales más transitorios que dependen de contextos concretos (Taavitsainen 1999: 219–220, cit. en Culpeper 2001: 190).

Si bien la reflexión sobre las emociones se remonta por lo menos a la retórica aristotélica, la investigación científica moderna sienta sus bases en el siglo XIX, con las reflexiones de Charles Darwin, William James y Sigmund Freud (Oatley *et al.* 2006: 4–10, cit. en Bednarek 2008: 4) y abarca principalmente los ámbitos de la psicología, la sociología y la lingüística (Bednarek 2008: 4). El interés de esta por la expresión de las emociones se ramifica en una compleja serie de planteamientos y de puntos de vista enmarcados en distintas subdisciplinas –por ejemplo, la lingüística cognitiva, la psicolingüística, la antropología lingüística y el análisis conversacional– (véase Bednarek 2008: 4–12), que atañen a todos los niveles lingüísticos –léxico, fonológico, sintáctico, semántico– (véase Alba Juez/MacKenzie 2019: 5–8). Actualmente, parece haber consenso científico acerca de las raíces biológicas de las emociones, a la vez que se reconoce que la socialización y la construcción cultural determinan una parte de los aspectos de la experiencia emotiva; de ahí que se considere que las emociones ni son completamente universales, ni están totalmente determinadas por la cultura (Bednarek 2008: 5). Desde esta perspectiva, el lenguaje se concibe como una expresión subjetiva e intersubjetiva de una verdad que no es absoluta, sino que se crea a partir de la correlación de distintas verdades, en la que la expresión de la emoción desempeña un papel fundamental (Lüdke 2015). En este amplio panorama, la Teoría de la

Valoración (*Appraisal Theory*) (Martin/White 2005), fundamentada en la lingüística funcional sistémica (Halliday 1994 [1985]), junto con las nociones de dialogismo y heteroglosia (Bajtín 1981), ha demostrado ser "una valiosa herramienta teórica y analítica que permite realizar estudios sobre la evaluación en el lenguaje desde una perspectiva integradora" (Kaplan 2004: 74), además de una taxonomía que se mantiene abierta a integraciones y desarrollos posteriores, como los relevantes estudios de Bednarek (2008, 2009b, 2009c) que elaboran el modelo originario de Martin y White con aportes cognitivos y psicológicos.

La Teoría de la Valoración describe y explica las preferencias de significados que ofrece el lenguaje para evaluar, adoptar posiciones, construir sujetos textuales o identidades discursivas, asumir roles, negociar relaciones y naturalizar posiciones intersubjetivas que son, finalmente, ideológicas (Kaplan 2004: 53). Nos interesa esta perspectiva en la dimensión que tiene que ver con la expresión lingüística de la valoración por parte del hablante/autor (en nuestro caso, el personaje y las acotaciones que se refieren a él). La Teoría de la Valoración resulta especialmente reveladora para la caracterización de los personajes, ya que uno de sus parámetros (AFECTO) es central para la construcción de la identidad expresiva, ya que está relacionado con la manifestación de emociones que van de un polo positivo a uno negativo (Kaplan 2004: 60; Bednarek 2010: 59). En nuestro análisis, siguiendo la pauta trazada por Bednarek (2010) en su estudio acerca del lenguaje de la ficción televisiva, vamos a considerar el parámetro de AFECTO junto con los de EMOTIVIDAD, EXPECTATIVA y PODER.

El parámetro de AFECTO tiene que ver con los sentimientos, incluyendo las reacciones emocionales, los juicios de comportamientos y la evaluación de los fenómenos (Martin/White 2005: 35). Se plantea la existencia de un sujeto consciente que experimenta un sentimiento o emoción, el 'sintiente' (*emoter*) y se ve cómo los sentimientos pueden construirse dirigidos a algo o a alguien y también como reacción a un 'gatillo' (*trigger*) emocional. Las emociones pueden tener una valencia positiva, negativa o ambigua y manifestarse de manera abierta (mediante enunciados completos) o encubierta (Bednarek 2008), con enunciados que no transmiten una evaluación de manera evidente y directa, o bien utilizando códigos no lingüísticos. El sintiente puede expresar una emoción atribuyéndosela a sí mismo e identificar al mismo tiempo un gatillo emocional, o bien asignársela a otros sujetos, expresando al mismo tiempo una evaluación explícita o implícita que se traduce en construcciones lingüísticas distintas (Bednarek 2008: 158–160).

Dentro del subsistema de AFECTO, distinguimos las siguientes emociones principales (Bednarek 2010: 49): DESEO/NO-DESEO, SEGURIDAD/INSEGURIDAD, SATISFACCIÓN/INSATISFACCIÓN, FELICIDAD/INFELICIDAD y SORPRESA (Tab. V.I).

En el parámetro de DESEO reconocemos sentimientos que conceptualizamos como afán, afición, ambición, anhelo, ansia, apetencia, apetito, aspiración, avidez, codicia, gana(s), hambre, ideal, ilusión, inclinación, intención, pretensión, propensión, quimera, tendencia, tentación, utopía, vocación, voluntad y voracidad (REDES *sub voce*), mientras que NO-DESEO incluye el desinterés, la apatía, la indiferen-

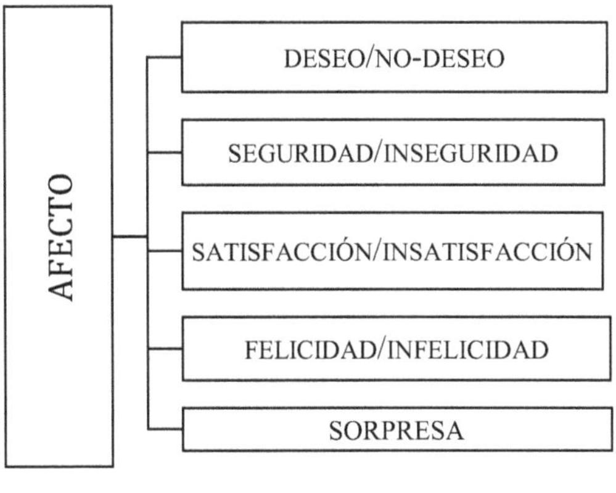

Tab. V.1 – El sistema de AFECTO

cia, la pereza, la resignación, la displicencia y la inapetencia. Los sentimientos de SEGURIDAD atañen a los ámbitos de la credibilidad, la creencia, la firmeza, la fe, la esperanza, el honor, la honra, el decoro y la "calma emocional" (Bednarek 2010: 49), mientras que la INSEGURIDAD abarca emociones como la desconfianza, la ansiedad, el agobio, el estrés, la vergüenza o la infamia; estamos en el ámbito del "bienestar ecosocial" (Martin/White 2005: 49). La INSATISFACCIÓN se relaciona con el aburrimiento, el desinterés, la frustración y la rabia; su contraparte, la SATISFACCIÓN, concierne al interés, la fascinación, la admiración, el placer y la gratitud, el agrado y el gusto; según Martin/White (2005: 49), se trata de emociones concernientes a la búsqueda de objetivos, al logro de un *telos*. En el ámbito de la IN/FELICIDAD se sitúan los "asuntos del corazón" (Martin/White 2005: 49), a saber, la dicha y el amor y sus contrarios, la tristeza y el odio. Finalmente, la SORPRESA se relaciona con el asombro o su negación (Bednarek 2010: 49; Bednarek 2008).

El parámetro de la EMOTIVIDAD está relacionado con la evaluación de eventos, objetos, personas, actividades que se juzgan de manera positiva o negativa, o bueno/malo, en una escala gradual. La EXPECTATIVA concierne a la evaluación en términos de mayor o menor expectación, mientras que el parámetro de PODER evalúa los aspectos del mundo, personas incluidas, como más o menos poderosos con respecto a lo que abarcan, es decir, la riqueza, la fama, la influencia o la notoriedad (Bednarek 2010: 50), el derecho y la libertad y sus contrarios: la obligación, la carga, la deuda, la imposición, la necesidad, la servidumbre, la obediencia.

En la Tabla V.2 proponemos un resumen de los adjetivos congruentes con el parámetro de AFECTO, basado en las indicaciones de Martin/White 2005, Bednarek 2010 y Kaplan (2004: 62, adaptado de Eggins/Slade 1997), y una elaboración propia de los parámetros de EMOTIVIDAD, EXPECTATIVA y PODER.

Tab. V.2 – Categorías de apreciación referidas al personaje: expresiones congruentes

AFECTO		
Categoría	**Ejemplos positivos**	**Ejemplos negativos**
DESEO/NO DESEO	aficionado, ambicioso, anheloso, ávido, deseoso, codicioso, hambriento, intencionado, propenso, tentado, voraz	apático, desinteresado, displicente, inapetente, indiferente, perezoso, resignado
FELICIDAD/INFELICIDAD	alegre, contento, dichoso, feliz, entusiasmado, jubiloso, optimista	abatido, angustiado, deprimido, desdichado, desesperado, dolido, hosco, hundido, infeliz, miserable, serio, triste
SEGURIDAD/INSEGURIDAD	aliviado, confiado, decidido, decoroso, esperanzado, grave, seguro, sereno, serio, tranquilo	agobiado, angustiado, ansioso, apurado, culpable, desconfiado, estresado, incómodo, inseguro, intranquilo, nervioso, pensativo, perdido, preocupado, temeroso, tenso, vergonzoso
SATISFACCIÓN/ INSATISFACCIÓN	agradecido, complacido, contento, gozoso, halagado, orgulloso, presumido, satisfecho	aburrido, asqueado, cansado, contrariado, enfadado, enojado; airado; indignado, exasperado, fastidiado, frustrado, furioso, harto, molesto, rabioso, atacado (de los nervios)
SORPRESA/IMPASIBILIDAD	abrumado, admirado, alucinado, asustado, aterrado, atónito, confuso, descolocado, desconcertado, estupefacto, extrañado, impresionado, maravillado, pasmado, perplejo, pillado, sorprendido, trastornado	calmo, impasible, imperturbable, sereno, serio, grave

EMOTIVIDAD		
Categoría	**Ejemplos positivos**	**Ejemplos negativos**
SENSIBILIDAD/INDIFERENCIA	acalorado, afectado, agitado, alarmado, alterado, aterrado, aterrorizado, atónito, conmovido, emocionado, enternecido, entusiasmado, excitado, horrorizado, impactado, impresionado, sobrecogido, superado, tierno, tocado, turbado	apático, despiadado, duro, frío, indiferente, insensible, seco

EXPECTATIVA		
Categoría	**Ejemplos positivos**	**Ejemplos negativos**
ESPERANZA/DECEPCIÓN	alentado, anhelante, animado, confiado, entusiasta, esperanzado, idealista, ilusionado, interesado, optimista, romántico, soñador, visionario	contrariado, decepcionado, desencantado, desengañado, desesperado, desganado, desilusionado, escéptico, frustrado, incrédulo, realista

PODER		
Categoría	**Ejemplos positivos**	**Ejemplos negativos**
PODER/DEBILIDAD	autoritario, eficaz, heroico, enérgico, tajante, valiente	débil, pobre, suplicante

5.4 Pautas para el análisis de la identidad expresiva

Como señalamos anteriormente, en nuestro corpus de estudio, además de los diálogos, también las acotaciones pueden "indicar la disposición emocional del personaje hacia personas, cosas, situaciones o eventos" (Kaplan 2004: 62). En general, en ambos casos, es imposible elaborar un listado predefinido de recursos que constantemente conlleven significados ideológicos, valorativos o emocionales, dada su dependencia de los factores contextuales y cotextuales. Así y todo, se puede definir una serie de señales (Tab. V.3) que potencialmente están asociadas a una determinada función (Bednarek 2010: 121). Con esta finalidad, hacemos uso de la clasificación de Culpeper (2001: 163–233), también adoptada por Bednarek (2010: 101–102), adaptándola al género del guion y manteniendo su distribución originaria en tres niveles (Tab. V.3):

Tab. V.3 – Señales asociadas con significados ideológicos, valorativos o emocionales

Señales explícitas	
	autopresentación (el personaje da información explícita sobre sí mismo) presentación de otros personajes
Señales implícitas	
	estructura conversacional (hesitaciones, interrupciones que señalan emociones como nerviosismo, confusión, rabia, etc.) léxico, enunciados fraseológicos (rasgos que denotan ira, miedo, etc.) estructura sintáctica
Señales del autor en las acotaciones	
	indicaciones emocionales indicaciones paralingüísticas (tempo, entonación, calidad de voz, intensidad de voz, etc.) rasgos visuales (expresión facial, postura, gesto, etc.)

Las señales contribuyen a realizar la expresividad de los personajes de distintas formas, cuyo análisis depende también del enfoque que se adopte. En la óptica de la lingüística de corpus, tendremos que escoger una serie restringida de recursos para luego relacionar su recurrencia con la construcción de un determinado tipo de identidad expresiva (Bednarek 2010: 123). En nuestro análisis partiremos de las palabras clave de cada personaje, que incluyen bien sus diálogos, bien acotaciones que se refieren a él, para luego ampliar nuestras observaciones desde una perspectiva cualitativa.

Las señales pueden ser privativas de un personaje y formar su identidad individual, o bien pueden ser compartidas por un grupo de personajes, configurando una identidad social (Bednarek 2010: 125: véase también § 4.*2.2*); estas dos facetas de la caracterización hacen que un determinado personaje pueda ser simultáneamente estereotípico y singularmente individual, o también singular y generalizable (Queen 2015: 163). Asimismo, según Culpeper/McIntyre (2010) la manera en la que los personajes usan su lenguaje define en parte su tipo de actividades en la ficción.

También es preciso especificar que una identidad puede construirse bien dinámicamente, o sea, temporalmente –por ejemplo, en una determinada escena o episodio–, bien repetidamente, estableciendo un patrón reconocible a lo largo de la serie y, por lo tanto, llegando a cierta estabilidad. En el primer caso, la audiencia puede interpretar que el comportamiento del personaje depende de una determinada situación, mientras que, cuanto más se repitan los rasgos, más probable es que determinen la esencia del personaje (Bednarek 2010: 125). A este respecto, Bednarek (2011b: 203) hipotetiza que la estabilidad lingüística es la norma para los personajes de televisión contemporáneos, aunque algunos puedan sufrir transformaciones con respecto a ciertas prácticas lingüísticas (véase, al respecto, Mandala 2011)[52]. De hecho, los personajes televisivos se describen en términos de profundidad, complejidad y dimensión, más que de cambio y transformación; según Douglas (2011: 14, cit. en Bednarek 2018: 10) su desarrollo es vertical y no horizontal.

Antes de examinar los principales rasgos de la identidad expresiva de los personajes de *Águila Roja*, en el capítulo 6 presentamos el corpus de trabajo y la metodología utilizada en nuestro análisis.

52 Cabe recordar que sigue habiendo poca investigación lingüística sobre la estabilidad y el cambio en los personajes televisivos y su interacción con el género y las series (Bednarek 2017: 144).

6. El corpus *Águila Roja*

El corpus de estudio, desde el punto de vista de su creación, organización y anotación, se ha proyectado de manera coherente con el planteamiento de la investigación; asimismo, se ha creado una serie de subcorpus, cuyas características también se ilustrarán, aportando los correspondientes datos cuantitativos. Después de introducir el marco metodológico en el que se sitúa el análisis, indicamos las principales técnicas de la lingüística de corpus que en el capítulo siguiente se utilizarán para examinar el diálogo telecinemático que caracteriza a los personajes de la serie *Águila Roja* y que en buena manera crea sus identidades expresivas.

6.1 Enfoque metodológico

Como anticipamos en el capítulo 1, nuestro análisis puede definirse como multimetodológico, al combinar un análisis cuantitativo y cualitativo y, a su vez, incluir herramientas de la lingüística de corpus y del análisis del discurso; también se podría definir como multiteórico, ya que intenta acoplar perspectivas relacionadas con la lingüística de corpus, la pragmática y la estilística de corpus (Bednarek 2010: 2). Más exactamente, se inserta en el ámbito de los estudios del discurso asistidos por corpus (EDAC) o, en inglés, CADS, *corpus-assisted discourse studies* (Partington 2004), ya que incorpora sinérgicamente las técnicas de la lingüística de corpus y del análisis del discurso. Creemos que el uso de diferentes métodos de análisis, mediante la *triangulación* (véase Bednarek 2009a), puede facilitar la verificación de la validez de las hipótesis, y ancla los hallazgos en interpretaciones y explicaciones más sólidas, al tiempo que permite a los investigadores responder con flexibilidad a problemas y aspectos imprevistos de su investigación (Baker 2006: 16).

Nos planteamos, pues, utilizar los textos en formato electrónico de los guiones de la serie *Águila Roja* utilizando procesos de corpus (*corpus processes*), a saber, procedimientos computacionales que elaboran estos datos de varias maneras, con el fin de hallar patrones lingüísticos que nos permitan dar sentido al uso del lenguaje en la construcción de discursos, es decir, descubrir formas de construir la realidad (Baker 2006: 1). Sin detenernos en los importantes debates que se han planteado alrededor de la lingüística de corpus (para ello remitimos, por ejemplo, a McEnery/Hardie 2011 y McEnery/Xiao/Tono 2006), podemos afirmar que las herramientas básicas que manejamos nos permitirán basar nuestro análisis discursivo en los siguientes aspectos:

- los ítems que son inusualmente frecuentes o inusualmente infrecuentes cuando se comparan con un corpus de referencia (mediante palabras clave);
- la frecuencia con que determinados ítems se manifiestan en el corpus y las apariciones de un determinado ítem en particular;
- las secuencias recurrentes (ngramas, oraciones, colocaciones);
- la distribución de palabras clave y estructuras especialmente recurrentes.

Al estudiar el diálogo ficcional de un corpus de guiones de series televisivas, y, por lo tanto, de textos en los que el lenguaje es usado de manera creativa, recurrimos también a la perspectiva de la estilística de corpus. Esta metodología resulta especialmente valiosa en la medida en que aborda tanto la dimensión cuantitativa como la cualitativa, viendo cómo ambas se combinan, y por su interés en textos concretos y no en generalizaciones (Nieto Caballero/Ruano San Segundo 2020: 28); en cambio, nuestra investigación, evidentemente, no prevé valoraciones críticas de tipo literario. La estilística de corpus básicamente ha sido desarrollada alrededor de textos literarios de ámbito anglosajón; recordamos especialmente los representativos trabajos de Culpeper (2001, 2002, 2009) que se centran en la caracterización lingüística de los personajes, especialmente los de William Shakespeare, el de Stubbs (2005) sobre *Heart of Darkness* de Joseph Conrad, los de Mahlberg (2007, 2012) sobre Dickens y, en ámbito español, los recientes trabajos de Gregori Signes (2020) y Fuster Márquez (2020) sobre *Corazón tan blanco* de Javier Marías, así como el volumen de Nieto Caballero y Ruano San Segundo (2020). Creemos que, al tratar de textos de ficción, nuestra investigación con razón puede beber de estos estudios para identificar y analizar patrones que se materializan en efectos estilísticos concretos, siguiendo la pauta marcada por Bednarek (especialmente 2010, 2011a, 2011b, 2012a, 2012b, 2015a, 2015b); además, con la publicación de Hoffmann y Kirner-Ludwig (2020), la *estilística telecinemática* acaba de proclamar su legitimación académica en voz alta.

El uso de medios electrónicos nos ayudará a centrarnos inicialmente en los datos, procediendo de manera inductiva (de abajo arriba), dando de manera empírica credibilidad a las generalizaciones y evitando en la medida de lo posible "escoger interesadamente" (según la conocida crítica de Widdowson 2000 y 2004) pequeñas cantidades de datos con el objeto de respaldar hipótesis preconcebidas (Baker/Gabrielatos/McEnery 2013: 258). Cierto es que nuestras observaciones no pueden evitar por completo la subjetividad, ya que seleccionamos los objetos de estudio según nuestros intereses y, por otra parte, sabemos que distintos métodos de observación dan acceso a diferentes fenómenos. Sin embargo, creemos que efectivamente una metodología de corpus nos permite estudiar el lenguaje "con cierto grado de objetividad [. . .] donde antes solo nos atrevíamos a especular" (Kilgarriff 1997: 137). En palabras de Baker (2006: 18):

> Corpus data does not interpret itself, it is up to the researcher to make sense of the patterns of language which are found within a corpus, postulating reasons for their existence or looking for further evidence to support hypotheses. Our findings *are* interpretations, which is why we can only talk about restricting bias, not removing it completely.

Podemos afirmar que nuestro enfoque inicial es, por consiguiente, inductivo, 'guiado por el corpus' ya que "el corpus en sí mismo [es] la única fuente de nuestras hipótesis sobre el lenguaje" (Tognini-Bonelli 2001: 84–85). Sin embargo, nos parece muy acertada la posición de algunos lingüistas de corpus que rechazan la distinción entre la lingüística basada en corpus (*corpus based*) y la guiada por corpus (*corpus *driven*); a su entender, "toda la lingüística de corpus puede describirse justamente como basada en corpus" (McEnery/Hardie 2011: 6); además, esto es así dado que cualquier tipo de investigación científica parte de una conjetura (Sánchez Moya 2020: 6).

Consideramos que, por un lado, nuestro estudio puede contribuir a la exploración del uso de la lengua española en los medios de comunicación y especialmente en el ámbito de la ficción televisiva, que está confirmándose como uno de los espacios culturales de mayor desarrollo y éxito en la actualidad. Además, la posibilidad de investigar de forma directa los guiones de una serie que ha recibido una buena acogida amplía nuestra comprensión de las creencias interiorizadas de los autores, que se transmiten a través del diálogo a una comunidad de televidentes potencialmente globalizada. Los guionistas crean un discurso ficticio, mediado por las convenciones del género comunicativo 'guion', basándolo en sus intuiciones y su conocimiento implícito de cómo funciona la conversación, algo que comparten con su audiencia; de ahí que, finalmente, mediante su análisis, también podamos tener una idea de los modelos cognitivos de las personas o de los "esquemas para la producción de conversación" (Lakoff/Tannen 1994: 139), especialmente a nivel pragmalingüístico (Bubel 2006: 61). Con todo, nunca hay que olvidar que las funciones del diálogo telecinemático, a las que hemos dedicado el capítulo 4, siempre se imponen en la mímesis de la conversación espontánea que supone cualquier ficción de estas características[53].

53 Por ejemplo, Quaglio (2009), para el inglés, describe desde un punto de vista estructural algunas importantes diferencias entre la conversación espontánea 'natural' y la mímesis de la conversación espontánea recreada en la ficción televisiva o cinematográfica, atribuyéndolas en parte a las características intrínsecas de la ficción televisiva. Según su análisis, la serie *Friends* comparte las características lingüísticas centrales que caracterizan la conversación natural, pero presenta frecuencias más altas de rasgos lingüísticos que marcan el lenguaje emocional y la informalidad; en cambio, la conversación natural tiene un mayor grado de vaguedad y de elementos narrativos.

6.2 El corpus de estudio

El corpus de estudio que recopilamos consta de los guiones completos de la serie televisiva *Águila Roja* (Globomedia-TVE, 2009–2016) en su formato electrónico. El tamaño del corpus está determinado por la consideración de la integridad del artefacto discursivo, que respetamos siguiendo la recomendación de Sinclair (2005); su composición está representada en la Tabla VI.1 según los datos proporcionados por el paquete informático Sketch Engine:

Tab. VI.1 – Datos del corpus *Águila Roja*

	Número de tokens	Número de palabras	Número de oraciones	Número de archivos
Corpus completo	1.908.949	1.506.238	207.154	116

En Sketch Engine, los *tokens* incluyen las palabras y los signos de puntuación, mientras que las palabras son un tipo de *token* que comienza con una letra del alfabeto; de ahí la escasa coincidencia entre estos valores.

Dada su extensión de alrededor de 1 500 000 palabras, nuestro corpus no es propiamente de dimensiones reducidas (como lo son, con frecuencia, otros corpus utilizados para análisis estilísticos, por ejemplo, los utilizados por Semino/Short 2004, Bednarek 2008 y Bednarek 2018), aunque sí se trata de un corpus especializado y bien determinado en cuanto a su composición. Los 116 archivos de los que se compone el corpus corresponden a los guiones de los episodios de la serie y contienen aproximadamente un promedio de 12 985 palabras, con una distribución bastante equilibrada en cuanto a dicho número de palabras en todos los capítulos[54]; en la Tabla VI.2 presentamos la extensión de cada uno de ellos, correspondiente a un archivo distinto.

54 Si bien el producto final de una serie televisiva acostumbra a denominarse ‘episodio’, los guiones de serie suelen dividirse en ‘capítulos’. Cada capítulo normalmente tiene distintas versiones hasta llegar a la definitiva, que es la que incluimos en nuestro corpus. Asimismo, al ser nuestro objeto de estudio, como argumentamos en el capítulo 1, el producto discursivo en el que se origina la serie televisiva, en la presentación del corpus no es relevante proporcionar otros datos, como, por ejemplo, la fecha de retransmisión de los episodios.

Tab. VI.2 – Número aproximado de palabras en cada capítulo

Capítulo	**Numero de palabras**	**Capítulo**	**Numero de palabras**
1	~14.671	41	~13.698
2	~13.691	42	~12.320
3	~14.343	43	~13.411
4	~13.383	44	~13.418
5	~13.735	45	~12.365
6	~15.907	46	~12.057
7	~12.904	47	~13.404
8	~13.717	48	~10.670
9	~12.693	49	~12.531
10	~12.016	50	~13.405
11	~12.726	51	~11.557
12	~13.541	52	~13.664
13	~11.386	53	~12.862
14	~11.539	54	~12.106
15	~12.324	55	~13.471
16	~13.918	56	~12.952
17	~13.439	57	~12.799
18	~13.097	58	~13.357
19	~14.132	59	~13.526
20	~13.719	60	~12.494
21	~12.635	61	~14.388
22	~12.820	62	~13.875
23	~12.179	63	~11.530
24	~12.862	64	~13.558
25	~12.581	65	~14.527
26	~13.375	66	~12.111
27	~13.907	67	~14.052
28	~13.264	68	~15.200
29	~12.641	69	~12.308
30	~14.487	70	~13.729
31	~13.396	71	~13.146
32	~13.173	72	~13.103
33	~13.857	73	~12.899
34	~12.449	74	~12.723
35	~12.049	75	~12.916
36	~13.172	76	~12.309
37	~12.210	77	~13.884
38	~13.528	78	~13.449
39	~13.858	79	~13.678
40	~14.476	80	~13.736

Capítulo	Numero de palabras	Capítulo	Numero de palabras
81	~12.611	99	~12.823
82	~14.721	100	~12.903
83	~14.489	101	~11.628
84	~13.733	102	~12.409
85	~14.526	103	~12.830
86	~13.257	104	~12.348
87	~13.216	105	~12.540
88	~12.806	106	~11.606
89	~13.805	107	~12.152
90	~12.227	108	~10.593
91	~13.732	109	~11.045
92	~12.699	110	~10.139
93	~12.849	111	~10.815
94	~13.637	112	~10.440
95	~14.022	113	~10.793
96	~14.355	114	~11.547
97	~13.028	115	~11.416
98	~13.592	116	~11.973

Esta división en archivos independientes nos permite enfocar el análisis también a nivel de capítulos. Cruzando estos datos con el etiquetado manual del que hablaremos más adelante, es posible comprobar, por ejemplo, la dispersión de determinadas palabras, combinaciones de palabras o estructuras en un personaje o grupo de personajes a lo largo de la serie.

Los archivos originales, en formato Word, se han convertido en archivos de texto plano, codificados con el sistema UTF-8 y se han gestionado con el programa Notepad++ (https://notepad-plus-plus.org/). Para la creación del corpus se ha utilizado el administrador de corpus y *software* de análisis Sketch Engine (https://www.sketchengine.eu/), que automáticamente crea el etiquetado de POS (partes de la oración), lematizando y anotando cada *token* con la información relativa a las categorías gramaticales, a la morfología y a datos gramaticales como número, género, caso, tiempo, etc.

Al situar nuestro análisis en la perspectiva de la estilística de corpus, se hace necesario otro tipo de etiquetado que se añada al automático, para obtener la presentación de la información implícita del corpus a nivel de estructuras. Para ello, creamos de manera semimanual, utilizando, cuando es posible, expresiones regulares, un etiquetado que representa las partes fundamentales de las que se compone el guion: los personajes, las acotaciones, las descripciones y las indicaciones técnicas (encabezados de escena, transiciones, etc.). Este tipo de anotación podría considerarse más bien un marcaje (*mark-up*), ya que contiene una información textual de tipo estructural y no lingüístico, creada para respaldar una gama más amplia de preguntas de investigación (McEnery/Xiao/Tono 2006: 22–45). Sin embargo, propendemos a un uso extensivo del término 'anotación', ya que se trata de un tipo de etiqueta (*tag*) específicamente diseñado para contestar a la pregunta de investigación –la caracterización de los personajes– que nos planteamos (Baker 2006: 41–42). Aunque haya posibilidad de errores humanos, la labor realizada ha sido especialmente intensa y se ha extremado el cuidado para garantizar la precisión de la anotación. Por otro lado, esta operación garantiza nuestra familiaridadcon el corpus, a pesar de su extensión; en palabras de Baker (2006: 25), "checking and annotating files [results] in the researcher gaining a much better 'feel' for the data and its idiosyncrasies".

Para almacenar de forma estructurada cada transcripción etiquetada del corpus, convertimos los archivos .txt en documentos XML (https://www.w3.org/XML/), un metalenguaje extensible de etiquetas, y los gestionamos a través del editor de texto Sublime Text (https://www.sublimetext.com/).

Las etiquetas que creamos fueron ideadas para permitir el análisis profundo de los guiones. Un primer tipo marca la apertura de los diálogos de los personajes, como, por ejemplo, <PER name ="SÁTUR">, o bien de las descripciones (<DES type ="DES">) y de las acotaciones (<ACO type ="ACO">), y está formado por un atributo (*name*, *type*) y un nombre.

Las demás etiquetas van sin parámetros. <CAP> marca el inicio y el cierre de cada uno de los archivos .xml, mientras que las demás señalan otros elementos estructurales que no aportan información destacada desde el punto de vista de este análisis: <ENC> (encabezamiento, en el que aparecen número y título del episodio y los nombres de los guionistas), <EXTR> (palabras extranjeras, cuando un personaje habla en un idioma distinto del español), <NOTAS> (para notas finales del guion, que aclaran algunos aspectos técnicos de la puesta en escena), <IND> (indicaciones técnicas del guion) y finalmente <ESC>, para los encabezamientos de secuencia o escena que están numerados y especifican la indicación de localización interior o exterior y el lugar y la hora del día en que transcurre la acción.

Las etiquetas con parámetros que se refieren a los personajes incluyen como nombre los de cada uno de los 699 personajes de la serie (véase § 6.2.1).

Las etiquetas XML pueden anidarse una dentro de otra; esta característica, en el caso de las etiquetas <ACO type ="ACO">, nos permite relacionar una acotación con un personaje determinado, como podemos apreciar en el ejemplo (1):

(1)

<PER name="CATALINA">

<ACO type="ACO">(Extrañada)</ACO>Uy, qué raro...<ACO type= "ACO">(Se acerca a ella, cotilla)</ACO>¿Has visto quién era? ¿Alguien conocido?</PER>

<PER name="GUARDIA">

<ACO type="ACO">(Niega)</ACO>Ha salido ella en persona a recibirle. Nadie lo ha visto.</PER>

En este ejemplo es evidente que la anotación puede entorpecer la lectura de los textos; por esto, se ha mantenido también la primera versión del corpus, en formato .txt, para una mayor legibilidad de los ejemplos aportados. Con respecto a la primera versión 'cruda', también se han enmendado algunos errores, como la acentuación (p. ej. ÁGUILA por AGUILA o ANAÍS por ANAIS, como aparecía incorrectamente en algunas ocasiones) y se han normalizado algunas referencias, como "ÁR" en lugar de "AR", "A.R" "Á R", sigla utilizada en las descripciones para aludir al protagonista de la serie. En los demás casos, se ha procurado mantener la integridad del texto auténtico, con sus posibles variaciones gráficas.

6.2.1 Los subcorpus

Nuestro análisis se centra en los personajes principales, que contienen, en palabras de Culpeper (2001: 166), la huella lingüística total e individual de cada uno de ellos.

Los personajes de la serie *Águila Roja* ascienden a la considerable cifra de 699. Por ello, nos hemos limitado a analizar la caracterización de los personajes más relevantes en la serie. Para elegirlos, además del conocimiento personal y directo de los guiones, que nos permite, efectivamente, valorar la centralidad de los personajes, consideramos los criterios de la frecuencia de aparición de los nombres (Tab. VI.3), su frecuencia en el corpus general (Tab. VI.4) y la cantidad de diálogo producido por cada uno de los personajes (que incluye las acotaciones que a ellos se refieren), es decir, en la dimensión de sus respectivos subcorpus (Tab. VI.5).

Los datos de la Tabla VI.3 se han obtenidos considerando la frecuencia de aparición de los nombres de los personajes como atributos en las etiquetas <PER>, <ACO> y <DES>, e incluyen, por lo tanto, todos los turnos de habla y la presencia en las acotaciones y descripciones:

Tab. VI.3 – Frecuencia de aparición de los personajes

PERSONAJE	FRECUENCIA DE APARICIÓN
SÁTUR	10.572
GONZALO	7.077
MARQUESA	5.432
COMISARIO	4.705
CATALINA	3.422
MARGARITA	3.262
ALONSO	2.649
ÁGUILA ROJA	2.496
CIPRI	2.267
CARDENAL	1.785
NUÑO	1.268
REY	1.008
JUAN	860
IRENE	784

Por otro lado, la Tabla VI.4 recoge las frecuencias de aparición de los nombres de los personajes en cuestión en todo el corpus, y, por lo tanto, nos dice cuántas veces sus nombres aparecen también en todos los diálogos; la primera columna indica la posición en el listado de palabras, que consideramos hasta el número 200 (Bednarek 2010: 104).

Tab. VI.4 – Nombres de los personajes en el corpus

n.	PERSONAJE	FRECUENCIA
16	SÁTUR	12449
22	GONZALO	10026
29	MARQUESA	7903
32	COMISARIO	6772
35	MARGARITA	5508
39	ALONSO	4705
40	CATALINA	4643
45	ÁGUILA ROJA	3848
50	CIPRI	3310
60	NUÑO	2809
83	REY	2250
89	CARDENAL	2141
109	IRENE	1767
110	JUAN	1751
189	GABI	1014

La Tabla VI.5 reúne los datos relativos a las dimensiones de los subcorpus relativos a cada uno de los personajes principales; nos proporciona, por lo tanto, la extensión del diálogo producido por cada uno de ellos (junto con sus respectivas acotaciones) y su tamaño porcentual con respecto al corpus completo.

Tab. VI.5 – Palabras pronunciadas por los personajes en el corpus

Subcorpus	**Tokens**	**Palabras**	**%**
SÁTUR	216.109	~170.518	11,3
GONZALO	87.251	~68.844	4,6
MARQUESA	76.985	~60.744	4
COMISARIO	63.242	~49.900	3,3
CATALINA	58.771	~46.372	3,1
MARGARITA	43.834	~34.586	2,3
ALONSO	37.145	~29.308	1,9
CIPRI	33.973	~26.806	1,8
ÁGUILA ROJA	29.025	~23.009	1,5
CARDENAL	28.755	~22.688	1,5
NUÑO	15.599	~12.308	0,8
REY	14.815	~11.689	0,8
TOTAL	**705.640**	**~556.772**	**36,9**

Basándonos en los datos recopilados y en nuestro conocimiento de la serie, hemos decidido centrar nuestro análisis en los doce personajes que se repiten en las primeras posiciones de las tres tablas: Sátur, Gonzalo, Marquesa, Comisario, Catalina, Margarita, Alonso, Cipri, Águila Roja, Cardenal, Nuño, Rey. El orden de aparición se mantiene en los datos, exceptuando el caso de Águila Roja y de Cipri, ya que el héroe epónimo de la serie aparece en más ocasiones, pero 'habla' menos (compárense los resultados de las Tablas VI.4 y VI.5).

La elección de este número, por un lado, depende del límite del análisis manual que nos planteamos como posible en nuestro trabajo (Gabrielatos 2018: 238). Por otro lado, se ajusta a la manera en que se plasmaron los personajes, que es muy diferente por amplitud y profundidad, como podemos apreciar por las diferencias cuantitativas de los respectivos subcorpus. De ahí que se justifique un análisis que permita profundizar en los rasgos que distinguen cualitativamente a los personajes delineados de manera cuantitativamente más consistente, pero teniendo en cuenta también a los personajes discursivamente menos relevantes.

La distinta plasmación se corresponde con la distinción entre personajes *planos* (*flat characters*) y personajes *redondos* (*round characters*), que remonta a Forster (1927) y que ha sido revisada y ampliada en las tipologías críticas literarias a partir de 1965, según documenta Culpeper (2001: 53–56). Coincidimos con este autor en no realizar una distinción tajante entre tipos, sino una escala de *planitud* y *redondez* en los personajes que permita gradaciones de carácter más sutiles. En un análisis cualitativo, los factores asociados con la *redondez* incluyen complejidad, cambio, conflicto y vida interior, mientras que la *planitud* está asociada con los sentidos opuestos de estos factores: simplicidad, estabilidad, inmunidad frente a conflictos y vida exterior (es decir, no tenemos acceso directo a los pensamientos de un personaje). Además, la *planitud* a menudo se asocia con caracteres que están ahí principalmente para contribuir a un aspecto particular del texto, como la trama o la caracterización de otro personaje (Culpeper 2001: 56–57; véase también Culpeper/Fernández Quintanilla 2017: 102–104), o desempeñan una serie de funciones específicas (Bednarek 2018).

El aporte cuantitativo de los doce personajes escogidos para el análisis es, con toda evidencia, desigual (oscila del 11,32% al 0,78% del corpus completo), pero nuestra selección tiene en cuenta también los roles de los personajes en los mecanismos narrativos (por ejemplo, el Rey, además de ser el soberano de las Españas, es el motor original de la acción, al ser el padre secreto de Gonzalo, del Comisario y de Irene). Se trata, de todas formas, de una selección bastante amplia, que nos permitirá también examinar la identidad expresiva de los personajes teniendo en cuenta, además, aspectos como el sexo y la clase social.

Finalmente, en la Tabla VI.6 anotamos la consistencia de las descripciones y de las acotaciones[55]:

55 La descripción consiste en párrafos que describen lo que ve (y escucha) la cámara. La acotación, que va entre paréntesis, se sitúa entre el personaje y el diálogo, o entre bloques de diálogo, y da información adicional para los actores, detallando estados anímicos, intenciones y acciones que acompañan a los diálogos (Huete/Marimón 2002).

Tab. VI.6 – Consistencia de los subcorpus "Descripciones" y "Acotaciones"

Subcorpus	**Tokens**	**%**
DESCRIPCIONES	871.453	45,65
ACOTACIONES	66.404	3,48
TOTAL	**937.857**	**49,13**

En nuestro análisis incluimos los diálogos de los doce personajes elegidos según el criterio que acabamos de detallar y las acotaciones que a ellos se refieren, ya que pueden indicar su disposición emocional hacia personas, cosas, situaciones o eventos; no consideramos ni las descripciones, ni los encabezamientos, notas e indicaciones técnicas.

6.3 Conceptos y técnicas

A continuación, describiremos sintéticamente los principales conceptos y técnicas de la lingüística de corpus que vamos a utilizar en el capítulo 7, a la hora de examinar la caracterización de los personajes principales de la serie *Águila Roja* a través de sus diálogos y acotaciones.

6.3.1 Las concordancias

La técnica de las concordancias (*concordances*) es, sin duda, una de las más importantes y se relaciona estrechamente con todos los conceptos de la lingüística de corpus anteriormente citados. A través de esta función podemos considerar todas las recurrencias de un determinado ítem (palabra, ngrama, etc.) en el corpus o en un subcorpus junto con su cotexto. El programa Sketch Engine permite ordenar los resultados de diferentes maneras, clasificándolos, filtrándolos y procesándolos; también pueden visualizarse como KWIC (palabra clave en contexto, *Key Word in Context*), es decir, según el resultado acorde con los criterios de búsqueda, o bien en oraciones (*sentences*). Las concordancias pueden crearse para una o varias formas verbales. Además de las búsquedas por lema, palabra, oración y carácter, entre sus opciones avanzadas Sketch Engine prevé la posibilidad de búsquedas complejas a través de CQL (*Corpus Query Language*), un código utilizado para establecer criterios que pueden incluir palabras o lemas, pero también etiquetas y otros atributos, tipos de texto o estructuras. Todas las herramientas en Sketch Engine remiten a la herramienta de Concordancias, ya que solo la oportunidad de situar cada ítem en su contexto permite comprobar sus distintos usos y las funciones específicas que cumple (Bednarek 2012a: 59). A partir de una concordancia también es posible considerar, computar o calibrar la dispersión de un ítem (véase § 6.3.4).

Un análisis de concordancias arroja luz sobre las preferencias léxico-semánticas (*semantic preference*), que Stubbs (2001: 65) define como "la relación, no entre palabras individuales, sino entre un lema o forma de palabra y un conjunto de palabras semánticamente relacionadas". La preferencia semántica se centra en un conjunto léxico de categorías semánticas, en lugar de en una sola palabra o en un conjunto relacionado de palabras gramaticales. También se entrelaza con el concepto de prosodia discursiva (*discourse prosody*), que se refiere a la posibilidad de encontrar patrones en el discurso entre una palabra, oración o lema y un conjunto de palabras relacionadas que sugieren un discurso. Baker (2006: 87) señala que, mientras que la preferencia semántica no depende de los hablantes, la prosodia discursiva se concentra en la relación entre una palabra y los hablantes y oyentes y sus orientaciones.

6.3.2 Las palabras clave

Según Culpeper (2001: 199), las palabras frecuentes de un personaje pueden considerarse marcas estilísticas cuando se comparan con una norma apropiada, es decir, un corpus de referencia para cuya construcción "no hay reglas mágicas". Las palabras clave se relacionan directamente con la caracterización del personaje al ser palabras cuya frecuencia, o repetición, puede diferir de manera significativa de una pauta, que le confieren un estilo diferenciado o propio, a veces de manera radical (Culpeper 2009: 31). Como ya resaltaba Guiraud (1954, cit. en Culpeper 2009: 32), no se trata de considerar la frecuencia absoluta de los elementos léxicos, sino su frecuencia relativa, es decir, reparar en las palabras cuya frecuencia diverge de lo normal o usual.

Con este procedimiento, según Enkvist (1973), las palabras clave asumen un significado estilístico y vienen a ser unos 'marcadores de estilo', ya que reflejan una diferencia significativa entre la densidad de las características lingüísticas en un texto y la densidad de las características lingüísticas correspondientes en una norma relacionada con el contexto (Culpeper 2001: 199). En palabras de Enkvist (1964: 35, cit. en Culpeper 2009: 33)

> We may [. . .] define style markers as those linguistic items that only appear, or are most or least frequent in, one group of contexts. In other words, style markers are contextually bound linguistic elements. Elements that are not style markers are stylistically neutral. This may be rephrased: style markers are mutually exclusive with other items which only appear in different contexts, or with zero: or have frequencies markedly different from those of such items.
>
> In the light of this, some otherwise meaningless repetitions of linguistic items acquire meaning as style markers. For instance, the swearing and cursing of a soldier introduces a stream of stylistically significant items –"style reminders"– into statements that would otherwise remain neutral.

Siguiendo los procedimientos adoptados por Culpeper (2001, 2009) y Bednarek (2010), para el análisis del discurso de los doce personajes hemos creado, además de los subcorpus de cada personaje (Tab. VI.5), otros subcorpus que contienen los diálogos de todos los demás personajes menos el personaje en cuestión, que denominamos "Todos menos <nombre del personaje>" (Tab. VI.7). Esto nos permitirá crear un listado de palabras clave comparando el subcorpus del discurso de un determinado personaje con el subcorpus de referencia que contiene la suma de los discursos de todos los demás personajes, menos el personaje en cuestión.

Tab. VI.7 – Subcorpus de referencia

Subcorpus	Tokens	Palabras	%
TODOS MENOS SÁTUR	489.469	~386.210	25,6
TODOS MENOS GONZALO	618.331	~487.888	32,4
TODOS MENOS MARQUESA	628.593	~495.985	32,9
TODOS MENOS COMISARIO	642.379	~506.863	33,7
TODOS MENOS CATALINA	646.807	~510.356	33,9
TODOS MENOS MARGARITA	661.744	~522.142	34,7
TODOS MENOS ALONSO	668.433	~527.420	35
TODOS MENOS CIPRI	671.620	~529.935	35,2
TODOS MENOS ÁGUILA ROJA	676.417	~533.720	35,4
TODOS MENOS CARDENAL	676.823	~534.040	35,5
TODOS MENOS NUÑO	689.979	~544.421	36,1
TODOS MENOS REY	690.763	~545.039	36,2

Al plantear los criterios para crear las listas de palabras clave, con respecto al uso de un punto de corte para establecer una frecuencia mínima (*minimum frecuency cut-off point*), nos apoyamos en la reflexión de McEnery (2006: 148, cit. en Gabrielatos 2018: 239):

> It is a brave, or rather foolish, analyst who assumes that, in any given data set, the words are so unlikely to be key that they can be safely ignored from the very start.

Como subraya Culpeper (2009: 35–36), también los *hápax legómena* de un personaje pueden ser significativos, especialmente si se trata de un subcorpus de dimensión reducida. De hecho, eliminar de la comparación elementos de baja frecuencia, ya sea directa o indirectamente, estableciendo umbrales de alta significancia estadística, puede acarrear consecuencias no deseadas. Por ejemplo, si el corpus 1 contiene algunos elementos con una frecuencia muy baja, mientras que el corpus 2 contiene estos elementos con una frecuencia (relativamente) más alta, se puede esperar que estos elementos registren valores altos de *tamaño del efecto* (*effect size*). La aplicación de un umbral de baja frecuencia puede eliminar elementos potencialmente importantes, que pueden indexar diferencias pronunciadas (por ejemplo, de temas, actitudes, etc.). En la misma línea, eliminar elementos con frecuencia cero en uno de los corpus comparados no permitirá examinar la ausencia de un elemento que pudiera resultar significativo (Gabrielatos 2018: 239). Inicialmente no hemos establecido, pues, un umbral mínimo de frecuencia y generamos a través de Sketch Engine una lista de todos los candidatos a palabras clave. Para calcularlos, el programa Sketch Engine considera las frecuencias normalizadas de las palabras en los dos corpus para tener en cuenta la diferencia cuantitativa de las frecuencias obtenidas, utilizando el método Simple Maths (Kilgarriff 2009, 2012). A la hora de tomar una decisión acerca de qué elementos examinar, consideramos los umbrales de frecuencia en términos de frecuencias normalizadas (Gabrielatos 2018: 239) y nos fijamos en los elementos que se sitúan en los índices más altos, para enfocar las diferencias entre corpus (Gabrielatos 2018: 242–243). Finalmente, siguiendo a Baker (2006) y Culpeper (2009), y no descartando *a priori* la posible importancia de palabras únicas o extremadamente raras (que, de hecho, consideramos en algunos puntos de nuestro análisis), nos hemos decantado por una combinación que resulta en un número de palabras clave suficiente para cumplir con los objetivos de investigación, que no es abrumador y que garantiza una dispersión adecuada de al menos algunas apariciones de palabras clave. Los criterios que acabamos de enunciar no son totalmente perspicuos, pero, como afirma Culpeper (2009: 36), las configuraciones no pueden reducirse a una fórmula matemática simple, debido a que los diferentes propósitos y contextos de investigación cuentan con diferentes requisitos.

Siguiendo a Culpeper (2001: 200), nos limitaremos a considerar aquellas palabras clave que son tales por ser inusualmente frecuentes en el discurso de un determinado personaje. Después de generar una lista de palabras clave para cada personaje, examinamos su función y contexto, para validar y dar cuenta de los resultados. Este paso es necesario, ya que no todas las palabras clave reflejan el carácter de un personaje. Culpeper (2009: 38–39), remitiendo a los trabajos de Scott (2000; 2008; Scott/Tribble 2006), indica tres tipos posibles de palabras clave. El primer grupo, que en otro tipo de textos puede ser de poca importancia, es el de los nombres propios; en el discurso de los personajes, sin embargo, estos nombres están relacionados con aspectos significativos del mundo ficcional, como, por ejemplo, el de las relaciones interpersonales, y pueden tener su importancia desde el punto de vista pragmático. El segundo grupo incluye las palabras que se relacionan con el contenido del texto, o su *aboutness* (véase también

§ 6.3.3); Scott (2008: 143) sugiere que se trata de palabras que cualquier humano podría reconocer o predecir, sin la ayuda de un procedimiento informático. En el tercer grupo encontramos palabras que suelen formar parte de clases cerradas, como preposiciones, conjunciones, pronombres o determinantes, y normalmente son difíciles de predecir sin un recuento automatizado. Siguiendo el enfoque funcional propuesto por Culpeper (2009: 39), cualquier tipo de elección, también de tipo gramatical, puede ser significativa, no solo desde el punto de vista del contenido, sino también de la estilística. Podemos, por lo tanto, identificar tres posibles grupos de palabras clave, según el énfasis funcional correspondiente: palabras clave ideacionales (*ideational keywords*), palabras clave textuales (*textual keywords*) y palabras clave interpersonales (*interpersonal keywords*). Finalmente, además de crear listados de palabras clave, también es posible examinar grupos o secuencias de palabras clave y las agrupaciones que vamos a ver a continuación.

6.3.3 Las frecuencias y las agrupaciones

Con el programa Sketch Engine podemos determinar la frecuencia de ítems en el corpus y en los subcorpus, bien por lo que se refiere a su frecuencia absoluta (*raw frecuency*), bien en cuanto a su frecuencia normalizada (*normalised frecuency*). Como recuerda Bednarek (2018: 96), en el análisis puede ser relevante buscar la frecuencia de un determinado ítem o también examinar las listas de frecuencias de todos los ítems (por ejemplo, las palabras). Además, podemos detectar agrupaciones lingüísticas habituales, los ngramas (*n-grams*) –o también *clusters* (Scott 2004–2007) o *lexical bundles* (Biber *et al.* 1999, Fuster Márquez 2014)–, para realizar un análisis de la frecuencia de aparición de agrupaciones de palabras que suelen aparecer juntas. Se trata de indicadores del uso rutinario del lenguaje que permiten poner en evidencia patrones y unidades lingüísticas que caracterizan distintos tipos de texto (Stubbs 2005) y de registro (Bednarek 2018: 96) y que, por lo tanto, resultan especialmente significativos desde el punto de vista estilístico. Con el mismo procedimiento descrito en § 6.3.1, a través del uso de los subcorpus de cada personaje y de "Todos menos <nombre del personaje>", también obtenemos los ngramas clave (*key n-grams*), a los que podemos aplicar las mismas consideraciones que hicimos acerca de las palabras clave. Tras extraer los ngramas, hemos realizado un examen de concordancias para comprobar su valor de significado en relación con el propio texto y para recuperar contextos más amplios. La exploración de agrupaciones lingüísticas habituales es particularmente útil para revelar los patrones discusivos más destacados y obvios que rodean a un sujeto, que se basan en los vínculos que los conceptos han establecido en la mente de las personas (Baker 2006: 114).

6.3.4 La distribución

En nuestro análisis resulta importante localizar palabras o secuencias en el corpus, algo que podemos hacer a través de la herramienta de distribución de recurrencias (*distribution of hits in the corpus*). El programa Sketch Engine elabora a partir de una concordancia la dispersión de un ítem, mostrando con un formato de código de barras las partes del corpus donde este se encuentra; esta información indica si la presencia del ítem se distribuye de manera uniforme en todo el corpus o solo en determinados lugares. Asimismo, podemos considerar si la distribución de un determinado ítem atañe a una serie de personajes o bien si este es privativo de un personaje; esta observación puede ser importante para elaborar consideraciones de tipo estilístico. Como apunta Culpeper (2001: 200), examinando la dispersión de las apariciones de una palabra clave o de un ítem se puede observar si se agrupa dentro de un discurso particular; en este caso, es probable que refleje algo que dependa de un contexto particular y no del carácter del hablante, ya que la noción de palabra clave está estrechamente relacionada con la noción de *aboutness*, es decir, la comprensión de los principales conceptos, temas o actitudes discutidos en un texto o corpus (Phillips 1989: 7–10, 26, 53–54, cit. en Gabrielatos 2018: 225). Para extraer conclusiones sobre la caracterización de un personaje, deberemos considerar las apariciones de una palabra clave en reacción a diferentes estímulos, en diferentes momentos y en diferentes situaciones. Averiguar la relación que las palabras clave mantienen con su función y su contexto puede significar, además, reducir el riesgo de incurrir en la ecuación simplista "característica lingüística X = característica de personalidad Y" (Culpeper 2001: 165–166).

7. La identidad expresiva de los personajes en la serie *Águila Roja*

En los capítulos anteriores hemos sentado las bases teóricas en las que se apoya nuestro análisis. Así, siguiendo el enfoque funcional de Bednarek (2018), en el capítulo 4 hemos examinado los posibles usos que el diálogo telecinemático cumple con respecto a la audiencia, aportando algunos ejemplos extraídos del corpus de guiones de *Águila Roja*. En el presente capítulo, asumiendo las reflexiones sobre la ficción televisiva contenidas en el capítulo 2 y partiendo de lo establecido en el capítulo 5, analizamos la construcción de la identidad expresiva de los personajes principales de la serie a través de sus diálogos, tal y como se conceptualizan en la fase de la creación de la ficción seriada, de acuerdo a lo visto el capítulo 1, y utilizando las herramientas de la lingüística de corpus como base de un análisis estilístico, según lo expuesto en el capítulo 6.

Nuestro análisis se centra en los doce personajes principales de la serie (véase § 6.2.1): Sátur, Gonzalo, Marquesa, Comisario, Catalina, Margarita, Alonso, Cipri, Águila Roja, Cardenal, Nuño, Rey. Utilizando las técnicas descritas en § 5.3, vamos a examinar las señales lingüísticas que conllevan significados valorativos, emocionales o ideológicos y que contribuyen a la construcción de la identidad expresiva de estos personajes, agrupándolos, cuando resulte oportuno, según criterios de personalidad, rol social y pertenencia a grupos (Culpeper 2001; Bednarek 2010: 119). También, en las notas, incluiremos –cuando la haya– la presentación de los personajes en la 'biblia' con su 'lema' (§ 2.2.3), ya que en estos breves textos se simplifican sus aspectos psicológicos y temperamentales, así como los rasgos básicos diseñados para activar determinados esquemas cognitivos en la audiencia (§ 5.2.1). En la 'biblia' de *Águila Roja* también se indica para cada personaje un referente novelesco, cinematográfico o televisivo bien conocido que funciona como modelo prototípico para el equipo de producción. Creemos que la referencia a estos textos supone un valor añadido para nuestro análisis, ya que nos permite cotejar nuestras observaciones con un documento que forma efectivamente parte del proceso de producción de la serie (véase capítulo 3).

7.1 Sátur como personaje único

El personaje de Sátur aparece en los guiones de la serie 10 572 veces (véase Tab. VI.3) y su subcorpus cuenta con cerca de 170 518 palabras, que equivalen al 11,3% del corpus completo (véase Tab. VI.5). El discurso y las acotaciones de Sátur alcanzan casi una novena parte del corpus completo; considerando que el conjunto del discurso de los 699 personajes (incluyendo las acotaciones) abarca de manera aproximada la mitad del corpus de la serie, como se desprende de la Tab. VI.5 (§ 6.2.1), es decir, alrededor de 556 772 palabras, el subcorpus de Sátur es casi una quinta parte del conjunto de los subcorpus de todos los personajes.

Estas cifras acreditan, sin lugar a duda, la hipótesis de la relevancia de la presencia de Sátur en la ideación de la serie y, por lo tanto, la diferencia que la voz de este personaje tiene con respecto a los demás. Podemos definir a Sátur como un 'personaje único' cuya voz es reconocible por el público y que mantiene su consistencia lo largo de todos los episodios (Bednarek 2010: 107). El tamaño del subcorpus nos permite afirmar que Sátur es el personaje más redondo de la serie (§ 5.2.1), dotado de cierta complejidad y vida interior, cuyo diálogo, además, desempeña una amplia serie de funciones (véase capítulo 4). Sátur habla mucho o demasiado (de ahí, como veremos, la aparición de *callo* como palabra clave (p. ej. *Vale, me callo; Callo, callo*) y, de hecho, en la 'biblia' su referente es el burro de la película animada estadounidense *Shrek*, parlanchín y pesado[56].

56 Así se describe en la 'biblia':

> SATURNO "SÁTUR". "El criado pesado". 25 años. Judío converso, buscavidas, pesado, gracioso y metepatas pero fiel hasta la muerte con su señor

En la Tabla VII.1 se recogen las primeras cincuenta palabras clave de Sátur, obtenidas utilizando como subcorpus de referencia "Todos menos Sátur" y estableciendo como parámetro una frecuencia mínima de 10 recurrencias, para garantizar una dispersión adecuada de al menos algunas instancias de palabras clave, minimizando la presencia de palabras únicas o extremadamente raras (§ 6.3.1)[57].

Tab. VII.1 – Primeras 50 palabras clave del subcorpus "Sátur" (frec.>10)

amo, cojones, alonsico, joder, cago, postillón, cagüen, amoooo, leches, cojón, joderse, coño, puñetera, jodido, parió, perdóneme, ár, puñetero, chaval, cipriano, joer, croquis, mire, nudo, estampa, callo, mecagüen, alonsillo, déjelo, p, escuche, meterse, hágame, huevos, chiquillo, pata, lope, feo, calzones, narices, misterio, oiga, fraile, garcía, agobiado, altísimo, ande, saturno, orejas, maravedíes

La palabra clave que más caracteriza el discurso de Sátur es, sin lugar a duda, *amo*, que se repite 2973 veces –con un índice de frecuencia relativa (por millón) de 464–, casi siempre en vocativo (menos en 147 casos, comprobados a través de la búsqueda de 2–3 ngramas y manualmente a través de las relativas concordancias). Sátur suele utilizar este alocutivo a la hora de dirigirse a Gonzalo/Águila Roja, sin fluctuaciones evidentes, según podemos comprobar observando la dispersión de esta palabra clave en el subcorpus. Por un lado, la alta frecuencia señaliza información social (véase Culpeper 2001: 193–196): Sátur es un criado que marca, a través del uso de este título y del tratamiento de cortesía, una relación asimétrica y respetuosa con su señor, una relación que, de

Gonzalo que lo rescata de la cárcel. Le sirve como escudero, criado, consejero... Es el único que sabe el secreto de su jefe y le ayuda en sus aventuras. Referente: Asno en *Shrek*.

En realidad, en la versión española de la película *Shrek*, el personaje Donkey (doblado por Eddie Murphy en inglés, por José Mota en la versión española europea y por Eugenio Derbez en la versión española americana) se llama Burro (https://es.wikipedia.org/wiki/Shrek#Doblaje) [Acceso 28/3/20].

57 Antes de elegir el punto de corte >10 consideramos varias posibilidades alternativas, pero, en el caso del personaje de Sátur, estas no aportaban datos significativamente distintos de los obtenidos con el criterio elegido, que garantiza una adecuada dispersión.

hecho, es la más importante que mantiene y que lo define a lo largo de toda la serie.

Por otro lado, la reiteración, al insertarse dentro de un contexto marcado por el registro coloquial oral (como veremos más adelante), se configura como una evidente pauta de intensificación (Briz Gómez 2011: 84). El vocativo, destinado a facilitar la apertura del canal de comunicación (Vigara Tauste 1997) al crear una repercusión afectiva, orienta con bastante precisión acerca del estrecho y exclusivo lazo que tiene con Gonzalo/Águila Roja. De hecho, en el subcorpus "Todos menos Sátur" la forma nominal *amo* aparece 17 veces, pero su uso como apelativo aparece solo 3 veces, y precisamente en unas notas escritas por Sátur (p. ej. "Amo, me han secuestrado, y no sé quién. Sátur") y leídas en voz alta por Gonzalo[58].

Las otras palabras clave que caracterizan a Sátur a través de sus relaciones con Gonzalo/Águila Roja son, además de la variante *amooooo*, los verbos en imperativo o las exhortaciones *perdóneme*, *mire*, *déjelo*, *escuche*, *hágame*, *oiga*, *ande*; por otro lado, *alonsico*, *alonsillo*, *chaval*, *chiquillo* se refieren al hijo de Gonzalo, Alonso. *Cipriano* es otro interlocutor favorito del personaje, el tabernero, al que Sátur se refiere o se dirige alternando el nombre completo y el hipocorístico (*cipriano* aparece 119 veces en el subcorpus "Sátur" frente a las 14 recurrencias en el subcorpus "Todos menos Sátur"; por otro lado, Sátur utiliza *cipri* 188 veces y todos los demás personajes 355 veces). La palabra clave *ár* es una abreviatura de Águila Roja en las acotaciones, p. ej. "(Mira a ÁR, sorprendido)"; "(Mira a ÁR de arriba abajo)".

Entre las señales explícitas de autopresentación del personaje, encontramos *saturno* y *garcía* con el oficio de *postillón* y el interés por los *maravedíes*, así como cierta referencia a la religión (*altísimo*). Estas palabras clave pertenecen al ámbito de las categorías personales y sociales, que ubican a Sátur según sus habilidades y objetivos, atribuyéndole un rol ocupacional que está interconectado con sus principales relaciones sociales y afectivas y con sus creencias. Por otro lado, según comprobamos con la búsqueda de concordancias, la palabra clave *misterio* remite a

58 El guionista de *Águila Roja* Juanma Ruiz Córdoba nos ha confirmado en una comunicación personal que el uso del vocativo *amo* como pauta repetida del habla de Sátur era una elección consciente por parte de los guionistas de la serie.

la ambientación de las aventuras que vive con su amo, así como *croquis*, *lope*, *fraile* apuntan a contextos concretos; sin embargo, consideramos que estos casos están estrechamente relacionados con la noción de *aboutness* (§ 6.3.3), más que con la caracterización del personaje.

La segunda palabra relativamente más frecuente del subcorpus "Sátur" es *cojones* (con índice de frecuencia relativa 91), aunque es la exclamación *joder*, que suma 351 repeticiones, la palabra clave (con índice de frecuencia relativa 75) con mayor frecuencia absoluta después de *amo*. En el grupo de los disfemismos[59] contamos una tercera parte de las primeras cincuenta palabras clave, además de *cojones* y *joder*, a saber: *cago*, *cagüen*, *leches*, *cojón*, *joderse*, *coño*, *puñetera*, *jodido*, *parió*, *puñetero*, *joer*, *mecagüen*, *huevos*, *narices*. La función de estos recursos recae en el ámbito de la intensificación de actitud en el habla coloquial (Briz Gómez 2011: 98), cuyo uso extendido es visible también en la presencia de *p'* y *pata* entre las palabras clave.

La grafía *p'* reproduce la pronunciación descuidada o popular (Briz Gómez 2011: 95; Díaz Castañón 1975: 115) de *para* ante a, así como *pa*/ *pa'* ante otras vocales y consonantes (106 recurrencias en total en el subcorpus "Sátur" frente a las 34 que encontramos en "Todos menos Sátur"). En los ejemplos siguientes[60] podemos apreciar que la apócope de *para* se halla en un contexto discursivo marcado por el registro coloquial:

(1) Y se le quedó aquí, (Señala garganta) que ni **p' atrás** ni **p' adelante**, y... Ahí lo tienen, ahogado por un trozo de ná...

(2) Cipriano, que lo entiendo... que hay que tirar **p' alante**, y que tú... vamos que... que tenías que tener ahí lo tuyo, ¿eh?...

(3) Hablar con Juan, sí, y arrearle una que lo dejó más **p' allá** que **p' acá**... que del guantazo cogió una inclinación que ni la torre de Pisa.

---

59 Utilizamos por brevedad este sustantivo, aunque, apoyándonos en los estudios citados por Cestero Mancera (2015: 80), consideramos que propiamente "no hay términos eufemísticos o disfemísticos, sino usos discursivos en uno u otro sentido que hacen referencia a las realidades de manera neutra, directa o indirecta".

60 Todos los ejemplos que aportamos en este capítulo derivan de una búsqueda de concordancias bajo forma de oración y no de KWIC. En algunos casos se ha extendido la concordancia a las oraciones adyacentes para ofrecer una mayor contextualización. Siempre se ha mantenido la grafía y la puntuación del original, eventualmente marcando en negrita la palabra clave o el elemento lingüístico en cuestión para una mayor visibilidad.

(4) ¿Qué tal el chiquillo? ¿Está nervioso? Seguro que se pasa el día comunión **p' arriba**, comunión **p' abajo**...

(5) Esa es la actitud, amo, claro que sí... ¡**p' arriba**!

(6) Pues vámonos yendo, amo. Que bajar ha tenido lo suyo, pero a ver cómo cojones trepamos ahora **p' arriba**.

Igualmente hay que tener en cuenta la reproducción gráfica de la fusión vocálica en la cadena hablada como *pacá* (con 5 recurrencias), *pal* (8 recurrencias) y *tol* (1 recurrencia), así como la pronunciación relajada de *–ado* en (como en *lao* y en los participios regulares *dao*, *pasao*, *resucitao*, *preñao*, *matao*, *dejao*, *deslomao*, con un total de 185 recurrencias) y otras apócopes como *ná* (6 recurrencias). El uso de formas no estándar es una herramienta poderosa para revelar, además de la individualidad del personaje, también su posición social baja (Taavitsainen/Melchers 1999: 13, cit. en Androutsopoulos 2012: 148), que, por otro lado, queda evidente en el mismo papel de criado revelado por el constante uso del alocutivo *amo*.

La presencia de *calzones*, una prenda íntima, entre las primeras cincuenta palabras clave, y de las *orejas* –con un uso eufemístico que sustituye a otras expresiones más inconvenientes u obscenas (Chamizo Domínguez 2004: 45) para indicar hartazgo en *hasta las orejas* o *por las orejas*– corroboran la caracterización de Sátur a través de un lenguaje coloquial que se recrea en la escatología y apunta a una marcada corporeidad. En el primer caso estamos ante un recurso que tiene una función comunicativa referencial, ya que se utiliza una expresión lingüística asociada a una realidad o concepto interdicto para hacer referencia a tal concepto o realidad (Cestero Mancera 2015: 84), como en estos ejemplos:

(7) encendí la vela y ya me había ido por la pata abajo... dos días sin **calzones**, no había por dónde pillarlos...

(8) Así voy más holgado, los **calzones** de noble me estrujaban todo el bulto.

En el segundo caso, el sustantivo *orejas* tiene la función comunicativa de referencia desplazada cuando se asocia a una realidad o concepto interdicto con un significado diferente, no relacionado con la interdicción, como en los ejemplos siguientes:

(9) Ahora mismo no sé ni dónde tengo las **orejas**.

(10) porque si el viento se lleva el tejado nos va a arrancar hasta las **orejas**.

Asimismo, la palabra clave *pata* (perteneciente al ámbito escatológico en la locución *irse por la pata abajo* del ejemplo n. 7) en la mitad de las recurrencias forma parte de una unidad fraseológica de registro coloquial (*que está más tieso que la pata de Perico, yo iba a matar portugueses a la pata coja, mala pata*. . .).

El uso abundante de disfemismos es un recurso que en el diálogo de Sátur marca el registro coloquial y se manifiesta como exclamaciones interjectivas o bien como formas expletivas insertadas en construcciones sintácticas y sin valor referencial (Cestero Mancera 2015: 84). A través de la herramienta de Concordancias contextualizamos los usos de los principales 'disfemismos clave'. A la palabra clave *cojones*, con frecuencia absoluta de 50, corresponde 43 veces el bigrama *qué cojones*, que se alterna con los usos eufemísticos *qué leches* (31 de 80 recurrencias de *leches*) y *qué narices* (9 de 18) y con *qué coño* (20 de 47) y *qué cojón* (5 de 11). Estos sustantivos aparecen como elementos expletivos que expresan el estado emocional del hablante, como en los siguientes ejemplos:

(11) ¿**Dónde cojón** me estarán llevando éstos al amo?

(12) ¡¿Pero a ti **qué cojón** te importa el agua, Cipriano?!

(13) precisamente me estaba yo preguntando **cómo cojón** había sabido lo que tenía que hacer.

(14) ¡Enfermo **y un cojón**! Que no paro de tener pesadillas con usted y la señora.

(15) Pues haberlo pensado antes, **coño**, que si estás aquí es por tu puñetera culpa, Cipri.

(16) ¿Quién es Alonso, quién es Margarita. . . quién, **quién coño** es usted?

(17) Amo, que no, **coño**, que no es eso. . .

La presencia de las palabras clave *cago, cagüen, mecagüen* nos remiten a la alta frecuencia de aparición de la locución con función escatológica *cagarse en alguien o algo*, que caracteriza al personaje de Sátur, con 112 recurrencias, comprobadas a través de la búsqueda de concordancias, que contrastan con la exigua presencia en el subcorpus "Todos menos Satur" (con solo 3 recurrencias, en el diálogo del tabernero Cipri). La búsqueda a través de bigramas y trigramas, comprobada contextualmente en las concordancias, nos revela otras locuciones recurrentes vinculadas con las palabras clave *joderse* y *parió*. La primera (33 recurrencias, con un índice de frecuencia relativa de 51; solo la emplea Cipri una vez, con la misma construcción) es utilizada exclusivamente en la expresión *hay que joderse*. *Parió* (56 recurrencias, con un índice de frecuencia relativa de 23) se utiliza en 54 casos en la construcción "la madre que (me/los/etc.) parió". Acudiendo a algunos diccionarios de referencia para obtener información acerca del uso codificado de estas expresiones, obtenemos las definiciones de la Tabla VII.2:

Tab. VII.2 – Usos codificados de locuciones disfemísticas

La madre que te, lo, os, etc., parió
1. *exprs. vulgs.* U. para expresar gran enfado súbito con alguien. (DLE *sub voce*)
La [madre] que te (lo, etc.) **parió** (o **trajo,** o **echó**), o **la [madre] del cordero** (*col.*)
Expresa rechazo, protesta o, alguna vez, admiración. A veces sigue al n. de la pers. o cosa que se rechaza. (DEA, *sub voce*)
Hay que joderse
1. *loc. interj. malson.* hay que fastidiarse>>2. *loc. interj. coloq.* U. para acompañar, enfáticamente, un comentario que revela molestia o enojo. *¡Hay que fastidiarse, el frío que hace aquí*! (DLE, *sub voce*)
Hay que joderse
Fórmula con que se manifiesta asombro hacia algo, a veces ponderando la imposibilidad de reaccionar ante ello. (DEA, *sub voce*)
Me cago en alguien o algo
1. *loc. verb. malson. coloq.* U. para expresar desprecio o rechazo hacia esa persona o esa cosa.
Me cago en diez, *o* **en la leche**, *o* **en la mar**, etc.
1. *locs. verbs. malsons. coloqs.* U. para expresar extrañeza o contrariedad. (DLE *sub voce*).
Cagarse ("en")
Se emplea en exclamaciones groseras de enfado o irritación contra algo o alguien (DUE, *sub voce*).
Cagarse en algo
vulg. Maldecirlo: *Estaba tan enfadada conmigo que se cagó en mi familia.* (CLAVE, *sub voce*)
Me cago en Dios (*euf. Frec.*, **diez** *o* **tal**, *o, raro*, **sos**), **la hostia**, **la leche**, **la mar (salada** *o* **serena)**, **la puñeta**, **la puta de oros**, **mi suerte**, *etc.*
Fórmulas exclamativas que expresan irritación o enfado. Frec se enuncian incompletas, omitiendo el ME *inicial, o lo que sigue al v o a* EN. *A veces los escritores transcriben* MECAGÜEN *o* CAGÜEN.
Me cago en tu (*o* **su**) **madre**, **tu** (*o* **su**) **padre**, **tus** (*o* **sus**) **muertos**, (*euf.*) **algo malo**, *etc.*
Fórmulas de insulto o desprecio. Frec se enuncian omitiendo el ME inicial. A veces los escritores transcriben MECAGÜEN *o* CAGÜEN. (DEA, *sub voce*)

Las definiciones aportadas sitúan indiscutiblemente estos enunciados en el ámbito de la expresión de emociones, juicios de comportamiento y evaluación de los fenómenos que se ubican en el subsistema de AFECTO (§ 5.3). Vamos a analizar de manera detenida las locuciones relativas a las palabras clave *cago*, *cagüen*, *mecagüen*, por ser las que tienen un índice de frecuencia relativa más alto, así como una frecuencia absoluta más elevada. A través de la herramienta de Concordancias, podemos comprobar la correcurrencia de estas palabras clave con otras palabras en un determinado intervalo cotextual, identificando, de esta manera, los sustantivos que se relacionan con los verbos en cuestión. Nuestra búsqueda nos permite identificar cuatro casos distintos:

- locuciones suspendidas (ej. *¡me cago en...!*)
- locuciones con objetos estereotipados[61] (ej. *¡me cago en la leche!; ¡me cago en la madre que me parió! ¡me cago en mi estampa*[62]*!*)
- locuciones con referencias concretas al contexto (ej. *¡me cago en mi memoria de sardina!*; *¡me cago en el semental, lo que tarda!*)
- locuciones imaginativas (ej. *¡me cago en mi prima sorda!*; *¡me cago en la silla de Felipe II!*), con algunas formas especialmente expresivas por su originalidad. Es este un mecanismo de creatividad e innovación que contrarresta el proceso de desgaste discursivo producido por la repetición de las expresiones coloquiales, al fin de preservar la expresividad, que es el rasgo más importante del lenguaje coloquial (Vigara Tauste 1980: 16–17)[63].

---

61 En el subcorpus "Sátur", así como en el corpus *Águila Roja* en general, no aparecen expresiones blasfemas, posiblemente porque se trata de una serie destinada a una audiencia familiar española y la retransmite el servicio público de televisión (§ 3.2). De hecho, en el Manual de Estilo de RTVE se rechaza "la utilización de palabras malsonantes, expresiones de contenido explícitamente sexual y blasfemias", sin hacer explícita referencia a la ficción (https://manualdeestilo.rtve.es/) [Acceso 6/12/2020]. De ahí que no encontremos locuciones de este tipo con *Dios* o *la hostia*, ni siquiera con sustitutos en función eufemística.

62 La palabra clave *estampa* en 11 recurrencias de 19 se combina con la locución *me cago en*.

63 La expresividad del eufemismo es consustancial con su origen prohibido y nace de una conexión inevitable entre sentimientos, emociones y estados antagónicos que están en la base de la teoría freudiana de la *ambivalencia afectiva* del tabú: la prohibición arcaica que vive en el inconsciente coexiste con el deseo inconsciente de transgredirla (Casas Gómez 2012: 44).

Las locuciones suspendidas tienen una frecuencia de aparición muy limitada (5 casos) y podemos asimilarlas a las locuciones con objetos estereotipados, ya que la forma reducida o elíptica se permite por tratarse, efectivamente, de una fórmula rutinaria expresiva. En algunos casos, de hecho, la función de la locución completa es asimilable a la de una interjección emotiva que revela molestia o enojo, hallándose, pues, en la esfera de la INSATISFACCIÓN:

(18) Lo pondré dónde me dé la gana, **me cago en la leche** ya.

(19) Que lo vi con mis propios ojos, **me cago en la leche**.

(20) **Cagüen la leche**, y a mí qué me cuentas, Cipriano... A ver si ahora también me tengo que hacer responsable de ti...

Más en general, la posición actitudinal del sujeto hacia el hecho que desencadena la emoción y, por consecuencia, la posición del público que acepta, comprende o, al menos, simpatiza con esta reacción emocional (Kaplan 2004: 63) se halla en el ámbito de la INSEGURIDAD, la INSATISFACCIÓN, la INFELICIDAD y la SORPRESA, según resumimos en la Tabla VII.3.

Tab. VII.3 – Ejemplos de los valores emocionales de la locución "Me cago en" con objetos estereotipados

INSATISFACCIÓN frustración y rabia	– y algo más que no se lee, me cago en la leche... – Cagüen la leche, pero si tenía que estar por aquí... – ¡Aquí sólo hay bosque, ¡me cago en mi estampa! – Me cago en mis muertos que no llegamos a tiempo... Alonso no me va a perdonar en la vida... – Cago en la leche "jodía", ahora sí que la hemos liado gorda. – No había más bosques para ir a por leña, ¡me cago en todo! – ¡Encima me he traído conmigo la costa entera, me cago en la leche! – ¡Me cago en la leche, que no nos sale ni una a la primera! – ¡Pues yo las tengo todas, me cago en todo! – ¡Me cago en la madre que me parió!
INSEGURIDAD ansiedad, agobio, estrés	– Mi amo ha perdido toda cordura, me cago en la mar. – ¡Sáqueme de aquí, me cago en todo! – ¡Joder, amo, joder... que le ha visto la cara... que le ha visto... ¡Me cago en mis muertos! – Me cago en mi santa estampa, nos toca todo.

INSEGURIDAD vergüenza	– Con la que tiene encima y yo acusándolo de asesino... La cara de tristeza que tenía el hombre, me cago en la mar... – ¡Me cago en mi estampa, la que he liado! – La que he formao por el puñetero sello... ¡Me cago en mi codicia y mi santa estampa! – ¡Me cago en mi estampa, la que he liado!
SORPRESA	– Cue-va de los Mur-cie-la-gos... ¡Me cago en la leche, que lo ha encontrado! – ¡¡Me cagüen mi puta vida, no me puede estar pasando esto!! – Joder, joder, joder... Me caguen (*sic*) en todo.
INFELICIDAD angustia, tristeza, desdicha	– Debían ser buena gente, a ese hombre se le ve afectado... Qué desgracia, me cago en la mar. – No señora mía, no... ustedes han sido... me cago en la mar, si es que no tengo palabras, tengo... tengo una cosa aquí.

En las locuciones con referencias concretas a las circunstancias en las que se encuentra el sujeto, se indica el elemento desencadenante de la emoción (*trigger*) y predominan los sentimientos pertenecientes a la esfera de la INSATISFACCIÓN (Tab. VII.4): la frustración y la rabia por no lograr un objetivo, que se concreta en el elemento mencionado.

Tab. VII.4 – Clasificación de los valores emocionales de la locución "Me cago en" con referencia a las circunstancias

INSATISFACCIÓN frustración y rabia	- ¡me cago en el que la haya preñao! - ¡me cago en los dilemas sin solución! - ¡me cago en las ratas, me cago en el pan y me cago en todo lo cagable! - me cago en el maldito dinero y en el tonto el haba que lo inventó... - hay que jod... ¡me cago en los autores de renombre y en toda su estirpe! - esto no merece la pena, amo... me cago en los cargos, en pasar a la historia y, y... la fama está sobrevalorada, se lo digo yo. - ¡me cago en los furtivos y todos sus muertos! - ¡joder con el capitán... me cago en toda su estampa! - ¡me cago en su plan, en la repoblación del nuevo mundo y en cristóbal colón! - ¡me cago en colón y los hermanos pinzón! - ¡me cago en los que hacen los mapas!

Esta exploración revela que el uso de las interjecciones y las expresiones exclamativas disfemísticas actúan como descriptores de estados emocionales mayormente negativos, ya que funcionan como válvulas de escape especialmente de la frustración y la rabia, cumpliendo una función catártica (Díaz Pérez 2012: 172–173; 269).

La negatividad de los estados emocionales de Sátur puede comprobarse también a través del análisis de las señales del autor (§ 5.4), a saber, en las acotaciones referidas a este personaje. Para ello, aislamos todos los elementos situados entre paréntesis, a través de una búsqueda de concordancias. En la Tabla VII.5, elaborada a partir de Kaplan (2004), clasificamos los adjetivos con un número de recurrencias superior a 5 referidos al estado emocional del personaje que se hallan en las acotaciones, teniendo en cuenta su contexto de uso; solo *agobiado* (marcado en cursiva) también es palabra clave. De esta forma, se desprende de ello que las categorías más frecuentes utilizadas para describir el estado de ánimo de Sátur (véanse la Tabla V.3 y la Tabla V.4) se alinean con la predominancia de la INSEGURIDAD, la INSATISFACCIÓN, la INFELICIDAD y la SORPRESA, además de la EMOTIVIDAD, mientras que la EXPECTATIVA y el PODER son menos relevantes en la construcción de la identidad expresiva del personaje.

Tab. VII.5 – Clasificación de los adjetivos contenidos en las acotaciones referidas a Sátur (frecuencia <5). Van en cursiva los adjetivos que son palabra clave

AFECTO	
DESEO	NO DESEO
--	--
FELICIDAD	INFELICIDAD
feliz (19), contento (10)	desesperado (71), grave (55), serio (52), hundido (21), triste (17), hosco (7), dolido (7)
SEGURIDAD	INSEGURIDAD
aliviado (10), decidido (9)	preocupado (57), *agobiado* (52), nervioso (45), tenso (29), angustiado (16), culpable (15), temeroso (10), incómodo (6), perdido (5), apurado (5)

AFECTO	
SATISFACCIÓN	INSATISFACCIÓN
orgulloso (5)	enfadado (45), cabreado (30), rabioso (10), molesto (10), furioso (6), contrariado (6), asqueado (5), harto (5), fastidiado (5)
SORPRESA	IMPASIBILIDAD
asustado (66), sorprendido (45), extrañado (35), pillado (14), perplejo (12), desconcertado (10), descolocado (10), abrumado (5), admirado (5), alucinado (5)	--
EMOTIVIDAD	
SENSIBILIDAD	INDIFERENCIA
emocionado (40), afectado (17), tocado (11), superado (11), impactado (11), alterado (10), alarmado (9), aterrado (9), horrorizado (8), atónito (8), sobrecogido (6), aterrorizado (6), entusiasmado (6), tierno (5), impresionado (5)	seco (11)
EXPECTATIVA	
ESPERANZA	DECEPCIÓN
ilusionado (5)	indignado (17), decepcionado (5)
PODER	
PODER	DEBILIDAD
tajante (9)	débil (9), suplicante (5)

La Tabla VII.5 solo incluye los adjetivos con frecuencia superior a 5, pero hay que resaltar la abundancia de sinónimos, cuasisinónimos y verbos que se utilizan en las acotaciones para indicar el estado de ánimo de Sátur; de manera señalada, el registro coloquial curiosamente impregna también este discurso que, como sabemos, solo está dirigido al equipo de producción. Se trata de ítems que no son relevantes por sus frecuencias, pero que descuellan en un análisis cualitativo, como *recula* (9), *hecho polvo* (2), *cabreadísimo* (2) (que se suma a *cabreado* con 30 recurrencias), *acojonado* (4), *acojonadillo* (2), *miedica* (2), *pasota* (1), *sulfurándose* (1), *revirándose* (1), *pillo* (1) y *patidifuso* (1). Podemos conjeturar que los guionistas de alguna forma quieren mantener el 'tono' del personaje al que dan voz también en las expresiones y en los adjetivos contenidos en las señales de autor que denotan explícitamente, en el estrato del emisor colectivo (§ 2.2.1), la emoción atribuida al personaje.

En cambio, las expresiones disfemísticas y, de manera especial, la locución *me cago en* actúan como índices convencionales de emoción del hablante (en el estrato de la ficción); no describen estados emocionales, sino que los señalan, o, en palabras de Bednarek (2008: 11) son ejemplos de *emotional talk*[64], en los que la emoción es inferible del cotexto y contexto[65]. Asimismo, el uso de disfemismos, como observamos inicialmente, inserta el discurso en el ámbito del lenguaje coloquial, contribuyendo a la creación de un realismo (§ 4.5) que se basa en la reacción a los eventos de manera 'espontánea' (Price 2015: 58, cit. en Bednarek 2019: 43)[66]. También podemos afirmar que es precisamente manifestando emociones a través de su habla "plausible, cotidiana, auténtica" (Kozloff 2000: 47) y eligiendo una determinada conducta lingüística como se construye el personaje Sátur, creando un estilo diferenciador (Díaz Pérez 2012: 173) con el que se revela ante la audiencia.

64 "[. . .] a strict definition of *emotional talk* [includes] all sorts of human behaviour that signal emotion *without* the recourse to linguistic expressions that explicitly denote emotion (*emotion talk*)" (Bednarek 2008: 11).

65 En palabras de Taavitsainen (1999: 219–20, cit. en Culpeper 2001: 190):

> Personal affect [. . .] gives us a picture of the person's behavioural patterns and mental characteristics. It may exhibit more permanent qualities of emotion, with a long term realisation, e.g. love, fondness, sadness or dislike, or more transient and volatile states of mind like anger, or dislike erupting into telling someone off. These outbursts of emotion can be called surge features. [. . .] According to my earlier studies, outbursts of emotion in surge features of personal affect include exclamation, swearing, and pragmatic particles.

66 Anota Baker (2006: 18) que las personas de grupos socialmente desfavorecidos tienden a usar más lenguaje no estándar y palabras tabú que las de grupos más acomodados, por varias razones hipotéticas que tienen que ver con un escaso nivel de escolarización, poca exposición a contextos donde se requiere o usa lenguaje formal, circunstancias de vida más duras y tendencia a utilizar términos que expresan identidad y pertenencia a grupos.

En el mismo sentido, los vínculos de afiliación con esa audiencia se crean a su vez con el uso justamente de los disfemismos y palabras tabú que, junto con las incongruencias y los anacronismos (§ 4.3.2), forma parte de la "explotación de los recursos del lenguaje". La complicidad con el público se crea a través del realismo emocional (§ 2.2.2), que desempeña asimismo una función lúdica al buscar en muchas ocasiones la risa (Díaz Pérez 2012: 242). Se trata de un fenómeno especialmente evidente en la elaboración de expresiones innovadoras (en el subcorpus "Sátur" las locuciones con referencias concretas y las locuciones imaginativas), que apunta a la singularización estilística del personaje y a una voluntad de estilo declaradamente individual (Díaz Pérez 2012: 235).

7.2 Gonzalo y Águila Roja

La presencia de Gonzalo en los guiones de la serie se traduce en 7077 menciones (véase Tab. VI.3) y su subcorpus alcanza las 68 844 palabras, lo cual equivale al 4,6% del corpus completo (véase Tab. VI.5); aunque se trate del personaje que más aparece después de Sátur, hay una considerable diferencia de consistencia entre los dos subcorpus. Águila Roja es el héroe epónimo de la serie y no es otro que el mismo Gonzalo camuflado con una capa con capucha y una máscara; aparece 2496 veces (véase Tab. VI.3) y su subcorpus tiene alrededor de 23 009 palabras, que equivalen al 1,52% del corpus completo (véase Tab. VI.5); ya comentamos (§ 6.2.1) que sale en pantalla de manera relativamente frecuente, pero habla muy poco, ya que es un personaje de acción que esconde su identidad. Como sabe la audiencia, Gonzalo 'interpreta' a Águila Roja, así que podemos conjeturar con cierta facilidad que el personaje de Águila Roja tiene algunos rasgos en común con Gonzalo y otros que le son propios.

A la hora de plantearnos estudiar las primeras cincuenta palabras clave de los dos personajes, utilizando como subcorpus de referencia "Todos menos Gonzalo" y "Todos menos Águila Roja", valoramos la posibilidad de mantener el mismo umbral de frecuencia mínima utilizado para el análisis de Sátur, comprobando las diferencias entre los resultados obtenidos con la fijación de un punto de corte >10 (Tab. VII.6, Tab. VII.8), o bien >1 (Tab. VII.9, Tab. VII.10). En el primer caso, el criterio que ya hemos adoptado en § 7.1 garantiza una dispersión adecuada, aunque parcial, de palabras clave, reduciendo la presencia de palabras utilizadas solo excepcionalmente. Como veremos a continuación, los resultados obtenidos aportan datos acerca de las categorías personales, los estados emocionales y los roles ocupacionales y relacionales de los personajes. Por otro lado, las palabras clave obtenidas fijando un punto de corte >1 reportan, en este caso, resultados completamente distintos y permiten revelar otros aspectos significativos de su caracterización expresiva. Empecemos, pues, con los resultados obtenidos mediante la fijación de un punto de corte >10 (Tab. VII.6) en el subcorpus "Gonzalo":

Tab. VII.6 – Primeras 50 palabras clave del subcorpus "Gonzalo" (>10)

chicos, majo, averiguar, cristina, prepara, divertido, iremos, amable, sátur, quedarte, bala, quédate, alonso, querían, encontraré, leyenda, descansa, siéntate, símbolo, chino, confía, clase, agustín, montignac, hablamos, habías, pensativo, explicación, sufrir, escuela, mariana, aprender, encontramos, sonriendo, serio, hola, pedirte, extrañado, sonríe, caballos, herida, vuelvas, afectado, estés, encuentras, derecho, iré, debemos, necesitas, haberte

Chicos, con un índice de frecuencia relativa de 25,6, es la primera palabra clave contenida en la Tabla VII.6 y remite a la ocupación de Gonzalo, que es maestro, así como *clase*, *escuela*, *aprender*. De las 13 recurrencias de *chicos*, 10 son apelativos y revelan un aspecto de la cotidianidad del personaje, mientras que las demás recurrencias remiten, en general, a la expresión de un sentimiento de protección y atención hacia los más pequeños.

También los nombres propios (*Cristina*, *Sátur*, *Alonso*, *Agustín*, *Mariana*) señalan las principales relaciones del personaje. Cristina es la mujer del maestro, que es asesinada al comienzo de la serie; de hecho, el uso en vocativo de su nombre solo se da en el primer episodio y en escenas de este que a veces reaparecen en alguna ensoñación de Gonzalo en episodios posteriores. También la frecuencia de *Agustín* y

Mariana se condensa en momentos señalados, como podemos comprobar en los Gráficos VII.1 y VII.2. El ítem *mariana* (con 22 recurrencias) solo se encuentra en algunos episodios, ya que efectivamente se trata de un personaje secundario que aparece en una de las numerosas aventuras del héroe (§ 3.2.3).

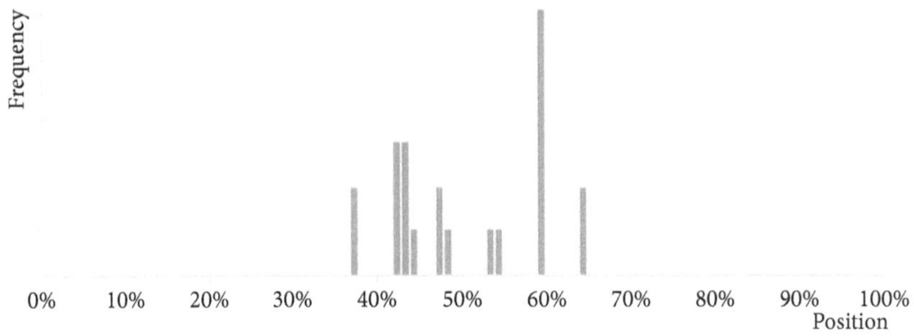

Gráfico VII.1 – *Dispersión del ítem* mariana

En cambio, el ítem *agustín* (con 34 recurrencias) tiene una dispersión más amplia; la aparición de este personaje y su relación directa con Gonzalo se limita a algunos episodios, ya que el misterioso fraile también es asesinado, pero Agustín desempeña un papel fundamental en la búsqueda que Gonzalo lleva a cabo para descubrir sus orígenes y, por ello, se evoca repetidamente en los diálogos del héroe.

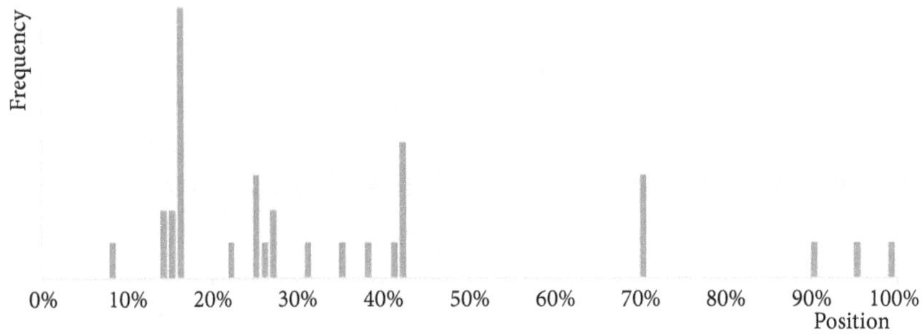

Gráfico VII.2 – *Dispersión del ítem* agustín

De manera absoluta, en el subcorpus "Gonzalo" *Sátur* aparece 938 veces y *Alonso* tiene 397 recurrencias; el criado es el único que conoce su identidad secreta, mientras que el hijo (palabra que aparece con 339 recurrencias en el subcorpus) es naturalmente objeto de su cariño. De hecho, comprobamos, a través de una búsqueda de concordancias, que Gonzalo incluye en su *familia* no solo a Alonso y a Cristina, sino también a Sátur; por otro lado, la palabra misma *familia* puede aludir a la misteriosa familia de origen que descubrirá solo en los últimos episodios. La palabra clave *sufrir*, con 11 recurrencias, aparece ocho veces; de estas, cinco recurrencias hacen referencia a las aflicciones experimentadas y sobre todo causadas en el entorno familiar.

(21) Nunca conseguiré que sufran tanto como lo que hicieron **sufrir** a mi madre.

(22) Margarita no se merece lo que le hemos hecho **sufrir**.

(23) Perdón por cada momento que te he hecho **sufrir** ... Perdón por no haber estado cuando más me necesitabas... Perdón por haber esperado tanto...

(24) Siento haber hecho **sufrir** a la gente, Sátur.

(25) Siento haberte hecho **sufrir** ... Lo siento de veras.

La cuñada Margarita (aunque no es una palabra clave, este nombre tiene 197 recurrencias y es el nombre propio con frecuencia más alta después del nombre del hijo Alonso) logrará entrar en el núcleo originario de la familia casándose, en el final feliz de la serie, con Gonzalo y cumpliendo su sueño de amor. Con todo, la motivación real del héroe-buscador (Propp 1991 [1928]: 42) gira alrededor de su madre, representada por el apellido *Montignac* –una de las palabras clave que comparten los subcorpus "Gonzalo" y "Águila Roja"–, que se conecta estrechamente con el verbo *averiguar*, el motor principal de las acciones de Gonzalo/Águila Roja y de la serie misma, manifestado por los verbos en primera persona *encontraré* e *iré*. También podemos afirmar que, por otro lado, *Montignac*, junto con *bala*, *símbolo*, *querían* y *herida* se relaciona con el tema de las vivencias de Gonzalo/Águila Roja –y atañe al ámbito de la *aboutness*–.

La presencia de verbos en segunda persona del singular y primera del plural, así como la presencia del pronombre personal *te* (*prepara*, *iremos*, *quedarte*, *quédate*, *descansa*, *siéntate*, *confía*, *hablamos*, *habías*, *encontramos*, *pedirte*, *vuelvas*, *estés*, *encuentras*, *debemos*, *necesitas, haberte*) y el saludo *hola* nos remite señaladamente al trato privilegiado con los familiares (el criado y compañero de aventuras Sátur, el hijo Alonso y la cuñada Margarita). Asimismo, el tuteo es significativo del tratamiento igualitario que caracteriza las relaciones de Gonzalo con los demás personajes, especialmente dentro de los usos lingüísticos del siglo XVII, aun con los evidentes límites de una serie que no tiene pretensiones filológicas (§ 3.2.4), como en el ejemplo siguiente:

> GONZALO está de pie en un salón, frente a la MARQUESA de pie, junto a ella NUÑO. En la sala hay un PINTOR VELAZQUIANO que está realizando un retrato de la familia.
>
> **GONZALO**
>
> Hola, Lucrecia.
>
> **MARQUESA**
>
> *(Molesta. Sigue posando)* Esto empieza mal. Debéis saber que mandé azotar al último criado que me tuteó.
>
> **GONZALO**
>
> Soy Gonzalo.
>
> La MARQUESA vuelve la cara. Al ver a GONZALO se le cae la copa de la impresión.
>
> (*Águila Roja*, 1)

Las palabras clave *encontraré* e *iré* son representativas de las acciones de Gonzalo y asimismo de las acciones futuras con una orientación volitiva enmarcada en la misión de averiguar la causa del asesinato de su mujer y sus propios orígenes familiares.

Si la familia, en sentido amplio, es evidentemente un ámbito emocionalmente relevante para Gonzalo, su otra 'cara', la de su oficio de maestro, está representada por las palabras clave que ya hemos comentado: *chicos*, *clase*, *escuela*, *aprender*. En cualquier situación, Gonzalo mantiene una fuerte personalidad caracterizada por sus amplios conocimientos (por ejemplo, sabe *chino*) y por su ideología progresista, que expresa rotundamente, dando información explícita sobre sí mismo (véase § 5.4). La palabra clave *derecho* es significativa de la crítica al poder autoritario que hace Gonzalo cuando se refiere a la facultad para llevar a cabo legítimamente todo lo que conduce a alcanzar los fines de su vida (26), o bien cuando apodícticamente propugna la desaparición o atenuación de las diferencias sociales (27), (28), (29)[67]:

(26) Llevo toda mi vida dedicado a luchar por los demás. Creo que me he ganado el **derecho** a solucionar mis problemas.

(27) Ser noble no te da **derecho** a ser insolente...

(28) La libertad debería ser un **derecho** para todos.

(29) Nadie te prohíbe que pienses así, pero todo el mundo debería tener **derecho** a decidir sobre quién quiere que le gobierne.

Por otra parte, *leyenda* y *explicación* son palabras clave que desvelan el lado 'ilustrado' de Gonzalo, quien rehúye de los relatos deformados por la fantasía y cree en el predominio de la razón humana, no obstante las inusitadas aventuras en las que está involucrado.

Entre las palabras clave de Gonzalo se encuentran algunos ítems que no aparecen en el discurso del personaje, sino en las acotaciones que a él se refieren y que están relacionados con estados emocionales: se trata principalmente de los adjetivos *majo*, *divertido*, *amable*, *pensativo*, *serio*, *extrañado*, *afectado*, que indicamos en cursiva en la Tabla VII.9.

Señalamos la presencia del lema *sonreír*, que suma 123 recurrencias, de las que 119 se hallan en las acotaciones (*sonríe* con 100 recurrencias, *sonriendo* con 19). La herramienta de Concordancias, considerando un intervalo cotextual solo de una palabra a la izquierda y una a la derecha, a causa de la mínima extensión de las acotaciones, nos ha permitido elaborar la Tabla VII.7, en la que reunimos las preferencias colocacionales del lema *sonreír* en las acotaciones.

67 Esta posición es respaldada y explicitada más claramente por Águila Roja, aunque para este personaje no se trata de una palabra clave (ej. "Una persona no puede regir la vida de los demás solo por derecho divino. No creo en la monarquía y nunca creeré" o "El pueblo debe tener libertad. Derecho a decidir").

Tab. VII.7 – Preferencias colocacionales del lema *sonreír* en las acotaciones del subcorpus "Gonzalo"

medio	4
niega	2
agrio	1
amable	1
amigo	1
asiente	1
con intención	1
contento	1
irónico	1
tranquilizador	1

La presencia del lema *sonreír* como palabra clave llama la atención en cuanto se trata de una instrucción de las acotaciones que se refiere a un comportamiento no verbal (Bednarek 2010: 143–144) y que se relaciona con emociones a veces distantes entre sí. La expresión facial sonriente puede emplearse para expresar diversos grados (*medio sonríe, medio sonriendo*) de placer, alegría y felicidad (por ejemplo, *sonríe amable, sonríe contento*), pero también se pueden utilizar para enmascarar otras emociones (por ejemplo, *sonríe agrio*); solo en pocos casos las emociones se hallan explícitas en las acotaciones, y la única forma de dar con ellas es a través del análisis de concordancias. Así y todo, la sonrisa de Gonzalo es evidentemente un rasgo que lo caracteriza y que marca su relación especialmente con los personajes que forman parte de su entorno más próximo y familiar: de hecho, Gonzalo sonríe cuando se dirige a Sátur (54 recurrencias), frecuentemente por la ingenuidad o por el donaire del criado, mientras que las sonrisas a Margarita (21) y a Alonso (12) revelan especialmente cariño o amor. Finalmente, *sonreír* se contrapone con otra palabra clave que se halla en las acotaciones, *serio*, que suma 100 recurrencias. La 'seriedad' de Gonzalo se revela cuando el héroe se enfrenta a algún problema y es una señal de su concentración y ahínco en la búsqueda de la verdad, así como de su capacidad y autoridad en la resolución de problemas, como podemos comprobar también observando las combinaciones incluidas en la Tabla VII.8. Por eso, consideramos que, en el caso de Gonzalo, es correcto situar *serio* en la categoría del PODER, en lugar de en otras posibles, como la INFELICIDAD o la IMPASIBILIDAD (Tab. VII.9).

Tab. VII.8 – Preferencias colocacionales de la palabra *serio* en las acotaciones del subcorpus "Gonzalo"

muy	20
niega	6
asiente	2
mira	2
lee	1
pero no seco	1
y grave	1
sin gritar	1
e imperativo	1

Los estados emocionales expresados con adjetivos en las acotaciones del subcorpus "Gonzalo" se han reunido en la Tabla VII.9, teniendo en cuenta su contexto de uso[68]; indicamos en cursiva los adjetivos que también son palabras clave (*majo*, *divertido*, *amable*, *pensativo*, *serio*, *extrañado*, *afectado, simpático*) y en las notas añadimos otras referencias a estados emocionales que corroboran la significación de algunos calificativos. *Majo*, *divertido* y *amable*, junto con *simpático*, remiten a la agradabilidad en el trato, que clasificamos en la zona de la SEGURIDAD al lado de *decidido*, ya que Gonzalo se relaciona de manera complaciente con los demás personajes especialmente cuando está tranquilo y seguro de sí mismo.

68 También en este caso, partimos del subcorpus "Gonzalo", aislando todos los elementos situados entre paréntesis, y utilizamos una búsqueda de concordancias.

Tab. VII.9 – Clasificación de los adjetivos contenidos en las acotaciones referidas a Gonzalo. Van en cursiva los adjetivos que son palabra clave

AFECTO	
DESEO	NO DESEO
--	--
FELICIDAD	INFELICIDAD
feliz (3) contento (3)	afectado (11) culpable (7) desesperado (5) triste[a] (5) tocado (5)
SEGURIDAD	INSEGURIDAD
amable (17) decidido (15) *majo* (16) *divertido* (10) simpático (6)	preocupado (54) tenso (37) pensativo (13) nervioso (10)
SATISFACCIÓN	INSATISFACCIÓN
satisfecho (2)	enfadado (12) furioso (8) cabreado (6) rabioso[b] (7)
SORPRESA	IMPASIBILIDAD
extrañado (36) sorprendido (26)	grave (35)
EMOTIVIDAD	
SENSIBILIDAD	INDIFERENCIA
impactado (9) emocionado (9)	seco (14) duro (13)
EXPECTATIVA	
ESPERANZA	DECEPCIÓN
--	--
PODER	
PODER	DEBILIDAD
serio (100) tajante (9) imperativo (1)	--

a También: "le cuesta" (11 recurrencias).

b También: "con rabia" (7 recurrencias).

Las agrupaciones de la Tabla VII.9 nos revelan que las emociones atribuidas a Gonzalo se sitúan de manera predominante en las categorías de la INFELICIDAD, de la INSATISFACCIÓN y también de la INSEGURIDAD, aunque este rasgo se compensa con la SEGURIDAD del héroe, así como con la IMPASIBILIDAD. También el PODER –fundamentalmente como padre y como maestro, aunque su autoridad va creciendo conforme se descubren sus orígenes– es un rasgo constitutivo de la identidad expresiva de Gonzalo, así como la exhibición de cierta INDIFERENCIA, aunque esta va mermada por el afloramiento de su SENSIBILIDAD. Esta exploración nos confirma que a nivel emotivo el motor de las acciones del personaje es básicamente su INFELICIDAD – también evidente en ciertas contraposiciones emotivas –, además de la SORPRESA ante los asombrosos percances que la vida le depara. Finalmente, advertimos que el hecho de que ocho adjetivos referidos a Gonzalo en las acotaciones sean palabras clave también denota la necesidad que los guionistas tienen de glosar con cierta exactitud el diálogo para definir las emociones del personaje; esto se debe al hecho de que Gonzalo está caracterizado como poco hablador, al contrario que Sátur (de hecho, en la Tabla VII.5 podemos comprobar que solo un adjetivo es palabra clave, *agobiado*). Dicho de otra manera, Sátur expresa sus emociones a través de su discurso, mientras que la manifestación de las emociones de Gonzalo se expresa menos en sus palabras y más en su gesto.

Al observar las palabras clave obtenidas fijando un punto de corte >1 (Tab. VII.10), tenemos la oportunidad de comprobar que los resultados, por un lado, efectivamente están relacionados con episodios específicos (como es evidente por su dispersión) y atañen específicamente a la *aboutness* y no al carácter del personaje. Por otro, la acumulación de léxico chino (en ideogramas o, en las acotaciones, con su pronunciación y traducción) y también la presencia de palabras en latín nos devuelve uno de los aspectos más significativos de la personalidad de Gonzalo, a saber, la sabiduría que ha obtenido con sus estudios y sus viajes antes de construir su familia y dedicarse a la enseñanza.

Tab. VII.10 – Primeras 50 palabras clave del subcorpus "Gonzalo" (>1)

traducción, pronunciación, sepamos, recluso, zhù, wǒmen, wǒ, unidos, tā, toribio, sufrió, respecta, racional, puntero, nǐ, naufragó, micaela, marcharemos, escudillas, escaparemos, desconfiar, corréis, confucio, celebre, bú, ajusticiaron, simpático, sidonia, chicos, 相信我, 抓住绳子, árabes, zài, zhuā, xìn, xiāng, vistiéndote, visión, viajaba, venirte, usaron, ubican, tranquiliza, temple, sádico, sàdùěr, sunt, sujétale

Pasando al *alter ego* de Gonzalo, Águila Roja, tomamos en consideración las primeras 50 palabras clave de este personaje con frecuencia superior a 10 recurrencias, obtenidas utilizando como subcorpus de referencia "Todos menos Águila Roja" (Tab. VII.11).

Tab. VII.11 – Primeras 50 palabras clave del subcorpus "Águila Roja" (>10)

huellas, montignac, laura, sátur, muevas, sucesor, recuerda, inocente, corre, salvo, agustín, rápido, lugar, chica, capitán, hablas, quizá, río, ayúdame, peligro, señalando, forma, ellos, significa, resto, tenso, debes, sabemos, manera, cerca, asesino, única, habla, encontrar, necesito, buscando, dentro, cuidado, vámonos, persona, daño, alguna, debo, tranquilo, hacerlo, volver, perder, niega, sobre, niños

Podemos reconducir las palabras clave de Águila Roja a algunos ámbitos específicos, entre los cuales el más consistente desde un punto de vista numérico es el que gira alrededor de la actividad principal del héroe, es decir, la misión de vengar la muerte de su mujer, encontrar sus orígenes[69] y, de paso, ayudar a los necesitados. Incluimos palabras como *huellas, montignac, laura, sucesor, salvo, agustín, lugar, chica, capitán, río, peligro, ellos, significa, cerca, asesino, habla, encontrar, persona, ellos, niños.* Otras palabras clave (*quizá*, *forma*, *manera*, *única*, *necesito*, *buscando*, *dentro*, *alguna*, *debo*, *hacerlo*, *volver*, *sobre*) remiten a las suposiciones en las que basa sus razonamientos (30), en los diálogos que mantiene con los demás personajes, también acerca de los hechos incluidos en sus búsquedas (31); más en general, están relacionadas con la función narrativa del diálogo telecinemático (véase § 4.2), especialmente con el anclaje espaciotemporal (32), (33), (34) y para crear conexiones entre eventos y cadenas causales (30), (35), (36), (37), (38), (39):

(30) **Quizá** la gente de esa cabaña haya visto algo, vamos.

(31) **Necesito** que me ayude… Busco información **sobre** una **persona**… Su hermana… Laura de Montignac.

---

69 Efectivamente, Gonzalo escoge la identidad de Águila Roja inicialmente para vengar la muerte de Cristina; cuando descubre que el asesino es el Comisario, Agustín le revela que se trata de su hermano y Gonzalo decide no matarlo. De ahí en adelante, su misión se convierte en investigar sus oscuros orígenes.

(32) **Debo volver** al bosque y **encontrar** al que hizo esto.

(33) Estoy **buscando alguna** corriente de aire, Sátur, **alguna** grieta.

(34) Sátur, tengo que entrar ahí **dentro** a ver si encuentro al bebé.

(35) Ya encontraré otra **manera** de dar con mi madre.

(36) Este es uno de los guardias reales... ¿Dónde está el **resto**?

(37) Es la **única forma** de descubrir qué les ha pasado.

(38) **Debo hacerlo**.

(39) Acabo de **perder** la única pista que tenía para **encontrar** a mi hermano.

Los ejemplos de (30) a (39) también ilustran cómo las palabras clave *debo* (*hacerlo*), *necesito* se hallan en contextos que se sitúan dentro del subsistema de AFECTO en la emoción principal del DESEO, ya que hacen explícito el anhelo de conocer la verdad –desenmascarar al asesino de Cristina, averiguar sus oscuros orígenes– y el ansia de desenredar las intricadas circunstancias en las que se halla envuelto.

Las palabras clave también dan cuenta de la relación con Sátur, que es más exclusiva que la que mantiene Gonzalo, ya que el criado es la única persona que conoce la verdadera identidad de Águila Roja y es el fiel ayudante en sus hazañas. Además de *Sátur* (476 recurrencias como vocativo, más 11 recurrencias en las acotaciones), señalamos los verbos en segunda persona del singular –(*no te*) *muevas, hablas, debes*–, los imperativos (*corre, ayúdame, vamos, ten cuidado* y también la interjección aislada *cuidado*), las primeras personas del plural (*sabemos, vámonos*), que siempre se relacionan con el ámbito de acción del dúo y con las coordenadas espaciotemporales, como podemos apreciar en los ejemplos del (40) al (47):

(40) **Corre**, y recuerda todo lo que te he dicho.

(41) No te **muevas**, puede que haya más trampas.

(42) ¿De qué código **hablas**, Sátur?

(43) ¡**Vamos**, rápido!

(44) ¡**Cuidado**, Sátur!

(45) Ten **cuidado**, Sátur, antes de decir nada a nadie tengo que hablar con Mariana.

(46) No, no **sabemos** nada, Sátur... No sabemos nada porque nada de esto tiene sentido.

(47) Venga, **vámonos** a casa.

La predominancia de palabras clave relacionadas con la función narrativa en el discurso de Águila Roja es coherente con la construcción de un personaje que efectivamente es tan solo una máscara de otro, Gonzalo, un hombre encapuchado y misterioso destinado a crear acciones dramáticas y resolver percances; de ahí también, como ya vimos, que hable poco en sus frecuentes apariciones como héroe epónimo de la serie (§ 6.2.1). Las palabras clave de las acotaciones indican la importancia de los movimientos (*señalando*) y gestos (*niega*) y solo sobresalen en la caracterización expresiva del personaje dos emociones fundamentales (*tenso* y *tranquilo*), que pertenecen a la categoría de SEGURIDAD/INSEGURIDAD. Por otro lado, en este personaje encontramos de manera explícita la dimensión emocional del DESEO: como si, a través de su identidad secreta, el maestro Gonzalo expresara en su discurso el afán de revancha y la ilusión de descubrir la verdad que perturban su vida aparentemente mansa y, a veces, resignada.

Otras palabras clave nos brindan una visión de la manera de actuar de Águila Roja, quien obedece a un imperativo moral –algo que ideológicamente lo distingue de las tendencias de su época– y nunca es sangriento de manera gratuita (48), (49), (50):

(48) Tranquilos... No voy a **hacer daño** a nadie.

(49) Nunca he matado a un **inocente**... No puedo hacerlo ahora.

(50) Yo ayudo a la gente porque creo que **debo** hacerlo, nada más.

Consideremos, finalmente, las primeras cincuenta palabras clave del subcorpus "Águila Roja" obtenidas fijando un punto de corte >1 (Tab. VII.12):

Tab. VII.12 – Primeras 50 palabras clave del subcorpus "Águila Roja" (>1)

grifo, tomarían, surco, semper, respires, rescatamos, movetur, mitológico, hábleme, fidelis, fabricó, espuela, envenenando, dormidas, deteneos, dedico, decapitan, constelaciones, conducto, calcinado, bebas, bajemos, andrés, alumbra, afluente, abastece, terreno, templario, tapándole, impune, fémur, foso, abrirla, clave, átamelo, átalo, zarandeándole, xv, volaron, vivieron, vinci, vilo, viae, venenoso, venderlas, vena, valemos, vaciaban, utilizarlos

La tabla nos devuelve, como en el caso del subcorpus "Gonzalo", construido con el mismo criterio (Tab. VII.11), una serie de resultados relacionados con la *aboutness* de las andanzas del héroe (*grifo, surco, espuela, envenenando, átalo, terreno, templario, venenoso*...), así como un retrato de su sabiduría a través de léxico más o menos especializado (*constelaciones, afluente, fémur*), del conocimiento del latín (*semper, movetur, fidelis, viae*) (51), de la historia (*xv, vinci*) (52) o de nociones científicas a modo de médico forense *avant la lettre* (53):

(51) "Omne quod **movetur** ab alio **movetur**".

(52) Ya en el siglo **XV**, Leonardo Da **Vinci** quiso construir algo parecido.

(53) Por el tamaño, parece el **fémur** de una mujer, joven... Más o menos de tu altura.

Los resultados obtenidos a través del análisis que llevamos a cabo permiten afirmar que Gonzalo y Águila Roja comparten el móvil primario de sus acciones: primero la búsqueda de los asesinos de Cristina (*agustín* como palabra clave compartida, el fraile que sabe quién es el culpable) y luego el rastreo de sus orígenes (otra vez *agustín* y *montignac*), que le llevarán a descubrir su nacimiento real. También coinciden en mantener una relación muy estrecha con su criado (*sátur* como palabra clave compartida) y en revelar cierta erudición a través de su discurso. Águila Roja es, evidentemente, un personaje mucho más 'plano' con respecto a Gonzalo, ya que es un héroe disfrazado y poco hablador, un *alter ego* audaz y valiente del maestro cuerdo y pacífico, que no se describe a través de sus emociones, sino mediante su fisicidad; podríamos afirmar que Águila Roja se expresa traduciendo en acciones las emociones que comparte con Gonzalo. Este, por su lado, no solo es maestro, sino también amo de Sátur, marido de Cristina, enamorado de Margarita, padre de Alonso, amigo de la Marquesa, enemigo del Comisario... La serie de relaciones más o menos estrechas que mantiene, pues, contribuyen a la construcción de una identidad expresiva emocional estable y al mismo tiempo variada (Bednarek 2010: 135)[70].

70 Las presentaciones de Gonzalo y de Águila Roja en la 'biblia' corroboran estos resultados, al reservar al segundo un retrato que abarca principalmente su cultura y sus características físicas y al primero una trayectoria vital que motiva su expresividad emocional:

7.3 Catalina, la Marquesa y Margarita

Partiendo de la Tabla VI.3 y de la Tabla VI.5, podemos comprobar que el personaje de la Marquesa, Lucrecia, se menciona en los guiones de *Águila Roja* 5432 veces y su subcorpus cuenta con unas 60 744 palabras, que equivalen al 4% del corpus completo. El subcorpus "Catalina" consta de aproximadamente 46 372 palabras, que equivalen al 3,1% del corpus completo, y el subcorpus "Margarita" 34 586 palabras, es decir, el 2,3% del corpus completo; respectivamente, los personajes se mencionan 3422 y 3262 veces.

> ÁGUILA ROJA (Un espadachín oriental). Hace años Gonzalo estuvo en una expedición viajando por China y Japón. Allí se impregnó de la cultura oriental y la filosofía budista. También estuvo en contacto con guerreros samurái y ninja de los que aprendió sus técnicas de lucha. Así, Águila Roja no es un espadachín a la usanza del siglo XVII en España sino que, muy adelantado a su época, usa técnicas de lucha en las que mente y cuerpo son uno.
> Su adiestramiento es casero como el de los monjes shaolín, aprovechando utensilios de uso doméstico: cubos de agua, cuerdas, sacos de arena para fortalecer sus reflejos y sus músculos. Sus fuertes son la agilidad, rapidez de movimientos, lucha cuerpo a cuerpo y uso de armas blancas de origen oriental como el gun, el tetsubishi, shurikens, etc.. . .

Por otro lado, la representación de Gonzalo resalta no solo sus andanzas, sino también sus características anímicas y las emociones que lo empujan a la acción:

> GONZALO MONTALVO "Águila Roja". 25–30 años. Atractivo, atlético, guapo. Debido a un duelo amoroso se vio obligado a huir de la ciudad y convertirse en pirata, mercenario, aventurero, atravesando los nuevos mundos y tomando contacto con diferentes y variadas culturas. Con demasiadas muertes en la conciencia regresa y se casa con Cristina, que le ofrece una tranquila y plácida vida sin sangre. Tras dejar las armas, decidió dedicarse a la enseñanza, fundando una pequeña escuela de barrio. Culto, adelantado para su tiempo, terco, obstinado y sobre todo buen padre. Tiene un hijo al que adora: Alonso. Gonzalo está locamente enamorado de Cristina, su mujer (una chica dulce y cariñosa) pero todo se trunca cuando ésta muere involucrada en una oscura trama en la que está implicado el Comisario. Tras la muerte de su mujer, decide vengarla y se convierte en un justiciero que lucha en defensa de los más desfavorecidos. Sobre todo los que se encuentran bajo el yugo del malévolo comisario Hernán Mejías. Así, Gonzalo tendrá una doble identidad: maestro de día, héroe de noche. Referente: D'Artagnan, El Zorro, Batman, etc.. . .

Una reflexión que parte de la agrupación y comparación de los personajes femeninos principales responde a la aspiración de evaluar la construcción de identidades percibidas de manera relativamente automática en contraposición con el universo masculino de referencia, en el contexto de una serie que no subvierte las reglas de género. Acomunadas por su sexo, estos personajes se distinguen por su clase social, aunque sabemos que la Marquesa es una plebeya que ha adquirido el título a través de su matrimonio. Sus categorías personales están vinculadas y, en parte, determinadas por sus roles ocupacionales y por las relaciones que mantienen con su entorno; las tres tienen un estrecho vínculo y aparecen a menudo en las mismas escenas, ya que Catalina es el ama de llaves de la Marquesa y, a partir del quinto episodio, Margarita (quien, como Gonzalo, conoce a la Marquesa desde la infancia y es amiga de Catalina) trabaja en el palacio como costurera.

Partimos, pues, de las palabras clave de los tres personajes para una primera aproximación a su universo expresivo, que hemos establecido utilizando como subcorpus de referencia los subcorpus construidos con el discurso de todos los demás personajes menos el del personaje en cuestión. En los tres casos, optamos por mantener la fijación de un punto de corte >10, que asegura una dispersión adecuada y reduce la presencia de *hápax*, aportando los principales datos acerca de los ámbitos que, como ya vimos, consideramos más relevantes para caracterizar expresivamente a los personajes: las categorías personales, los estados emocionales y los roles ocupacionales y relacionales[71].

Tab. VII.13 – Primeras 50 palabras clave del subcorpus "Marquesa" (>10)

furiosa, hernán, rabiosa, tensa, estúpida, alterada, enfadada, retírate, desesperada, seca, preparen, soledad, rafael, rota, atónita, seria, perfecta, maldito, llaves, inmediatamente, áfrica, molesta, criadita, atreves, criada, tierras, amante, salón, idiota, darte, cochero, inquisidor, querido, avisa, catalina, dura, aposentos, asustada, jardín, nerviosa, instante, esposo, nuño, mires, serás, hacerme, invitados, escúchame, amiga, collar

71 En estos y en los siguientes casos, hemos explorado la posibilidad de fijar distintos puntos de corte, pero nos percatábamos de que no permitían revelar aspectos significativos de la caracterización, a diferencia de lo que habíamos observado en el caso de Gonzalo y Águila Roja. El mantenimiento del mismo umbral, además, permite garantizar cierta homogeneidad en el tratamiento analítico de los personajes a lo largo de nuestro estudio.

Las palabras clave de la Marquesa (Tab. VII.13) pueden dividirse en varios ámbitos. El primero incluye una consistente serie de adjetivos en femenino que se hallan en las acotaciones y que se refieren a la marquesa misma: *furiosa*, *rabiosa*, *tensa*, *alterada*, *enfadada*, *desesperada*, *seca*, *rota*, *atónita*, *seria*, *molesta*, *dura*, *asustada*, *nerviosa*[72]. Si clasificamos los adjetivos que describen las emociones de Lucrecia según las categorías de AFECTO es evidente que en su mayoría se trata de ejemplos negativos situados, por un lado, en la INFELICIDAD (*desesperada*, *rota*), la INSEGURIDAD (*tensa*, *nerviosa*) y la SORPRESA (*asustada, atónita*); por otro lado, observamos la INSATISFACCIÓN (*furiosa*, *rabiosa*, *alterada*, *enfadada*, *molesta*) y la INDIFERENCIA (*seca*, *seria, dura*). Estas dos últimas categorías se entretejen con la del PODER, por ser la insatisfacción una emoción estrictamente relacionada con algún menoscabo sufrido por la Marquesa en sus pretensiones y por corresponderse la IMPASIBILIDAD con la frialdad con la que imparte órdenes. De hecho, llama la atención la presencia entre las palabras clave de verbos que indican mandatos y prohibiciones, un segundo ámbito bien delimitado: *retírate*, *preparen*, *avisa*, (*no me*) *mires*, *escúchame*, *serás*. El adverbio *inmediatamente* se combina con actos directivos en 37 de 38 recurrencias (solo en un caso el sujeto que ordena no es la Marquesa), como se puede apreciar en la Tabla VII.14.

---

72 Otros adjetivos del mismo tipo son *estúpida* y *perfecta*, que Lucrecia utiliza respectivamente solo una vez aludiendo a sí misma, en negativo ("No soy estúpida"), y en dos casos (por ejemplo: "Estoy intentando portarme como una perfecta esposa"), mientras que el resto de las otras diez recurrencias están relacionadas con otros sustantivos (por ejemplo: "La lectura es la excusa perfecta").

Tab. VII.14 – Concordancias de *inmediatamente* en el subcorpus "Marquesa"

¡Exijo ver **inmediatamente** al maestro!
¡Que pase **inmediatamente**!
¡Que preparen mi carruaje **inmediatamente**!
¡Abridme **inmediatamente**!
Te cortaré las piernas de cuajo si no empiezas a hablar **inmediatamente**.
Llama a tus padres y diles que quiero verles **inmediatamente**.
En cuanto llegue me avisas... Y dile a mi hijo que venga **inmediatamente** a desayunar...
Da orden de que me preparen el carruaje... Tengo que salir **inmediatamente**...
Vete **inmediatamente** a casa.
Decidle que venga **inmediatamente**.
Que venga el forjador... Que ponga unas rejas en esa ventana... ¡**inmediatamente**!
Catalina, ordena que preparen **inmediatamente** un carruaje y viste a mi hijo... Nos vamos.
Vamos, bájenlo **inmediatamente**... Él se queda aquí.
¡Que preparen la carroza **inmediatamente**!
Tu abuela quiere verte **inmediatamente**.
Avisa a Teodoro... Dile que necesito que lleve esto a la Reina **inmediatamente**.
Catalina, haz llegar esta invitación a Gonzalo **inmediatamente**
¡Vete **inmediatamente**!
Mandaré cambiar **inmediatamente** las sábanas...
Que suba a mi alcoba **inmediatamente**.
¡Subid **inmediatamente** a empaquetar mi ropa!
Que se la repongan **inmediatamente**.
Pues da con ello y soluciónalo **inmediatamente**.
La que tenía acaba de fallecer la pobrecilla e **inmediatamente** he pensado en Margarita...
Y ve a lavarte las manos **inmediatamente**, que tienes que cenar.
Avisa a Roncero... Dile que le necesito **inmediatamente**.
Saldréis de aquí **inmediatamente** y jamás volveréis a pisar este palacio.
La dejas allí y vuelves a palacio **inmediatamente**.
¡Tengo que salir **inmediatamente**!
Manda buscar **inmediatamente** al barquero del puente de Santa Ana.
Que entre **inmediatamente** el vidriero.
¡Quiero a todos los jefes del servicio reunidos en la cocina **inmediatamente**!
¡Que pase **inmediatamente**!
Que venga el Duque **inmediatamente**, quiero hablar con él.
Que el mensajero se lo lleve al Duque de Bercero **inmediatamente**.
Que preparen mi carruaje, Catalina. **Inmediatamente**.
Abra esa puerta **inmediatamente**.
Avisadme **inmediatamente** en cuanto llegue el Comisario.

Entre los destinatarios de los actos directivos de Lucrecia encontramos a los principales personajes con los que tiene trato, que también aparecen entre las palabras clave: *Hernán*, alias el Comisario, con el que cultiva una complicada relación amorosa; *Catalina*, la criada, y *Nuño*, el hijo[73]. Los tumultuosos tratos que la Marquesa mantiene con los hombres se basan en el poder y en el sexo, esferas a las que nos remiten las palabras clave *maldito*, *amante*, *idiota*, *querido* y *esposo*. También *amiga* recae en este ámbito cuando es un eufemismo por *amante* (4 recurrencias de 15), mientras que en los demás casos evidencia los lazos que unen a Lucrecia con otras damas que aparecen como personajes secundarios en varios episodios. El espacio de la Marquesa está delimitado primariamente por sus posesiones (*llaves, tierras, aposentos, jardín, invitados, salón*) y las personas que las gestionan (*catalina, soledad, criadita, criada, cochero*). Su autoridad depende de la posición social que ha adquirido por su belleza y por su ostentada desenvoltura sexual, que le permite, por ejemplo, ser pareja del Comisario y una de las amantes del Rey. El PODER como rasgo constitutivo de la identidad expresiva del personaje se manifiesta también en la palabra clave *atreves*, que siempre se encuentra en la exclamación "¡¿Cómo te atreves?!", y señaladamente en la repetición de pautas léxicas y sintácticas que podemos apreciar por medio de la búsqueda de ngramas clave suficientemente amplios, según se recogen en la Tabla VII.15.

73 También aparece otro nombre, *Rafael*, pero las apariciones de esta palabra clave se dan solo en el capítulo 54, cuando Lucrecia parece estar a punto de casarse con este torero "joven, guapo, moreno, entre los 30–40 años, atractivo, de sonrisa seductora", como reza una nota a pie de página en el guion; de ahí que consideremos este dato como perteneciente a un contexto específico de una de las aventuras amorosas de la marquesa. Otras palabras clave relacionadas con la *aboutness* y circunscritas a uno o pocos episodios son *áfrica* y sus *tierras, collar, inquisidor, soledad* (se trata del nombre propio de una criada que en algunos capítulos sustituye a Catalina).

Tab. VII.15 – 5/6 gramas clave en el subcorpus "Marquesa"

no voy a permitir que	9
te he dicho que no	8
soy la marquesa de santillana	8
ya te he dicho que	5
se puede saber por qué	5
que sea la última vez	5
no sé de qué me	5
lo que te he dicho	5
el comisario de la villa	5

A través de estos patrones se aprecia cómo la autoridad y el poder que ejerce Lucrecia se expresan por medio de oraciones tajantes y perentorias, que resultan ser propias de su presentación lingüística distintiva (Culpeper/Fernández Quintanilla 2017: 108) y crean su prosodia discursiva. La presentación "soy la Marquesa de Santillana" proporciona no solo una información objetiva, sino que es un acto de autoafirmación y ejercicio de su poder, como podemos ver en los ejemplos del (54) al (61), correspondientes a las concordancias del ngrama en cuestión:

(54) He perdido toda la mañana para venir al Palacio Real… ¿Le has dicho que **soy la Marquesa de Santillana**?

(55) ¡**Soy la Marquesa de Santillana**! ¡Nadie me ensombrece!

(56) ¡Por favor, ayuda! ¡**Soy la Marquesa de Santillana**!

(57) ¡**Soy la Marquesa de Santillana** y merezco un respeto!

(58) ¡Vais a pagar por esto! ¡No soy quien creéis! ¡**Soy la marquesa de Santillana**!

(59) ¡¡Suélteme ahora mismo, no voy a responderle nada!! **Soy la marquesa de Santillana**.

(60) ¡¡**Soy la Marquesa de Santillana**!! ¡¡Soy intocable!!

(61) **Soy la Marquesa de Santillana**, amiga personal de su Majestad Felipe IV… Yo sí lo haré.

Con el 5-grama "el comisario de la villa" –así como con el 4-grama "comisario de la villa"–, Lucrecia presenta a su pareja con la misma estrategia de proclamación orgullosa de una designación que otorga privilegio y dominio sobre los demás, según comprobamos en los ejemplos del (62) al (73):

(62) ¡¿Y qué más da?! ¡Es **el Comisario de la Villa**!

(63) Aquí vienen muchos hombres casados, igual se está usted equivocando de lupanar. Es **el Comisario de la Villa**.

(64) Majestad, le presento al **Comisario de la Villa**.

(65) **El Comisario de la Villa** vive en esta casa... Estará a punto de llegar, así que más os vale coger lo que queráis y marcharos si no queréis acabar muertos.

(66) Señor Duque, pero qué sorpresa tan agradable, le presento a Hernán Mejías, **Comisario de la villa**.

(67) Vuelves a ser **el comisario de la villa**.

(68) Me complace invitarles al enlace matrimonial entre Hernán Mejías, **Comisario de la Villa** ...

(69) Te presento a Hernán Mejías, **Comisario de la Villa**.

(70) Le presento al **Comisario de la Villa**, Hernán Mejías.

(71) Las rosas me encantan, pero esperaba de usted algo... no sé, más generoso... Como anular la pena del ex **Comisario de la Villa**.

(72) Necesito que salves a Hernán Mejías... Él fue... Fue **comisario de la Villa**.

(73) Era **el Comisario de la Villa**, infundía respeto...

Otra expresión distintiva es la que la Marquesa utiliza para afirmar su autonomía y capacidad de toma de decisiones, patente por ostentar una cuarta parte de las recurrencias de la palabra clave *darte* (5 de 20) que se coloca junto a 'explicaciones', en los ejemplos del (74) al (78):

(74) ¿Desde cuándo tengo que **darte explicaciones**, Catalina?

(75) Ah, ¿que ahora tengo que **darte explicaciones** de mis movimientos?

(76) Ya hemos tenido esta conversación muchas veces, hijo, no tengo que **darte explicaciones** de nada de lo que haga en mi vida.

(77) De otros tiempos, pero guárdate ese tono... No tengo por qué **darte explicaciones**...

(78) A ver si ahora voy a tener que **darte explicaciones** a ti.

Finalmente, la palabra clave *hacerme*, situada en sus contextos específicos, por un lado, confirma la posición de superioridad ocupada por la Marquesa y, por otro, permite enfocar las frecuentes situaciones de apuro y peligro físico y moral en la que el personaje se halla involucrado a lo largo de la serie, según comprobamos en 10 recurrencias de 19 (Tab. VII.16), y el consecuente estado anímico de miedo y dolor que expresan.

Tab. VII.16 – Concordancias de la palabra clave *hacerme* en contextos de INSEGURIDAD

¡No… ¡No puedes **hacerme** esto!
¿¡Qué van a **hacerme**!?
¡¿Qué van a **hacerme**?!
No puedes **hacerme** esto… ¡Tienes que ayudarme!
¡No, no puedes **hacerme** esto!
¡¿Qué vais a **hacerme**?!
¡¡Cómo te atreves a **hacerme** esto!!
¿Qué tienen que **hacerme**?
¿Qué van a **hacerme**?
¿Cómo has podido **hacerme** esto?

En resumen, la Marquesa resulta caracterizada a través de su discurso como un personaje que afirma su dominio sobre los demás (ámbito del PODER), con una autoridad que radica en su título nobiliario y en sus relaciones con personas pudientes (del Comisario al Rey), pero también en su belleza y disponibilidad sexual. Sin embargo, las palabras clave que se hallan en las acotaciones señalan que la vida depara a Lucrecia también situaciones difíciles y sorpresas desagradables, que la sitúan en la esfera de la INFELICIDAD y, como confirman también las concordancias de la Tabla VII.16, de la INSEGURIDAD[74].

Si comparamos las palabras clave que describen a Catalina y a Margarita, en sus respectivas acotaciones, con las de la Marquesa (Tab. VII.17), podemos notar que la gama de 'emociones clave' de Lucrecia es más amplia y se extiende precisamente a las que anteriormente

74 La 'biblia' confirma, a grandes rasgos, la búsqueda del poder como móvil de las acciones de la Marquesa, evocando la marquesa de Merteuil cinematográfica como referente por su refinada maldad y sus aventuras de alcoba.

> LUCRECIA "La Marquesa mala". 25–30 años. Noble, muy atractiva. Está viuda y con un hijo (Nuño). Cínica, irónica, ambiciosa, "loba con piel de cordera". Tiene una alianza con el Comisario Hernán Mejías con el que mantiene una ambigua relación de interés. Está enamorada de Gonzalo, un amigo de su niñez, con el que coquetea constantemente. Piensa que es culto y educado y que será el mejor profesor para su hijo. Le acondiciona y reconstruye su vieja escuela convirtiéndose en su protectora. Con Águila Roja mantendrá una extraña relación. Después de que éste le salve la vida una noche, se sentirá brutalmente atraída por él a pesar de ser su enemigo.
> Referente: Glenn Close en las *Amistades Peligrosas.*

hemos señalado como más típicas de su expresividad: *alterada*, *dura*, *enfadada*, *furiosa*, *molesta*, *rabiosa*, etc., que se sitúan en el marco de la INSATISFACCIÓN y de la INDIFERENCIA, marcos vinculados con el ejercicio del PODER. Los adjetivos que son clave únicamente para Catalina son *agobiada* y *atacada* (INSEGURIDAD e INSATISFACCIÓN), mientras que *cortada* y *tranquila* (SORPRESA/IMPASIBILIDAD) se refieren solo a Margarita. Las tres están caracterizadas por el adjetivo *nerviosa*, que se enmarca en el parámetro de INSEGURIDAD, generalmente adscrito a su enfrentamiento respecto a lo acaecido en la ficción.

Tab. VII.17 – Comparación de palabras clave contenidas en las acotaciones de Marquesa, Catalina y Margarita (entre paréntesis se indica la frecuencia absoluta en el subcorpus correspondiente)

Marquesa	Catalina	Margarita
alterada (15)		
	agobiada (18)	
asustada (17)	*asustada* (18)	
	atacada (11)	
atónita (13)		
		cortada (11)
desesperada (33)	*desesperada* (14)	
dura (13)		
enfadada (29)		*enfadada* (10)
	extrañada (20)	*extrañada* (17)
furiosa (27)		
molesta (11)		
nerviosa (31)	*nerviosa* (27)	*nerviosa* (20)
	preocupada (42)	*preocupada* (32)
rabiosa (15)		
rota (14)		
seca (27)		*seca* (15)
seria (38)		*seria* (22)
	sorprendida (15)	*sorprendida* (31)
		tranquila (16)
tensa (48)		

La caracterización de Catalina como ama de llaves que trabaja para la Marquesa es evidente a la hora de tomar en consideración las primeras cincuenta palabras clave del subcorpus (Tab. VII.18).

Tab. VII.18 – Primeras 50 palabras clave del subcorpus "Catalina" (>10)

señorito, martín, señora, atacada, señorita, guapo, marta, nosotras, agobiada, cocinera, floro, condesa, criatura, preocupada, asustada, extrañada, uy, sobrino, poniendo, susto, ay, marquesa, baño, desea, disculpe, murillo, nerviosa, respetos, vergüenza, inquisidor, señor, collar, cipri, anda, duquesa, desesperada, permite, entrado, don, alegría, hija, pobres, pelo, darle, verá, marido, traigo, perdone, trabajar, sorprendida.

En ellas encontramos los sustantivos *señorito*, *señora*, *señorita*, *señor*, con frecuencia utilizados como vocativos de tratamiento formal, con cortesía negativa (Alonso-Cortés 1999: 4038–4041), que se conectan con una mayoría de verbos utilizados con el tratamiento de respeto (*desea*, *disculpe*, *permite*, *verá*, *perdone*, *respetos*, *darle*); una serie de palabras vinculadas al trabajo en el palacio (*cocinera*, *condesa*, *marquesa*, *martín* –el *sobrino* de Catalina que trabaja en la mansión como jardinero–, *marta*, *baño*, *entrado, traigo, trabajar*) y a los personajes que, a lo largo de los episodios, lo frecuentan (*señor*, *duquesa*, *don*); y, por último, otras palabras vinculadas con los contenidos específicos de algún episodio (*inquisidor*, *collar*). Catalina se relaciona principalmente con mujeres (sobre todo con la marquesa y las sirvientas, entre las cuales sobresale la costurera Margarita) –de ahí *nosotras* y *marido* como palabras clave–, pero también con hombres, principalmente de su clase social: con su marido Floro, con su hijo Murillo y con el tabernero Cipri, del que acaba enamorándose cuando Floro desaparece. Pertenece al pueblo llano, el de los *pobres*, como afirma rotundamente, autodefiniéndose, en 10 de 12 recurrencias, en los ejemplos del (79) al (86), y haciendo referencia a los "barrios pobres", donde vive, en (87):

(79) Deja eso, chiquilla… Que **los pobres somos pobres** y la tentación nos tienta…

(80) Nos hemos perdido, sí… ¡Pero es que estos nobles tienen una manía de ocultar las casas!… A más ricos, más las rodean de vegetación, no como **nosotros, los pobres**, que vivimos en medio de la nada, pa que se vea bien lo feas que son nuestras casas…

(81) Menos mal que hay gente como tú Juan, porque si no yo no sé qué sería de **los pobres** …

(82) Usted es muy joven todavía y no lo entiende pero los que nacen ricos, mueren ricos y **los que nacimos pobres, morimos pobres**... Si siguen viéndose, tarde o temprano lo matarán.

(83) **Somos pobres** pero limpios.

(84) La vida de **los pobres** es así.

(85) **Los pobres** no tenemos derecho ni a tener ilusión.

(86) ¿Qué podemos hacer unos **pobres** como nosotros ante un noble?

(87) Con todos los respetos a la señora Marquesa: lo que pasa en los barrios **pobres**, se queda en los barrios **pobres**.

El personaje de Catalina funciona como bisagra entre el mundo de los nobles y el del pueblo llano, bien desde un punto de vista narratológico, ya que trabaja en el palacio, bien a nivel discursivo. De hecho, por un lado, los apelativos y los tratamientos de respeto se insertan en enunciados formales, como vemos en (88) y (89), y en ocasiones rutinarios, correspondientes a situaciones repetidas de su vida laboral; en (90), (91), (92) y (93) manifiestan abierta y pragmáticamente una relación interpersonal encaminada hacia el respeto y la sumisión:

(88) **Señora marquesa**, como tuvo a bien darme permiso, yo esta tarde me voy a la romería, pero no se preocupe, que estaré de vuelta a tiempo de ocuparme de la cena y...

(89) Buenos días, **señora**... La hemos mandado llamar para ponerle en conocimiento de un hecho muy grave... Su hija ha robado una joya de gran valor de esta casa.

(90) ¿Desea algo más **la señora**?

(91) **Señora Marquesa**, su eminencia el Cardenal espera.

(92) Enseguida, **señora**.

(93) Será un placer servirle en lo que podamos, **señor**.

Así y todo, también en estas interacciones aflora cierta informalidad que revela la procedencia popular del personaje. La alternancia de registros permite caracterizar a Catalina a través de la manifestación espontánea de emociones verosímiles y auténticas, en los ejemplos (94), (95), (96) y (97), resultando especialmente llamativa en los enunciados en los que coexiste y contrasta con la formalidad requerida por la situación laboral, como en

(94) y (97). Por otro lado, la dualidad de su vida dividida entre dos mundos tiene cierta correspondencia también en los adjetivos que mejor describen sus emociones con respecto a la Marquesa y a Margarita: *agobiada* y *atacada* (INSEGURIDAD e INSATISFACCIÓN).

(94) Perdone la interrupción, señora Marquesa, pero el señorito Nuño no se quiere vestir... Y entre eso y que la cocinera no ha venido, **tengo un lío que pa' mí se queda**...

(95) Pero, señora, por Dios, ¡¿cómo vamos a dejar aquí a la criatura **con la de peligros que hay**?!

(96) Ahora mismo mi vida **me importa una mierda**, señora ...

(97) Sí, señora, pero permítame... Es que el mozo de cuadra no anda muy centrado últimamente, y **seguro que tiene aquello manga por hombro**.

Aunque, efectivamente, en el ejemplo (96) el elemento de realce sea vulgar, el lenguaje coloquial de Catalina se diferencia señaladamente del de Sátur y también, como veremos, del de Cipri, precisamente por la escasez de disfemismos, los cuales, de hecho, no aparecen entre las palabras clave (ni siquiera entre los resultados obtenidos con la fijación de un punto de corte >1)[75]. Las palabras clave revelan algunos rasgos que caracterizan especialmente el habla de Catalina en las situaciones más familiares y cotidianas, como la presencia de adjetivos cariñosos –*guapo*, en los ejemplos del (98) al (100)–, de repeticiones –en (79), (82) y (87)– y de fórmulas de implicación del interlocutor –*criatura, hija*, en los ejemplos del (101) al (107)–:

(98) ¡**Guapo**, **guapo** y **guapo**!

(99) Con lo **guapo** que eres.

(100) ¡Tú sí que estás **guapo**!

(101) Pero, ¿qué pasa, **criatura**?

(102) Claro que no **criatura**, no es eso... es que, verás...

75 Como podemos comprobar en los ejemplos (80), (94) y (104), también en el habla coloquial de Catalina podemos apreciar la reproducción gráfica de fenómenos típicos de la cadena hablada (*pa*, *pa'*, *pató*), como se da de forma destacada en el discurso de Sátur, siendo este un rasgo que, como ya comentamos, hermana a los personajes en un mismo grupo social.

(103) Ay, **hija**, pues menos mal... porque está la señora de un humor, que creí que me comía a cuenta de la dichosa llavecita...

(104) El arte que tiene pató tu futuro, **hija** ... Míralo, mira cómo se maneja con el palo...

(105) **Hija**, que me ahogas con tanto achuchón.

(106) Marta, **hija**, hazme el favor, ve abajo a ver cómo va el desayuno... que voy con un retraso...

(107) Inés, **hija**, le podías haber puesto a la niña un lacito en el pelo o algo... Que ésta es una ocasión de gala.

Estos recursos expresivos específicos de realce, que se combinan con la escasez de disfemismos relacionados con la sexualidad y la escatología, contribuyen a dar al personaje de Catalina una caracterización especialmente femenina, según una tendencia estereotipada que se basa en la familiaridad y el acercamiento y rehúye lo grosero (García Mouton 2003: 65, 66, 173, 178). La hipótesis de una prosodia discursiva creada a través de un 'coloquial femenino' es apuntalada también por el uso – anacrónico, pero ya hemos comentado varias veces que se trata de una peculiaridad de la serie– del pronombre indefinido *una* con sentido personal y en femenino (en lugar de la construcción impersonal con el pronombre indefinido *uno*), que puede traducirse como 'cualquier mujer en mi lugar', o referirse al hablante en los ejemplos del (110) al (115) o incluso como 'tú' en una conversación entre mujeres, en los ejemplos (108), (110) y (114) (García Mouton 2003: 206):

(108) Señora... qué divinidad... Cómo brilla... Si es que mirándose ahí, **una se tiene que ver hasta más guapa**.

(109) Pero, señora... aquello es todo selva... **una se mete entre las ramas** y ya no sabe ni dónde está...

(110) Señora, que... conmigo puede llorar tranquila... Vamos, que es normal que le dé pena irse... Cuesta dejar los sitios donde **una ha sido tan feliz**...

(111) Entiéndeme, que **una tampoco huele siempre a rosas**... Pero por eso vamos vestidas, para no ir esparciendo el olor por ahí, que eso no es cristiano.

(112) **Si una ya tiene experiencia**, que son muchos años sirviendo...

(113) Mira, en estos líos de alcoba lo mejor es ver, oír y hacerse la tonta... Que **luego sale una escaldada**.

(114) Uy, esas cosas surgen **cuando menos lo espera una**.

(115) **Porque a una le hubiera gustado** ver al señorito casarse guapo, bien vestido, con un buen convite...

Las concordancias de las palabras clave *poniendo* y *pelo* nos brindan la oportunidad de apreciar alguna locución coloquial (*ponerse las botas*, *caérsele a uno el pelo*, *no tener uno un pelo de tonto*), pero el patrón sintáctico más relevante, con una frecuencia absoluta de 86 recurrencias, es la forma de incitación *anda*, a menudo repetida para más realce, con la que se compensa el uso del imperativo, creando un terreno de confianza (Landone 2009: 249) –ejemplos (116), (117), (118), (119), (123), (124)– o bien la estructura *anda que*, utilizada como intensificación expresiva (Mapelli 2016: 7) en los ejemplos (120), (121), (122), (125):

(116) Por favor, **anda**, hazlo por mí, que desde que mi Floro se fue estoy muy sola... Que el muy ¡!... no ha sido capaz ni de escribir...

(117) ¿Lo ves?... **Anda**, vámonos.

(118) **Anda**, **anda**... Vete a casa.

(119) Quítame esa cara, quítame esa cara y ve a felicitarlo, **anda**... Que menudo ejemplar te llevas...

(120) **Anda**, **anda**, que madre mía cómo te has puesto de guapo, chiquillo.

(121) **Anda** que no sé yo de esto, tantos años con la Marquesa.

(122) ¡**Anda**, que no eres tonta tú ni nada!

(123) **Anda**, tráeme la cubertería y unos platos, corre.

(124) **Anda**, trae, hija trae y no mires... Que lo de Sodoma y Gomorra... un "quítame-allá-esas-pajas", comparado con lo que hay que ver en esta casa...

(125) **Anda** que con un hijo por esos mundos de Dios ya tengo bastante.

La presencia entre las palabras clave de las interjecciones *ay* y *uy* confirman la expresividad de la participación emotiva de Catalina y, asimismo, marcan una distancia significativa respecto a las interjecciones impropias[76] de Sátur, que se hallan en el ámbito de lo tabú; de hecho, el

76 Las principales interjecciones propias del español actual son *ay*, *aj*, *bah*, *eh*, *ah*, *uy*, *oh*, *ca*, *ea*, *ja*, *puaf*, *puf*, *bo*, *bu*, *fu*, *hum*, *pse*, *psche*, *psst*, *tota*, *uhy*, *uff*, etc.; las interjecciones impropias se dan cuando se usan nombres y verbos de modo interjectivo, como *anda*, *arrea*, *caracoles*, *canastos*, etc. Se trata de una clasificación de la gramática tradicional que se mantiene aún en la gramática moderna (Alonso-Cortés 1999: 4025).

uso de estas interjecciones parece ser una prerrogativa de los personajes femeninos (Magazzino 2008: 155), como observan López García/ Morant (1995: 92):

> entre las mujeres predomina la admirativa ¡huy! sola o seguida del sintagma ¡por Dios! También es propia de mujeres la fórmula ¡ay! acompañada de determinadas frases como ¡no me digas! Tal vez por eso los afeminados se caracterizan cuando son imitados por el constante uso de ¡ay! con un matiz atiplado; esto se observa fácilmente en las películas [. . .].

La interjección está desprovista de significación fija y constante, ya que su carácter es de signo indicativo y se manifiesta en un determinado contexto; es la expresión de un estado mental que carece de contenido proposicional, pero posee una fuerza ilocutiva que depende del entorno y la conducta del hablante (Alonso-Cortés 1999: 4026, 4027). *Ay* e *uy* se clasifican como interjecciones expresivas, que exteriorizan algún tipo de sentimiento, y pueden funcionar como intensificadores en oraciones (Gómez Torrego 2007 [1997]: 248–249). En el habla de Catalina, ambas interjecciones se sitúan en el sistema de AFECTO; en los ejemplos del (126) al (134) *ay* puede expresar FELICIDAD O INFELICIDAD, SORPRESA y SATISFACCIÓN, mientras que, en los ejemplos del (135) al (140), *uy* indica especialmente SORPRESA o admiración, a veces con un matiz de aprensión o miedo:

(126) **Ay**, pero. . . Margarita qué alegría. . . Ya era hora de que te saliesen bien las cosas, hija.

(127) **Ay**, **ay**, **ay**, qué alegría, por fin se ha decidido.

(128) **Ay** qué alegría me das, Saturno, qué alegría. . . ¡Que no es monja!

(129) **Ay** Dios mío, la que se le avecina. . . ¿Tú has visto lo nerviosita que estaba?

(130) **Ay** Dios mío, mírale como está, si parece Jesucristo cuando le bajaron de la Cruz. . . Ay, como le vea mi hermana. . .

(131) **Ay**, qué listo es mi niño. . .

(132) **Ay**, Margarita que te me extravías otra vez. . . ¿Cuándo le vas a decir que sí a Juan?

(133) ¡**Ay**, hijo, no sabes lo contenta que estoy de verte!

(134) **Ay** por Dios, qué bonito.

(135) **Uy**, pollo, deja, deja que para desayunar es muy indigesto.

(136) **Uy**, qué ricos... y con el hambre que tengo...

(137) **Uy**, qué raro...

(138) **Uy** lo que ha dicho... Esto ni se te ocurra decirlo en la calle, que por mucho menos el Santo Oficio te achicharra.

(139) Hijo qué alegría, virgen santa, te has hecho un hombre, **uy** por Dios... ¿pero qué haces tú aquí?

(140) **Uy**, qué suelta te veo, Martita.

Podemos asimilar a la expresión de estas emociones repentinas e inesperadas la palabra clave *susto.* Con ella se indica un estado de alarma que también puede relacionarse con la sensibilidad asustadiza estereotipadamente típica del 'sexo débil', como en los ejemplos del (141) al (151):

(141) ¡Qué **susto** me has dado, Juan...!

(142) Cómo te agradezco que te hayas quedado una pizquita más, niña... Con el **susto** que me ha dado Juan no estaba yo para quedarme sola...

(143) ¡Ay, gracias a Dios que estás vivo, qué **susto** me has dado!

(144) ¡Pos no que casi me mata del **susto** el bichejo...!

(145) Pos pasa que el señorito es mu fogoso y mu activo y nos ha dado un **susto** de muerte, ¡eso pasa!

(146) ¡Menudo **susto**!

(147) ¡Qué **susto** señora Marquesa!

(148) ¿Quieres matarme del **susto**?

(149) Eres tú, Cipri... ¡Casi me matas del **susto**!

(150) Ay, hija, qué **susto** me has dado.

(151) Vamos, que te has desmayado... ¡Menudo **susto** nos has dado, hija!

Finalmente, también reconocemos como significativas, en la perspectiva de la construcción de un personaje típicamente femenino y popular, las exclamaciones y las consideraciones relacionadas con la *vergüenza*, que solo es palabra clave en el discurso de Catalina:

(152) Me daba **vergüenza**.

(153) ¡Tanta **vergüenza**, tanta **vergüenza**!

(154) ¡Qué **vergüenza** he pasado!

(155) No quiero cargar con la **vergüenza** de que se sepa.

(156) Entré a servir a este palacio siendo una niña y jamás en mi vida he sentido la **vergüenza** que siento hoy.

(157) Me he metido en una, que no sé cómo salir... Fíjese qué **vergüenza**.

En estos casos, estamos ante una emoción moral que podría enmarcarse en el ámbito de la DEBILIDAD, opuesto al del PODER, y que no es supuestamente 'innata', sino que se construye a través de la educación y de la adecuación a los patrones de normas establecidos por la sociedad; más exactamente, "entraña un tipo de malestar derivado de una pérdida, sea ésta real o imaginada, de la propia dignidad" (Gil Blasco 2014: 250)[77].

Pasando a la caracterización del tercer personaje femenino más relevante desde un punto de vista cuantitativo, encontramos que en las palabras clave de Margarita (Tab. VII.19) no solo se encierra su expresividad, sino que ellas mismas llegan a ser un compendio de sus vicisitudes.

Tab. VII.19 – Primeras 50 palabras clave del subcorpus "Margarita" (>10)

patrick, cortada, pulsera, sorprendida, víctor, juan, gonzalo, extrañada, preocupada, seca, seria, catalina, novia, vestido, uy, nerviosa, enfadada, prefiero, ropa, digas, cariño, déjalo, sonriendo, conoces, contigo, alonso, gracias, ganas, corona, dormir, sola, muchas, segura, pedir, tranquila, vayas, perdón, perdona, raro, vea, noches, supongo, estabas, dolor, capitán, verás, cuesta, preocupes, cama, sonríe

---

77 En la 'biblia', el personaje de Catalina es mucho más esquemático y 'plano' con respecto al desarrollo que efectivamente ha tenido a lo largo de la creación de la serie. De hecho, con respecto a esta descripción, si, por un lado, la calidad de "cotilla" puede remitir a la caracterización como 'mujer del pueblo', no encontramos rasgos estilísticos que se refieran a su presunción o aspiración a mejorar su posición social.

> CATALINA "CATA" "La criada gallarda". 35 años. Criada de la Marquesa. Robusta, no muy guapa, aunque sabe sacarse partido, y muy cotilla. Por el simple hecho de trabajar en palacio se da aires de grandeza. Aspira a que sus hijos suban de clase. Mangonea a su marido y le boicotea sus inventos. Referente: Loles León en *Aquí no hay quien viva*.

Margarita mantiene muchos diálogos con los hombres con los que se relaciona (de ahí la mayoría de las recurrencias de *contigo*, *conoces*, *estabas*, *vayas*, *verás, preocupes, digas*): malcasada con *Víctor*, desde siempre ama a *Gonzalo*, pero, al no creerse correspondida por él, se enamora de *Juan*, con quien está a punto de contraer matrimonio; un pretendiente inglés, el *capitán Patrick*, llega a raptarla para casarse con ella; a los tres últimos casos remiten las palabras clave *novia*, *vestido*, *ropa*. Entre sus sentimientos más sólidos, está el apego a su sobrino *Alonso* (de aquí *cariño* como apelativo en 7 casos de 10). Las palabras clave indican los ámbitos en los que se desarrollan sus actividades principales: la vida familiar que comparte con Sátur, Gonzalo y Alonso (*noches*, *dormir*, *cama*) y el trabajo de costurera (*ropa*) en el palacio de la Marquesa (*Catalina* y algunas palabras relacionadas con acaecimientos señalados: *pulsera*, *corona*).

Las palabras clave de Margarita también nos revelan diversos aspectos de su expresividad, algunos de los cuales, por un lado, la acercan a la personalidad fuerte de la Marquesa y, por otro, a la expresividad popular de Catalina. Como podemos ver en la Tabla VII.17, tiene en común con el ama de llaves como palabra clave la interjección *uy*, que expresa SORPRESA o también aprensión, y, de hecho, los calificativos que se hallan en las acotaciones *extrañada*, *preocupada* y *sorprendida* confirman esta gama de emociones. En cambio, los adjetivos que la hermanan con Lucrecia son *enfadada*, *seca* y *seria*, que caen respectivamente en la esfera de la INSATISFACCIÓN, la INDIFERENCIA y están relacionados con el PODER. También vimos que precisamente la SORPRESA y la IMPASIBILIDAD, expresados con los adjetivos de signo opuesto *cortada* y *tranquila*, constituyen las esferas anímicas característica de este personaje.

Margarita confiesa sus sufrimientos amorosos (*dolor* en 6 de 12 recurrencias) y es sensible y educada (*gracias*, acompañado por *muchas* en 19 de 78 recurrencias, *perdón*, *perdona*). Las palabras clave *sonríe*, *sonriendo*, que para Gonzalo pueden combinarse con varias emociones, según comentamos, en el caso de este personaje parecen expresar emociones positivas de manera más directa y unívoca. *Sonriendo* (10 recurrencias) en las acotaciones no se acompaña con otros adjetivos y resalta oraciones en las que Margarita se dirige, enamorada, a Gonzalo o a Juan, o también se utiliza cuando hay un ademán de seducción en sentido más amplio, por ejemplo, en el ámbito del trabajo como costurera:

(158) (**Sonriendo**) Está usted guapísima, va a ser la envidia de todas las damas de la corte.

(159) (**Sonriendo**) Su esposa no cose como yo, créame. Puedo hacerle una manta para el invierno... O unos visillos para engalanar las ventanas...

En el caso, más consistente numéricamente (42 recurrencias), de *sonríe*, el gesto se dirige a Gonzalo (15 recurrencias) –también vimos que Gonzalo le sonríe con frecuencia–, a Catalina (8 recurrencias, de las que 7 incluyen una referencia a Gonzalo o a Juan) y a Juan (7 recurrencias). En la mayoría de las ocasiones es una señal que revela el enamoramiento de Margarita, también cuando va acompañada por otros adjetivos (*nerviosa* y *cortada*, que son palabras clave; *con tristeza*, *con intención*, *triste*, *feliz*). Con respecto a Gonzalo, pues, la gama de emociones que se expresa a través de este gesto parece limitarse al amor y al cariño, y, por lo tanto, se sitúa en el ámbito de la IN/FELICIDAD.

Destacan las palabras clave que Margarita utiliza para dar información explícita sobre sí misma: los verbos en primera persona *prefiero* y *supongo*, (*tengo/no tengo*) *ganas* (en 6 de 10 recurrencias), estoy *segura* (en 7 de 12 recurrencias) y también *sola* (en 11 de 23 recurrencias). Este es el único de los tres personajes femeninos principales que utiliza de manera estadísticamente relevante expresiones de autoafirmación que caen en el ámbito del DESEO y de la SEGURIDAD. Se trata de un rasgo expresivo que contribuye a caracterizar a Margarita como una mujer que no solo se entrega a la familia y persigue unos objetivos amorosos, con suerte variable, sino que toma decisiones por sí misma y declara abiertamente sus puntos de vista, como podemos ver especialmente en los ejemplos de (160) a (174):

(160) No, **prefiero** volver a casa andando.

(161) Si no te importa, en este momento **prefiero** estar **sola**.

(162) Gonzalo, **prefiero** no hablar del tema... Cada uno tenemos nuestra vida y es lo normal.

(163) Es que apenas he visto a Juan en todo el día, y **prefiero** quedarme aquí por si aparece.

(164) **Prefiero** estar ocupada en algo.

(165) **Prefiero** morir **sola**... a vivir un segundo contigo.

(166) En serio, no hace falta, alcanzo **sola**.

(167) Quiero solucionar esto yo **sola** ...

(168) No quiero ir al lago, ni conocer un hombre, ni darme una alegría... Quiero estar **sola**.

(169) Catalina, por favor, no me lo pongas más difícil... Ya he tomado la decisión, y... Es lo mejor para todos, estoy **segura**...

(170) Catalina, tenemos que darnos prisa... Hay que encontrar a esa mujer, que estoy **segura** de que Juan dice la verdad...

(171) Estoy **segura** que volverá.

(172) **No tengo ganas**, Cipri.

(173) Gonzalo, **no tengo ganas** de juegos.

(174) Es que **tengo muchas ganas** de ir conociéndolos... y me gustaría que fuese antes de la boda.

En el entorno de la SEGURIDAD se sitúa también *tranquila*; en 16 de 18 recurrencias, se trata de una exhortación que dirige a Catalina o a otras mujeres con las que se relaciona, pero, al mismo tiempo, refleja el talante de la propia Margarita revelando su cordura y sensatez:

(175) **Tranquila**, mujer, no vayas a hacer ninguna locura...

(176) **Tranquila**, Catalina.

(177) **Tranquila**, yo subiré.

(178) **Tranquila**, Cata, seguro que hay una explicación... Habrá dejado una nota...

Entre las palabras clave también tenemos *digas* (*no digas*) y *déjalo*, que, aparentemente, podrían relacionarse con el ámbito del PODER y, por lo tanto, enlazar la expresividad de Margarita con la de la Marquesa. En realidad, el análisis de las concordancias revela que en muy pocas ocasiones (179, 180) se trata realmente de mandatos, y en tal caso a menudo van atenuados por expresiones de cortesía (181, 182); en las demás ocasiones el contexto revela que las órdenes son en realidad maneras de dar ánimo o consuelo (183, 184, 185, 186) y que el imperativo *déjalo* en realidad se acerca a una fórmula que indica que es mejor no continuar (187, 188, 189):

(179) Que me **digas** quién es, Sátur.

(180) Eso no puede ser, Alonso, **no digas** tonterías.

(181) Pero por favor, **no se lo digas** a nadie.

(182) **No le digas** a tu padre dónde estoy, por favor.

(183) Catalina, **no digas** eso... Éramos amigas.

(184) **No digas** tonterías... Tú eres lo mejor...

(185) **No digas** eso... has hecho lo que has podido.

(186) Catalina, ¡por Dios!, **no digas** eso... Gonzalo dice que no va a pasar nada

(187) Por... Por nada... **Déjalo**.

(188) **Déjalo** ... no importa, da igual.

(189) No, **déjalo**, voy con prisa, la marquesa me espera.

La resolución de Margarita convive con algunas incertidumbres y debilidades, motivadas por los percances que sufre (cae gravemente enferma, es raptada varias veces, su primer marido la acosa, Juan la abandona para casarse con una noble, Gonzalo parece no estar interesado por ella; de hecho, durante una época está decidida a hacerse monja e ingresa en un convento, etc.); de ahí que, en algunos contextos, la palabra clave *sola* se sitúe en el ámbito de la IN/FELICIDAD:

(190) En esto... estoy **sola**, Gonzalo.

(191) No puedes... No puedes dejarme **sola** ahora... No puedes, Gonzalo.

(192) No, no te vayas, por favor... No me dejes **sola**.

(193) No podría aguantarlo **sola**.

Saliendo de las categorías relativas al AFECTO, el diálogo de este personaje está marcado por su actitud hacia el razonamiento y la conjetura, patente mediante las palabras clave *supongo* y *raro*, que dan voz a sus reflexiones:

(194) Sí, **supongo** que sí.

(195) **Supongo** que el Comisario debe estar buscando a ese asesino...

(196) **Supongo** que tienes razón, pero... para mí sigue siendo doloroso.

(197) Pues no sé... Asuntos de Estado, **supongo**.

(198) Qué **raro**, ¿cómo se ha hecho esto?

(199) Que no, Catalina, que te digo que está **raro**, Juan no está bien.

(200) De todas formas, todo esto es muy **raro**.

(201) ¿No le va a parecer **raro** que esté arreglado tan pronto?

El análisis de las palabras clave y de sus concordancias nos devuelve la imagen de un personaje caracterizado principalmente por su búsqueda del amor, encarnado en varios hombres, que frecuentemente se frustra. Sin embargo, su identidad expresiva se sitúa no solo en el ámbito de la IN/FELICIDAD, sino también en el del DESEO y el de la SEGURIDAD, perfilándola como una joven inteligente, decidida y valiente, que sabe valerse por sí misma. La coexistencia de estas emociones puede justificarse desde un punto de vista narrativo, ya que Margarita debe compartir algunas de las cualidades con el héroe de la serie, con quien está destinada a formar pareja[78].

7.4 El Comisario, el Cardenal y el Rey

En este apartado vamos a comentar la identidad expresiva de los personajes principales de la serie *Águila Roja* que tienen en común el hecho de ser los 'malos', que ostentan el poder en la Villa y, generalmente, en la España de la ficción.

78 En la 'biblia', también Margarita parece trazada de manera bastante esquemática; sin embargo, corresponde con nuestro análisis el referente que se evoca para ella, desde el momento en que el discurso del personaje expresa, pese a la humildad de sus orígenes, la fuerza e independencia de la protagonista de la película *Memorias de África*.

> MARGARITA "La cuñada entregada". 25–30 años. Es muy guapa y refinada. Viva imagen de su hermana muerta, pero a diferencia de ella, tras ese aspecto angelical y frágil, esconde a una mujer dura como el acero. Casada con un supuesto soldado que lucha fuera de España. Tras la muerte de su hermana, va a Madrid a recibir varias cartas de su sobrino Alonso, pidiéndole ayuda. Sin embargo, su presencia no será bien recibida. Gonzalo cambiará de parecer cuando Margarita enferma. Poco a poco se integrará en la casa, a pesar de la resistencia de Gonzalo a perdonar una vieja herida sentimental. Con el tiempo se irán acercando pero su amor es imposible al estar ella casada. Margarita vuelve a poner orden en la vida familiar de Gonzalo y Alonso y poco a poco irá enamorándose de Gonzalo. Referente: Karen Blixen (Meryl Streep) en *Memorias de África*.

Partiendo de la Tabla VI.3 y de la Tabla VI.5, podemos comprobar que el personaje del Comisario, Hernán Mejías, aparece 4705 veces y que su subcorpus tiene alrededor de 49 900 palabras, que equivalen al 3,3% del corpus completo. El Cardenal, Francisco de Mendoza, aparece 1785 veces y su subcorpus cuenta con unas 22 688 palabras, que equivalen al 1,5% del corpus completo. Finalmente, el Rey, Felipe IV, aparece 1008 veces y su subcorpus consta de unas 11 689 palabras, que equivalen al 0,8% del corpus completo. De estos datos, se desprende que la extensión del discurso del Comisario permite la inclusión de este entre los principales personajes de la serie, mientras que la importancia del Cardenal y del Rey no se refleja a nivel cuantitativo en su discurso, sino a nivel de intriga. Nótese que, como la Marquesa, todos se indican con el título distintivo que les otorga autoridad y que caracteriza sus acciones, en las que el parámetro de PODER es determinante.

El Comisario es el antagonista principal de Gonzalo/Águila Roja; el hombre que dicta el orden en la Villa y lo mantiene con violencia y abusos también es el asesino de la mujer del héroe, que da inicio a la acción que pone en marcha la trama de la serie. Hernán Mejías ansía un reconocimiento por parte de la aristocracia que nunca llega, aunque sea amante de la Marquesa (también se enterará de que es el padre de Nuño) y llegue a casarse con Irene, la sobrina del Cardenal (solo al final descubrirá que es su hermana y que los tres, junto a Gonzalo, son hijos del Rey; también contraerá matrimonio con Lucrecia). Las referencias a los personajes con los que se relaciona de manera distintiva se hallan entre las palabras clave: *Lucrecia*, *Santillana*, *Nuño*, *Irene*, *eminencia*; también aparece el apellido *Abrantes*, relacionado con un asesinato sobre el que investiga el Comisario (se trata, pues, de una palabra relacionada con la *aboutness*). Partiendo de las palabras clave con frecuencia superior a 10 (Tab. VII.20), notamos que una parte considerable de ellas se relaciona con su oficio.

Tab. VII.20 – Primeras 50 palabras clave del subcorpus "Comisario" (>10)

abrantes, lugarteniente, autoridad, lucrecia, eminencia, calabozo, órdenes, vuestras, seguridad, nuño, querida, ciudad, loca, esposa, criados, motivo, paciencia, guardias, santillana, calabozos, podrás, estarás, placer, furioso, hombres, llamar, pretendes, seco, alguno, soltadme, cuestión, hayas, puertas, irene, temo, contesta, aseguro, sabéis, sigues, tendrás, próxima, encuentras, cadáver, hiciste, vosotros, inmediatamente, cuello, firme, escondido, entendido

A través del examen de las concordancias, las palabras que inscribimos en el perímetro de su labor, estrechamente relacionado con el PODER y especialmente con la violencia, son *lugarteniente*, *autoridad*, *órdenes*, *seguridad*, *calabozo*, *guardias*, *calabozos*, *contesta*, *cadáver*, y también las menos evidentes *ciudad*, *motivo*, *hombres*, *alguno*, *cuello*, que, una vez contextualizadas a través de las concordancias, entran en la prosodia discursiva del Comisario en tanto palabras relacionadas que sugieren un discurso (§ 6.3.1); llama la atención *cuello* como parte del cuerpo relacionada con la muerte por estrangulamiento o degollación en los ejemplos de (212) a (215):

(202) La **seguridad** de la **ciudad** está en peligro por culpa de ese Águila Roja y su banda de ladrones.

(203) Necesito que colaboréis con la justicia. Parece que el Águila Roja se mueve mucho por esta parte de la **ciudad**.

(204) (Suspicaz) Eso es cosa de la autoridad... O quiere manipularlo por algún **motivo**.

(205) No lo sé... Todos tenían algún **motivo**, pero ninguno tenía motivos suficientes.

(206) (El COMISARIO se dirige hacia él). No hace falta ningún **motivo**, lo digo yo y punto.

(207) Eminencia, **mis hombres** han hecho todo lo posible por encontrar ese medallón, pero no hay rastro de él.

(208) Les diré a **mis hombres** que se encarguen de él.

(209) Mandaré a **mis hombres** a buscarla.

(210) ¡¿**Alguno** tiene algo más que decir?! (Nadie contesta) ¡Fuera! ¡Todo el mundo a sus casas!

(211) (A sus **Guardias**) ¿**Alguno** sabe algo?

(212) No sé quién era ese mequetrefe del tejado... (saca una daga y se la pone al **cuello**) A mí no me engañas. Te lo digo por última vez... ¡Confiesa!

(213) ¡Si fuera rencoroso, mis manos estarían en tu **cuello**!

(214) ¿Te sorprendes de verme aquí? o ¿de verme vivo? (La agarra del **cuello**)

(215) (A JUAN, sin mirarle) Parece un poco extraño que alguien le corte el **cuello** a tu mujer mientras duerme a tu lado y no escuches nada.

También están relacionadas con su oficio las palabras clave que se ubican en los razonamientos, las suposiciones y las preguntas o intimaciones, como *escondido, entendido, hiciste, hayas* en los ejemplos del (216) al (230). Señalamos que *entendido*, en los ejemplos (220), (221) y (222), funciona como un operador de la enunciación que espera una respuesta directa del oyente, encaminada al reconocimiento de una posición de poder de un interlocutor jerárquicamente superior:

(216) ¿Nadie?... Te haré otra pregunta a ver si se te da mejor... ¿Dónde está **escondido** el tesoro de Richard Blake?

(217) ¿Dónde está? ¡No tengo toda la noche, imbécil! ¿Dónde lo habéis **escondido**?

(218) Gonzalo de Montalvo está **escondido** en algún sitio, y tengo que encontrarlo yo.

(219) Quizá sigue **escondido** aquí.

(220) Si vuelvo a verte tocando a esta mujer, te juro que mataré con mis manos a toda tu familia... ¡¿**Entendido**?!

(221) Cierra todo esto... y no hables con nadie de lo que acaba de pasar aquí, ¿**entendido**?

(222) Dale un mensaje: Si le vuelvo a ver por la villa no habrá plañidera que le libre de la muerte ¿Lo has **entendido**?

(223) Tengo **entendido** que fue usted quien encontró a la Marquesa de Santillana en el confesionario de su iglesia.

(224) ¿Qué **hiciste** anoche? ¿Dónde estuviste?

(225) ¿Cómo te **hiciste** la herida del costado?

(226) ¡¿Con quién lo **hiciste**?!

(227) No mentías cuando hablabas de tu mala memoria... ¿No te acuerdas de lo que le **hiciste** a la marquesa de Santillana?

(228) Tienes razón. Soy un hombre cruel. Y te aseguro que él morirá de la manera más agonizante que **hayas** visto jamás.

(229) ¿Pretendes incapacitarme a mí? Después de tu accidente, es muy creíble que **hayas** perdido la cordura.

(230) Claro, todo el mundo teme al Comisario... O quizás **hayas** venido por eso... ¿me tienes miedo?

Otras palabras clave que en determinados contextos se sitúan en el ámbito del PODER son *próxima* (siempre en colocación con 'vez', como en los ejemplos 231, 232 y 233) y los verbos en futuro *podrás, estarás, tendrás*, que en los ejemplos (234), (235) y (236) tienen valor de imperativo, mientras que en los ejemplos del (237) al (241) sirven para formular amenazas; todo ello siempre dentro de los espacios en los que el Comisario ocupa una posición predominante (los *calabozos* y las habitaciones del palacio de la Marquesa, ya que visita la alcoba de su amante y se queda a vivir en la mansión incluso después de casarse con Irene; de ahí también las referencias a los *criados* y a llamar, por ejemplo, a las *puertas*):

(231) La **próxima vez** que quieras verle, estará bajo tierra.

(232) Pues la **próxima vez** te lo tragas. Que sea la última vez que vomitas en mi cama.

(233) La **próxima vez** que te vea con ella, te mataré.

(234) **Estarás** sometida, sin voluntad, hasta el fin de tus días...

(235) ¿Tanto te molesta? Si eres mi esposa, **tendrás** que comportarte como tal en algo.

(236) Si quieres salir, **tendrás** que pedirme permiso.

(237) Ciego también **podrás** hablar.

(238) Al parecer, los ojos son el último órgano que devoran... Así **podrás** ver cómo te van comiendo poco a poco.

(239) Si te corto la lengua, poco **podrás** decir.

(240) ¿No **estarás** oponiéndote a la autoridad?

(241) A unos padres cualquiera no sé, pero a los reyes... si vas, **estarás** firmando tu sentencia de muerte.

La creación de una expresividad principalmente basada no solo en el PODER, ejercido con violencia y hosquedad (patente en los adjetivos *seco* y *furioso*, contenidos en las acotaciones), también se comprueba observando que en las palabras clave encontramos verbos y pronombres que remiten solo a la apelación informal (*podrás, estarás, pretendes, hayas, contesta, sabéis, sigues, tendrás, encuentras, hiciste, vosotros, vuestras, soltadme*) y que, por lo tanto, denotan un uso propio de un hablante de mayor estatus hacia uno de menor estatus (a menudo se trata de interlocutores plurales), o bien un empleo entre iguales, con un tratamiento simétrico (Alonso-Cortés 1999: 4041). Como la Marquesa, el Comisario alterna más frecuentemente con interlocutores de rango inferior o igual, más que con personajes de estamentos superiores (el Rey, sin ir más lejos). La palabra *placer*, que, en 8 recurrencias de 12, es parte de la fórmula con la que el Comisario saluda o se despide de sus interlocutores más encumbrados ("Siempre es un *placer*, Duque"; "Un *placer* conocerle y enhorabuena de nuevo"), denota un uso cortés, pero no implica el reconocimiento de una jerarquía social, sino que simplemente indica respeto o distancia (Alonso-Cortés 1999: 4039). El modalizador con bajo valor de probabilidad 'me *temo*' (en 10 recurrencias de 11) normalmente se relaciona con el hablante de menos poder en una relación de estatus desigual, como la del Comisario con el Cardenal:

(242) Eminencia, **me temo** que no puede...

(243) **Me temo**, Eminencia, que no va a encontrarlo en su alcoba.

(244) **Me temo** que no.

En realidad, un contexto más amplio nos devuelve una disposición de acatamiento únicamente aparente, ya que las circunstancias pueden revelar que el Comisario rinde pleitesía al prelado solo formalmente:

CARDENAL

Soy el Cardenal Francisco de Mendoza. ¡Exijo que me soltéis!

Se escuchan unas pisadas que se acercan a él lentamente. Descubrimos que se trata del COMISARIO.

COMISARIO

(Serio) Eminencia...

El CARDENAL estalla de rabia.

CARDENAL

Usted... ¡Hijo de perra! ¡Suélteme ahora mismo!

COMISARIO

Me temo que no. Y disculpe la decoración tan austera... No he podido improvisar un velatorio mejor.

(*Águila Roja*, 67)

El uso irónico, pues, de *me temo*, se inscribe en el ámbito del PODER, no muy lejos de *aseguro*, que se sitúa entre los valores altos de los modalizadores de probabilidad; en ambos casos, podemos considerar que estas palabras clave representan señales explícitas de autoafirmación del Comisario.

Por lo que acabamos de ver, la parte más significativa y cuantitativamente relevante del discurso del Comisario está encaminada a expresar su personalidad despótica y arbitraria; de hecho, Hernán comparte con Lucrecia las palabras clave *inmediatamente*, adverbio combinado con actos directivos, *furioso* y *seco*, adjetivos que en las acotaciones lo ubican en el ámbito de la INSATISFACCIÓN y de la INDIFERENCIA y están relacionados con el PODER; en este ámbito consideramos también las recurrencias de *firme* como adjetivo (en 5 casos de 10) y *paciencia* en 8 de 11 casos, como en (245), (246) y (247):

(245) ¡No! ¡De aquí no se mueve nadie! Lucrecia, estás colmando mi **paciencia**.

(246) El COMISARIO desenvaina su espada y se la coloca en el cuello. ¡Estás agotando mi **paciencia**!

(247) No abuses de mi **paciencia**. Si no le hubieras robado ese oro al rey, mi fortuna no habría sufrido una merma tan grande.

En las relaciones amorosas, principalmente con la Marquesa, pero también con Irene, los diálogos del Comisario se sitúan no solo en el ámbito de la IN/FELICIDAD (la dicha y el amor y sus contrarios, la tristeza y el odio), sino en gran parte en el del PODER, ya que, con ambas mujeres, Hernán se encuentra en una posición inferior por su estamento, pero puede ser temible por su violencia y cobra derechos sobre ellas al ser su marido. El Comisario utiliza la palabra clave *esposa* (41 recurrencias) cuando explícitamente señala el valor de Irene en términos de prestigio y dinero (248, 249), afirma sus prerrogativas maritales (250, 251, 252) y se dirige directamente a ella recordándole el papel al que está sometida (253, 254, 255), algo que hace también con la Marquesa (256, 257):

(248) Pero aparte de ser un excelente partido, una **esposa** le vendrá bien a mi reputación.

(249) Mi **esposa** es la sobrina del Cardenal Mendoza, confesor de sus Majestades.

(250) Nuño, es mi **esposa** y yo me encargo.

(251) Mi **esposa** va a darme un hijo.

(252) Mi **esposa** permanecerá en su alcoba.

(253) Además, ahora que mi **esposa** se ha recuperado, me dará el hijo que quiero.

(254) A partir de ahora te comportarás como lo que eres... mi **esposa**.

(255) Así serás una estupenda **esposa**.

(256) Si eres mi **esposa**, tendrás que comportarte como tal en algo.

(257) Veo que te estás tomando muy en serio tu papel de **esposa**.

El cariño hacia las dos mujeres se trasluce en las palabras clave solo a través de *encuentras*, que en el conjunto de las 10 recurrencias se halla en la pregunta "¿Te encuentras bien?", con la que Hernán deja asomar un sentimiento afectuoso (solo en un caso se trata de un enunciado irónico), que, en las demás ocasiones, queda completamente tapado. Solo en 5 de 27 recurrencias, *querida*, referido a Lucrecia o a Irene, es un apelativo cariñoso, mientras que en las restantes recurrencias (en los ejemplos del 258 al 263) desencadena un acto descortés con el que el Comisario enfatiza su poder relativo y las humilla, ensalzando su propia imagen positiva a través de la condescendencia. Solo en (263) el disfemismo (muy raro en el discurso del personaje) convierte el enunciado en un ataque facial positivo.

(258) **Querida**, es de mala educación intervenir en conversaciones de hombres.

(259) Como ves, **querida**, nadie me deja plantado.

(260) Ayudarles, **querida**... Para eso está la autoridad, para ayudar a los más necesitados.

(261) **Querida**, me han contado ciertas cosas de ti que no me han gustado.

(262) Ah, es cierto, **querida**, había olvidado que no eras tan primeriza.

(263) Como comprenderás, **querida**, lo que puedas sentir me importa una mierda.

Si Irene fundamentalmente se pliega ante la autoridad de su marido, la relación con Lucrecia implica una negociación de posiciones intersubjetivas que se extiende durante toda la duración de la serie. Esta relación dividida entre amor y odio, en el telón de fondo del poder, justifica también las ofensas directas y manifiestas con actos de descortesía positiva

(Bousfield 2008: 111), como denota la palabra clave *loca*, que el Comisario siempre dirige a la Marquesa. Asimismo, el verbo *pretendes*, que en 8 de 11 recurrencias se ubica en enunciados dirigidos a Lucrecia, deja ver que el Comisario considera que sus acciones y aspiraciones no son fáciles o bien son exageradas o inadmisibles (DUE, *sub voce*).

A través de nuestro análisis basado en las palabras clave del Comisario, destacan dos aspectos fundamentales en la construcción de su expresividad: que se desarrolla en el ámbito del PODER puede ser fácilmente inferido por la audiencia, que inicialmente lo aborda a partir del rol social en el que se inscribe: no es difícil hacer una deducción de este tipo a partir del oficio de comisario, para luego corroborarla a través del conocimiento del personaje. El segundo rasgo, que sitúa la expresividad del personaje en el perímetro de la IN/FELICIDAD, o sea, el del amor, principalmente en la relación conflictiva con Lucrecia, pero también en la que mantiene con Irene, está diseñado, por el contrario, para favorecer un movimiento *bottom-up*, a través de la exposición al discurso y a los demás elementos multimodales[79].

A la hora de considerar la expresividad del Cardenal y del Rey, también señaladamente definidos por su rol social, pero caracterizados por un escaso caudal discursivo, podemos hipotetizar para ellos, igualmente basándonos en el conocimiento de la serie y de los tipos de personaje (Culpeper/Fernández Quintanilla 2017: 101), cierta *planitud* (§ 6.2.1) que gira alrededor del eje del PODER. También por lo que se refiere a estos personajes, consideramos las primeras 50 palabras clave con frecuencia superior a 10 recurrencias, que reunimos en las Tablas VII.21 y VII.22.

79 En la 'biblia', de hecho, solo se subrayan los aspectos del personaje que se relacionan con el PODER, sin hacer referencia al ámbito del amor, ni siquiera cuando se cita a la Marquesa:

> HERNÁN MEJÍAS (EL COMISARIO)
> 35 años. Atractivo. Fuerte, de aspecto hosco. Irónico, ambicioso, sin escrúpulos, sanguinario… Malvado hasta las cejas. Comisario que campa a sus anchas desahuciando a la gente y cometiendo todo tipo de injusticias para su propio bien. Está bajo las órdenes de la Marquesa, aunque esta alianza permanece en secreto. Tiene a su servicio varios esbirros que actúan con nocturnidad y alevosía sembrando el pánico en la ciudad donde vive Gonzalo. Referente: El sheriff de Nottingham en *Robin Hood*.

Tab. VII.21 – Primeras 50 palabras clave del subcorpus "Cardenal" (>10)

et, vaticano, papa, majestad, monseñor, sobrina, mendoza, morirá, desea, sabrá, fe, grial, supuesto, duda, iglesia, corona, vuestro, furioso, comisario, encuentre, reino, trata, oro, españas, asuntos, cardenal, ante, encuentra, tenga, santo, espero, reina, nuestros, robado, orden, matrimonio, gran, sus, nuestro, honor, tendrá, rey, asunto, convento, irene, debe, hijos, inmediatamente, mis, su

Tab. VII.22 – Primeras 50 palabras clave del subcorpus "Rey" (>10)

imperio, carlos, reino, mariana, portugal, corona, heredero, españas, español, felipe, cardenal, reina, rey, asuntos, eminencia, hija, futuro, mis, haré, pueblo, debe, tenso, deberías, habla, oro, guardias, nuestro, buen, debería, espero, hombres, esos, tal, asiente, veo, años, será, muerte, os, mi, unos, quiero, pasar, sea, corta, sus, espera, estado, tu, tiempo

En este caso, en lugar de presentar un examen detallado de dos personajes poco desarrollados desde el punto de vista discursivo, tomamos como punto de partida algunas palabras clave, elegidas en tanto que dan pie a algunas observaciones puntuales que permiten esbozar sus características sobresalientes, también en relación con los demás personajes 'poderosos'[80].

Empezamos, pues, señalando en la Tabla VII.21 la presencia del adjetivo *furioso* (en las acotaciones) y del adverbio *inmediatamente*, respectivamente situadas en las acotaciones y en el discurso del Cardenal, que ya destacamos entre las palabras clave del Comisario y de la Marquesa en la esfera del PODER. El prelado generalmente es autoritario, violento y hasta cruel con los más débiles, mientras que entreteje relaciones más sutilmente persuasivas con los pudientes, y

80 Hay que apuntar que gran parte de las recurrencias de las palabras clave de estos dos personajes están vinculadas con la *aboutness* (*vaticano, papa, sobrina, fe, grial, iglesia, corona, reino, oro, Españas, asuntos, asunto, robado, convento, irene, hijos, matrimonio* en el subcorpus "Cardenal"; *imperio, reino, portugal, corona, heredero, españas, español, asuntos, hija, futuro, pueblo, oro, hombres, muerte, carlos, mariana* en el subcorpus "Rey") y dan cuenta de las principales personas a las que se dirigen (*majestad, monseñor, comisario, reina, rey* y también *irene* en el subcorpus "Cardenal"; *felipe, cardenal, reina, guardias, eminencia, hija* en el subcorpus "Rey").

especialmente con el Rey. Las señales discursivas que revelan esta actitud son las palabras clave (*por*) *supuesto* y (*sin*) *duda*, marcadores de evidencia que en la interacción conversacional desencadenan procedimientos de cooperación, a menudo reflejando estrategias de cortesía positiva (véase Martín Zorraquino/Portolés Lázaro 1999: 4147). Con *por supuesto* el Cardenal muestra de antemano el acuerdo con el interlocutor (el Rey en 7 de 19 recurrencias), saliendo al paso de una objeción (véase Martín Zorraquino/Portolés Lázaro 1999: 4153) y con posibles tematizaciones (*por supuesto que no* en 4 recurrencias de 19 y *por supuesto que sí* en 1 recurrencia de 19). La información que sigue se presenta como coorientada argumentativamente con lo confirmado, como en el siguiente diálogo:

CARDENAL

Si me permite una sugerencia... No mate al Águila Roja en cuanto se lo entregue. Exhíbalo enjaulado primero, humíllelo para dejar claro que en su reino usted es la única ley.

REY

La única ley y el único al que el pueblo debe amar.

CARDENAL

Por supuesto, Majestad. Y con devoción y pleitesía. (*Águila Roja*, 94)

En los diálogos con el Rey, el Cardenal enfatiza el acuerdo con su monarca, utilizando *por supuesto* como una respuesta reforzada a preguntas absolutas, que recalca o sustituye el sí o el no de la réplica. Por otro lado, con el mismo interlocutor, *sin duda* parece expresar un acuerdo acerca de un segmento del discurso sobre cuya evidencia no quiere comprometerse el Cardenal (véase Martín Zorraquino/Portolés Lázaro 1999: 4158), como en el siguiente fragmento, en el que el marcador epistémico es seguido por un movimiento contraargumentativo:

REY

Tiene que morir.

CARDENAL

Sin duda, Majestad. Pero debemos ser... más cuidadosos.

(*Águila Roja*, 72)

Los fragmentos aportados nos permiten apreciar cómo el uso de estos marcadores en las réplicas del Cardenal facilita como efecto de sentido la sumisión, la obediencia y la reverencia hacia la autoridad real, aun en los casos en los que el prelado formula una reacción no preferida y expresa su desacuerdo. Sin embargo, se prevé que la audiencia sepa descifrar la insinceridad de este 'malo' de la serie y perciba la ironía dramática de este tipo de diálogos. Asimismo, contribuye a esta interpretación el uso de los mismos marcadores típicos de la prosodia discursiva del personaje también en situaciones muy distintas. El diálogo siguiente nos ofrece un ejemplo de cómo el Cardenal los utiliza con un interlocutor jerárquicamente subordinado para descolocarlo y conseguir un determinado efecto (en este caso, su confesión):

CIPRI

(Débil y titubeante) Yo no robé el oro...

El CARDENAL le mira seriamente.

CARDENAL

Por supuesto que no.

CIPRI le mira perplejo.

CARDENAL

Si lo hubieras hecho, no habrías intentado devolver el sello.

CIPRI le mira algo esperanzado.

CIPRI

Sí... yo iba... yo iba a entregarlo...

CARDENAL

Sin duda fue tu compañero el que robó el oro.

CIPRI se tensa al nombrar al compañero.

CARDENAL

Tú te arrepentiste, él intentó pararte y hete aquí pagando por su pecado.

El CARDENAL se acerca a CIPRI.

CARDENAL

No es justo. Él está allí fuera, libre, y tú aquí... Quizás si dijeras su nombre, cesaría tu sufrimiento.

(*Águila Roja*, 79)

En este fragmento, el marcador *por supuesto* con la tematización *que no*, al asumir un acuerdo y una adhesión también afectiva (Martín Zorraquino/Portolés Lázaro 1999: 4158) con el interlocutor, consigue el efecto de confundir a Cipri (*perplejo*). En cambio, *sin duda*, en este diálogo, marca la asunción de que el enunciado que introduce es verdadero, sin aportar razones y pidiendo la adhesión del prisionero a su reconstrucción de los hechos. Las palabras clave *sin embargo* y *sin duda*, al utilizarse en situaciones disímiles y con interlocutores muy distintos entre sí, se configuran como indicadores de un discurso enmarcado en el ámbito de un PODER ejercido a través de una persuasión y de una cooperación engañosa y prevaricadora.

La construcción emocional del Cardenal como personaje despótico, ambicioso y ambiguo en el ejercicio de su poder es un rasgo que, en cambio, no resulta central en la caracterización del Rey (véase Tab. VII.22). El único adjetivo que, en las acotaciones, describe explícitamente la disposición emocional del monarca es *tenso*, que se enmarca en la esfera de la INSEGURIDAD, y que también, como vimos, es palabra clave en las acotaciones de Sátur, Gonzalo, Águila Roja y la Marquesa (*tensa*). El análisis de concordancias nos revela que este adjetivo se utiliza para indicar el estado de ánimo del monarca cuando se enfrenta con graves problemas que amenazan al reino, pero con mayor frecuencia (8 casos de 11) señala su inquietud cuando algún personaje se acerca al secreto alrededor del cual gira toda la serie: su boda secreta con Laura de Montignac y los hijos que han nacido de esta unión. La segunda palabra clave que se encuentra en las acotaciones del rey es el verbo *corta* e indica que el personaje interrumpe a un interlocutor de manera abrupta, para apropiarse del turno de palabra y, al mismo tiempo, reafirmar su autoridad. En cambio, *asiente*, al indicar que el monarca admite como cierto o conveniente lo que su interlocutor ha afirmado o propuesto, corrobora cierta ecuanimidad y aplomo en su conducta, rasgos que se sitúan lejos de las señales de intemperancia del Cardenal, el Comisario y la Marquesa. Efectivamente, la caracterización de este personaje oscila entre el prestigio y crédito que se le reconoce y que se merece, por lo menos en parte, por sus decisiones, regidas por la razón de Estado, y su poquedad en las relaciones amorosas y familiares. Finalmente, la presencia de *rey* entre las palabras clave, así como la de *cardenal* y *mendoza* entre las del prelado, remiten a la autopresentación y al hábito de hablar de sí mismos en tercera persona (ejemplos del 264 al 267), que estereotípicamente caracteriza a los más pudientes; de ahí, también, la creación de actos deónticos que ponen en evidencia algunas recurrencias de las palabras clave *morirá, tendrá, debe* (en los ejemplos 268, 269 y 270) en el caso del cardenal y *debe*, *habla*, *espero*, *quiero* en el del rey (en los ejemplos del 271 al 275).

(264) Nadie oculta información al **Cardenal Mendoza**.

(265) Cualquier otro se hubiera negado a retener al **Cardenal Mendoza**.

(266) Un **Rey** nunca se retracta.

(267) ¿Niegas dar satisfacción a tu **Rey**?

(268) **Morirá** en la horca.

(269) **Tendrá** que cerrar.

(270) Esta información no **debe** salir de aquí.

(271) Su ejecución **debe** llevarse a cabo sin ningún otro contratiempo.

(272) **Habla**, ¿dónde está mi hija?

(273) **Espero** poder ver esa pieza en nuestro próximo encuentro.

(274) **Quiero** que te cases con Don Fernando de Haro, mi valido.

(275) **Quiero** verle sin cabeza expuesto al pueblo.

El análisis de las palabras clave y de sus concordancias en los personajes masculinos caracterizados por la centralidad del PODER, aun dentro de las importantes diferencias existentes por lo que se refiere a la consistencia cuantitativa de sus diálogos, nos revela unas voces innegablemente distintas. Si bien el Comisario, el Rey y el Cardenal tienen en común el deseo de mantener y de agrandar su supremacía, sus discursos están diseñados para que la audiencia reconozca sus idiosincrasias y sus identidades discursivas individuales, partiendo de unas hipótesis que nacen especialmente del conocimiento del mundo ficcional (véase § 5.2.1).

7.5 Cipri, Alonso y Nuño

El personaje de Cipri aparece 2267 veces y su subcorpus tiene alrededor de 26 806 palabras, que equivalen al 1,8% del corpus completo. Alonso aparece 2649 veces, con un subcorpus de unas 29 308 palabras, equivalentes al 1,9% del corpus completo. Finalmente, Nuño aparece 1268 veces y su subcorpus consta de alrededor de 12 308 palabras, que suponen un 0,8% del total del corpus. Desde un punto de vista cuantitativo, como en el caso de los tres personajes vistos en las líneas anteriores, se trata de personajes con un caudal reducido de discurso y, por lo tanto, construidos más esquemáticamente. En el caso de Nuño, por ejemplo, su discurso equivale en porcentaje al del Rey. Así como el personaje del monarca nos interesaba para valorar los distintos matices de la dimensión del poder encarnados en diferentes caracterizaciones, además de considerar su importancia en la trama, nos fijaremos ahora en el personaje 'plano' de Nuño por ser el joven antagonista de Alonso (con la consecuente reproducción de la relación adversaria de sus padres).

La distribución de las etiquetas <PER name ="CIPRI"> en el Gráfico VII.3, nos confirma que, aunque hable y aparezca poco frecuentemente (Tab. VI.4, Tab. VI.5), la presencia de Cipri es constante a lo largo de la serie.

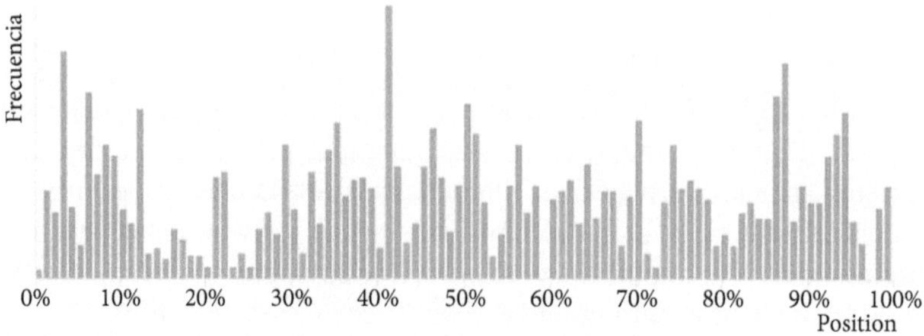

Gráfico VII.3 – *Dispersión de <PER name ="CIPRI">*

Cipri es el tabernero de la posada, una persona humilde y sin estudios (es analfabeto) que sufre las estrecheces y la violencia de los poderosos.

En las primeras cincuenta palabras clave del subcorpus relativo a este personaje (Tab. VII.23) encontramos los nombres de quienes se relacionan más con él: Inés, su mujer, que es raptada por el Rey y que morirá trágicamente; Floro, el barbero, que también desaparece trágicamente, y Catalina, madre de Murillo y viuda sin saberlo de Floro, de la que Cipri se enamora, la cual también es asesinada en uno de los episodios finales. La única presencia importante que se mantiene en el universo de las relaciones de Cipri es Gonzalo, aunque con Sátur también tiene una relación destacada, que es a un tiempo amistosa y conflictiva (el nombre *sátur* aparece como palabra clave en la posición 57).

Tab. VII.23 – Primeras 50 palabras clave del subcorpus "Cipri" (frec.>10)

inés, bruja, posada, floro, pan, ladrón, niña, desgraciado, gonzalo, vino, crío, robado, juro, dicen, trabajar, seco, hacemos, catalina, vengo, asustado, paz, toma, doctor, ayúdame, déjame, comida, verás, comer, señor, vi, ayer, encontrado, diciendo, dinero, voz, calle, pa, murillo, leche, nervioso, vas, eh, dejado, extrañado, san, van, oro, lado, espera, ves

Una parte importante de las palabras clave de Cipri gira alrededor del campo semántico de la comida, bien por su oficio de tabernero, bien por la escasez que él y el pueblo de la Villa sufren (*posada, pan, vino, comida, comer*); también vislumbramos su implicación en algunas acciones deshonestas (*ladrón*, *robado*, *dinero*, *oro*), la difícil y subordinada relación con la clase social más privilegiada (los apelativos *doctor* y *señor*), de la que dependen unas emociones que se sitúan en el ámbito de la SEGURIDAD/INSEGURIDAD (*nervioso*) y de la SORPRESA/IMPASIBILIDAD (*asustado*, *extrañado*). Su habla está caracterizada por alguno de los rasgos populares que evidenciamos en el discurso de Sátur, como desvelan las concordancias de *leche*, que solo en limitadas ocasiones (3 recurrencias de 10) se inscriben en el campo semántico de la alimentación antes mencionado (ejemplos del 276 al 282):

(276) ¡Calla, **leche**!

(277) Me dije, pobre Floro, qué mujer se ha echado, la mala **leche** que se gasta...

(278) Aunque luego vi que no era mala **leche**, sino coraje... eso que te hace tirar p'alante todos los días...

(279) Me cago en la **leche**.

(280) Todavía no entiendo cómo llegó la pólvora a tu chaleco, ¿qué **leches** hiciste?

(281) Mecagüen la **leche**, es que no lo entiendo... ¡¿A santo de qué ha tenido que llevársela?!

(282) Mecagüen la **leche**, es que no entiendo... ¡¿De qué estabais hablando, Sátur?!

Los enunciados disfemísticos de los ejemplos (279), (281) y (282), así como las palabras clave *pa*, que representa la pronunciación descuidada de *para*, y *eh*, interjección propia, son señales de la adscripción de Cipri al estrato popular, que comparte, como ya comentamos, con Sátur y Catalina. Si comparamos su discurso con el de estos personajes, buscando las primeras cincuenta palabras clave con respecto al subcorpus "Sátur" y al subcorpus "Catalina", manteniendo como umbral un mínimo de 10 recurrencias, obtenemos los resultados recopilados en la Tabla VII.24 y en la Tabla VII.25.

Tab. VII.24 – Primeras 50 palabras clave del subcorpus "Cipri" (frec.>10) utilizando el subcorpus "Catalina" como corpus de referencia

joder, extrañado, estuarda, preocupado, sorprendido, ayúdame, catalina, asustado, sátur, águila, paz, nervioso, juro, encontrado, ladrón, bruja, serio, alonso, roja, robado, seco, posada, desgraciado, inés, déjame, vengo, pan, vino, bosque, niña, guardia, ah, morir, oro, crío, dicen, soy, gonzalo, solo, san, necesito, toma, maestro, vi, uno, mujeres, mundo, estos, era, nadie

Tab. VII.25 – Primeras 50 palabras clave del subcorpus "Cipri" (frec.>10) utilizando el subcorpus "Sátur" como corpus de referencia

catalina, floro, sátur, inés, gonzalo, niña, déjame, bruja, posada, ayúdame, murillo, ladrón, crees, robado, contigo, vas, quieres, toma, sabes, puedes, estás, comisario, seco, trabajar, verás, vino, haces, pan, ti, tú, ayer, desgraciado, vete, tienes, palacio, has, dices, dicen, te, vengo, ayuda, paz, comida, dinero, espera, juan, ves, comer, calle, trabajo

Focalizamos nuestra atención en las palabras clave que puedan revelar cómo el habla de Cipri resulta personal y distinta dentro del grupo con el que comparte una serie de preferencias lingüísticas. En la comparación con Catalina, las palabras clave revelan en primer lugar el uso distintivo de la interjección disfemística *joder* (con cero recurrencias en el subcorpus de referencia); se trata de un rasgo que, más que decirnos algo acerca del habla de Cipri, corrobora la caracterización de Catalina como mujer que, en su habla, rehúye lo grosero (§ 7.3). La presencia de *ah* como interjección propia indica cierta disposición hacia la sindéresis, la operación mental de caer en la cuenta (Alonso-Cortés 1999: 4027), que caracteriza a Cipri como un poco lento, no expedito en la comprensión, pero no se trata de una preferencia lingüística especialmente significativa. Por otra parte, los datos incluidos en la Tabla VII.25 nos indican que el habla de Cipri básicamente tampoco difiere de la de Sátur, ya que las palabras clave se sitúan en el ámbito de las relaciones (*catalina, floro, sátur, inés, juan, gonzalo*; de hecho, Cipri es amigo del héroe de la serie y lo llama por su nombre, a diferencia de Sátur, que es su criado), del estado anímico y de las vivencias del tabernero. La conclusión a la que llegamos, basándonos en estas reflexiones, es que la construcción de Cipri se limita a su colocación en el ámbito del pueblo llano, sin que ni su expresividad lingüística, ni su universo emocional sobresalgan y lo caractericen de manera marcadamente individual; principalmente su existencia sirve para contribuir al desarrollo de la trama y a la caracterización de otros personajes más 'redondos', como Sátur, con el que tiene un trato cordial y a la vez conflictivo, ya que Cipri siente envidia de la estrecha relación entre Sátur y Gonzalo. Consideremos el retrato que nos confía la 'biblia':

> CIPRIANO "CIPRI" "El tabernero rácano"
>
> 30 – 35 años
>
> Feúcho. El negociante de la pandilla, dueño de la taberna "Pata de liebre": centro de reunión de todos los amigos. Un poco avaro (agua el vino para sacarle más beneficio) pero de buen corazón. Conservador, lleno de miedos. Amigo de Gonzalo. Es quien le inocula todos sus temores. Celoso de todo aquel que se acerque a su más valiosa joya: su mujer, Inés. No puede tener hijos
> Referente: Santiago en Los Serrano, Gonzalo en 7 Vidas.

El retrato robot que se hace de Cipri esboza a un personaje secundario, pero central a la hora de reunir en su posada a toda la "pandilla", un "feúcho" enamorado de su guapísima mujer, avaro, miedoso, celoso y a veces con mal carácter, pero en el fondo buena persona, como los populares referentes de dos exitosas series de televisión españolas (véase § 2.1). Nuestras observaciones nos inducen a creer que ha habido un cambio en el programa narrativo, tal vez por la 'desaparición' de Inés, que también ha frustrado el desarrollo del tema de la imposibilidad de tener hijos (además, él y Catalina acabarán esperando a un niño, que no llegará a nacer); de ahí que la caracterización de Cipri, no obstante la presencia escénica y el potencial narrativo del personaje, no tenga un desarrollo discursivo muy distintivo ni relevante.

Alonso y Nuño son hijos respectivamente de Gonzalo y su difunta mujer y de la Marquesa y su marido, aunque pronto se descubre que en realidad el padre de Nuño es el Comisario. Al comienzo de la serie son unos niños, y por esto son los personajes que más cambian físicamente, llegando a ser, al final de la serie, unos jóvenes preparados para el trabajo y las armas. Alonso pertenece al estrato de los humildes, mientras que Nuño es un noble y es muy consciente de su lugar y poder en la sociedad. La 'biblia' los retrata como jóvenes totalmente opuestos desde un punto de vista anímico y a causa de los sentimientos que despiertan en su entorno:

> ALONSO "El pequeño valiente".
>
> 7 años.
>
> Tierno, cariñoso, noble, valiente, terco, cabezota, lucha por altos ideales. Un héroe como su padre, al que no comprende porque desconoce su doble identidad. Le gustaría ser hijo de Águila Roja. Esconde una gran falta de cariño porque no ha superado la pérdida de su madre. Se volcará con su tía Margarita.
>
> NUÑO "El chivato repelente".
>
> 7 años.
>
> Rebelde, clasista, déspota, repelente y chivato. Su destino está marcado por su madre, la Marquesa. Los compañeros de colegio le odian pero no le pueden canear por ser quien es...

Para comprobar la hipótesis de la construcción antagónica desde el punto de vista expresivo de estos personajes, elaboramos los datos recopilados en la Tabla VII.26 y en la Tabla VII.27, en las que alternamos respectivamente los subcorpus "Alonso" y "Nuño" como corpus de referencia para encontrar las palabras clave de ambos subcorpus.

Tab. VII.26 – Primeras 50 palabras clave del subcorpus "Alonso" (frec.>10) utilizando el subcorpus "Nuño" como corpus de referencia

sátur, mamá, calle, tío, mató, oye, bestia, pedir, padres, eras, ayudar, tía, margarita, águila, cipri, roja, mujer, mundo, gabi, podemos, venga, extrañado, padre, vivo, murillo, gonzalo, juan, tenemos, casar, verás, pasó, cobarde, eh, decir, sobre, habitación, creer, clase, triste, casa, vuelto, seguro, quiere, allí, había, gente, hemos, enfadado, perdón, pausa

Tab. VII.27 – Primeras 50 palabras clave del subcorpus "Nuño" (frec.>10) utilizando el subcorpus "Alonso" como corpus de referencia

santillana, marqués, irene, plebeyo, comisario, caballo, catalina, palacio, maestro, majestad, siquiera, madre, mis, llorando, pienso, tiempo, matar, venido, conmigo, déjame, ti, muerto, sido, tu, mismo, puedo, era, vida, esto, parece, esa, quiero, soy, tienes, así, gracias, da, tenía, estoy, estar, para, del, más, favor, hasta, ese, su, ahora, ella, hablar

Las primeras palabras clave del subcorpus "Alonso", *sátur, mamá, calle, tío, mató, oye, bestia, pedir, padres, eras, ayudar*, no tienen ninguna recurrencia en el subcorpus "Nuño"; menos *bestia*, que está relacionada con un episodio específico, todas tienen cierta relevancia en el discurso del hijo de Gonzalo. *Sátur, mamá, tío* y *padres* corresponden a una parte del círculo familiar y amistoso del chico, como también, más adelante en el listado, *tía, margarita, águila, cipri, roja, gabi, murillo, gonzalo* y *juan*, que también aparecen en el discurso de Nuño. La *calle* es uno de los escenarios más frecuentes y también entra en los diálogos, porque Alonso relata acontecimientos que se han producido fuera de su casa y de la escuela, y son sucesos a menudo trágicos, como el asesinato de su madre y otros delitos (*mató*); al telón de fondo de la *calle* de Alonso se contrapone el del *palacio* de Nuño. El conector marginal (Garrido Medina 1999: 3923) *oye*, como también *venga*, utilizado para llamar la atención del destinatario y animarlo a actuar según lo que se va a decir o solicitar a continuación o lo que se ha dicho o solicitado anteriormente (Briz Gómez/Grupo Val.Es.Co. 2002), y asimismo la interjección propia *eh*, sitúan el habla de Alonso en el ámbito de un lenguaje basado en el trato cercano o amistoso con quienes lo rodean. Esta inclusión en un grupo solidario está representada por la presencia de verbos en primera persona del plural (*podemos, tenemos, hemos*), mientras que *eras* remite a una relación cercana evocando lazos que se remontan al pasado, como en los ejemplos del (283) al (287):

(283) Sabía que me salvarías... Sabía que **eras** el Águila...

(284) No te lo vas a creer, pero he llegado a creer que **eras** él... O sea, que mi padre eras tú... Qué tonto, ¿verdad?

(285) Sátur, tú una vez me dijiste que sabías montar en burro, que **eras** el mejor de tu pueblo.

(286) **Eras** mi amigo... tendrías que haber venido a verme.

(287) Y yo que creía que **eras** mi amigo...

A esta relación inclusiva de Alonso con la familia y los amigos se contrapone la autoafirmación solitaria de Nuño, que vemos reflejada en los verbos en primera persona de la Tabla VI.26 (*pienso, puedo, quiero, soy, estoy*) y especialmente en las palabras que solo aparecen en el subcorpus "Nuño": *santillana* y *marqués*, que remiten a unos actos de afirmación propia o de su linaje ("soy el marqués de Santillana", que remeda la autopresentación de su madre) y de ejercicio del poder. Al verificar las concordancias de *pienso*, notamos que todas se combinan con una negación (ejemplos del 288 al 297):

(288) **No pienso** casarme con quien tú digas...

(289) **No pienso** moverme de aquí.

(290) Yo **no pienso** ir a una escuelucha de pobres...

(291) **No pienso** contribuir a este...

(292) **No pienso** moverme.

(293) Esa cruz es un recuerdo de mi padre y **no pienso** permitir que ningún plebeyo asqueroso se quede con lo que es mío.

(294) ¡**No me pienso** quedar aquí!

(295) **No pienso** irme a ninguna parte.

(296) **No pienso** firmar nada.

(297) **No pienso** hacerlo sin ti.

En estos ejemplos, *pienso* funciona como un verbo de voluntad y equivale a "tener intención de" (Otaola Olano 1988: 113); su uso con la negación pone de manifiesto el estado emocional y volitivo del personaje, situándose en las categorías del DESEO y del PODER.

Finalmente, nos fijamos en dos adjetivos: *cobarde* en el subcorpus "Alonso" y *plebeyo* en el subcorpus "Nuño" (Tab. VII.28):

Tab. VII.28 – Frecuencia de *cobarde* y de *plebeyo* en los subcorpus "Alonso" y "Nuño"

Subcorpus "Alonso"			**Subcorpus de referencia "Nuño"**		
Término	*Keyness*	Frecuencia	Frecuencia del corpus de referencia	Frecuencia relativa	Frecuencia relativa del corpus de referencia (por millón)
cobarde	5,390	13	1	349,980	64,107

Subcorpus "Nuño"			**Subcorpus de referencia "Alonso"**		
Término	*Keyness*	Frecuencia	Frecuencia del corpus de referencia	Frecuencia relativa	Frecuencia relativa del corpus de referencia (por millón)
plebeyo	27,590	12	1	769,280	26,922

Los adjetivos son palabras clave según la comparación entre los subcorpus y son utilizados aproximadamente con la misma frecuencia por los dos personajes, pero la frecuencia relativa de *plebeyo* en el subcorpus "Nuño", resulta ser más del doble con respecto a *cobarde* en el subcorpus "Alonso", dado el distinto tamaño de los subcorpus, de ahí que su puntuación de *keyness*, o calidad de palabra clave, sea muy disímil. En ambos casos, se trata de adjetivos axiológicamente connotados en los respectivos discursos de los dos jóvenes, representando para cada uno de ellos el punto más bajo en su jerarquía de valores y, a la vez, un hiriente insulto. Por ironía dramática, Alonso cree que su padre es un cobarde (ejemplos 298 y 299) y lucha por diferenciarse de él, intentando acometer alguna empresa audaz, hasta que descubre que se trata del mismísimo Águila Roja (ejemplos 300 y 301):

(298) No te importa lo que le pasó a madre... Eres un **cobarde**... ¡**Cobarde**!

(299) Yo no soy un **cobarde** como mi padre.

(300) Todos... todos estos años, te he tratado como a un **cobarde** ...

(301) Porque es verdad, padre... He sido muy duro, te he llamado **cobarde** muchas veces... Y ahora me doy cuenta de que no era justo, porque si hay alguien valiente en el mundo, eres tú...

Al revés, Nuño desprecia a los plebeyos (302) y no puede concebir ningún tipo de contacto con ellos dentro de su propia clase social (303):

(302) ¿No es boñiga de caballo lo que coméis los **plebeyos** cada día?

(303) No te entiendo Irene, ¡es sólo un **plebeyo**!

Sin embargo, acabará descubriendo que, al ser su padre el Comisario y no el difunto marqués de Santillana, y al pertenecer su madre al estrato social más bajo, antes de sus nupcias, sus mismos orígenes son indiscutiblemente plebeyos. También observamos que la dispersión de *cobarde* (Gráfico VII.4) y *plebeyo* (Gráfico VII.5) en los dos subcorpus es bastante homogénea, representando, pues, una constante en la caracterización de estos dos personajes que pasan de ser niños a adultos a lo largo de la serie.

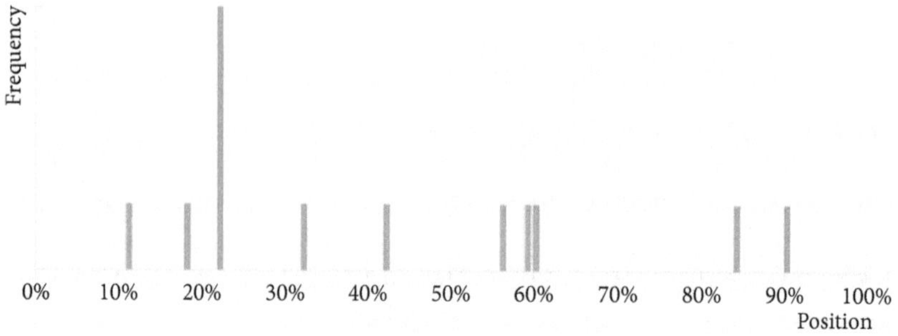

Gráfico VII.4 – *Dispersión del ítem* cobarde *en el subcorpus "Alonso"*

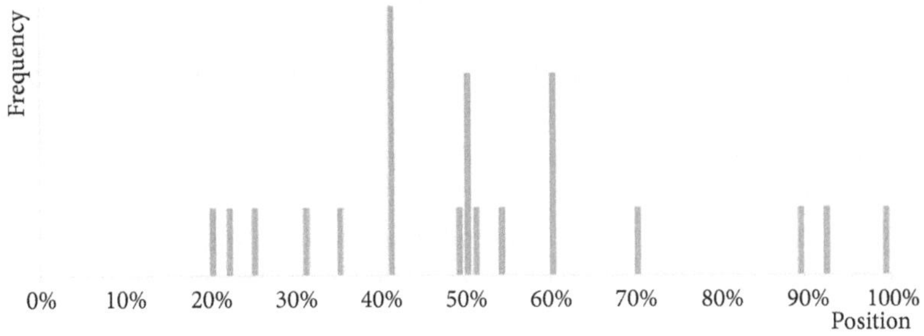

Gráfico VII.5 – *Dispersión del ítem* plebeyo *en el subcorpus "Nuño"*

Cobarde y *plebeyo* son unos elementos evaluativos centrales en el discurso de Alonso y de Nuño, respectivamente, y sintetizan sus sentimientos, creencias y valores en una única expresión verbal (véase § 4.3.1). La repetición de este patrón lingüístico, a pesar de una distinta consistencia cuantitativa de los diálogos, contribuye a crear una identidad expresiva antagónica estable que refleja, complementa y amplifica la contraposición entre el Comisario y Gonzalo, uno de los ejes principales de la ficción televisiva.

7.6 Conclusión

A lo largo de este capítulo, hemos acometido el análisis de los diálogos de los doce personajes de nuestro caso de estudio partiendo de los datos extraídos del corpus de guiones. Más concretamente, y siguiendo una ruta metodológica habitual entre los lingüistas de corpus (Fuster Márquez 2020: 53), nuestro punto de partida han sido las palabras clave. Las hemos obtenido mediante la elaboración de subcorpus que incluyeran todo el discurso de cada personaje y todo el discurso de los demás personajes menos el personaje en cuestión, pero, en casos señalados, también utilizando el subcorpus de otro personaje como subcorpus de referencia, para enfocar un cotejo entre la construcción de dos personajes que estuvieran de alguna manera relacionados. El uso de la metodología de corpus nos ha permitido ser sistemáticos a la hora de entresacar los rasgos expresivos más destacados utilizados en la construcción de cada uno de los personajes de la serie *Águila Roja*, aunque el caudal del discurso examinado no nos ha permitido un examen exhaustivo –si es que este adjetivo puede efectivamente aplicarse a un análisis de este tipo–.

Asimismo, hemos optado por dedicar mayor atención a los personajes 'redondos' (especialmente a Sátur, considerándolo un 'personaje único' por su presencia discursiva), cuya construcción es, efectivamente, más compleja y variegada con respecto a otros personajes más 'planos'. Las palabras clave de cada personaje y la exploración directa del corpus nos han guiado inductivamente a la hora de detectar la relevancia de algunas pautas discursivas que, lejos de ser arbitrarias, dejan entrever aspectos relevantes de la caracterización concedida por los guionistas a los personajes de la serie (Gregori Signes 2020: 138). La primera exploración cuantitativa ha sido, pues, el trampolín para lanzarnos a una investigación cualitativa de los aspectos que hemos considerado más relevantes en la caracterización expresiva de los personajes, ya que cada uno de ellos está construido a través de marcadores de estilo propios diseñados para ser reconocidos por la audiencia.

En el caso de Sátur, las palabras clave nos han llevado a considerar las señales explícitas de autopresentación del personaje y el uso distintivo del lenguaje coloquial que lo caracteriza como perteneciente a la clase social más baja. Los disfemismos, las palabras tabú y algunas pautas repetidas tienen valor de realce expresivo de la intensa emotividad del personaje, marcada por reacciones vinculadas principalmente con la INSEGURIDAD, la INSATISFACCIÓN, la INFELICIDAD y la SORPRESA, observación que se ha confirmado con el análisis de las señales del autor en las acotaciones. El uso de estos recursos expresivos está diseñado para estrechar firmes vínculos de afiliación con la audiencia a través de un realismo emocional y también de las incongruencias y anacronismos descritos en § 4.3.2 (véase también Chierichetti 2017). El personaje de Cipri comparte con Sátur el mismo grupo social, característica que descuella a la hora de localizar el uso del registro coloquial. Además, dentro de la propia trama de la serie, también se evidencia mediante los usos lingüísticos la necesidad por parte de Cipri de conseguir el pan cotidiano, especialmente evidente en un análisis de las palabras clave de este personaje. Por otra parte, si el diálogo de Catalina, que forma parte del mismo grupo y, además, es pareja de Cipri, está caracterizado por la presencia de lo coloquial, pero tiene rasgos propios, estereotípicamente femeninos, y también un recorrido emocional distintivo, nuestro análisis desvela que el discurso de Cipri, también por su reducido caudal, no tiene un desarrollo suficiente como para conferirle cierta 'rotundidad' desde un punto de vista expresivo.

En el análisis de Gonzalo y Águila Roja, hemos considerado dos conjuntos de palabras clave fijando dos puntos de corte distintos, ya que la exploración de los diferentes criterios posibles nos hizo detectar la relevancia discursiva de los *hápax*, que no remiten únicamente a circunstancias específicas de las andanzas de los personajes, sino que realzan su cultura y sabiduría, rasgos centrales en su construcción expresiva. Si bien Águila Roja es tan solo una máscara de Gonzalo, el análisis de las palabras clave de los dos personajes desvela que en cada uno se desarrollan de manera distinta, aunque complementaria, las categorías personales, los estados emocionales (la emoción principal de Águila Roja es el DESEO, mientras que el motor de las acciones de Gonzalo se halla en la INFELICIDAD y la INSEGURIDAD) y los roles ocupacionales y relacionales, compartiendo de forma especial los aspectos ideológicos.

La Marquesa tiene rasgos en común con los demás personajes caracterizados por el PODER (el Comisario, el Cardenal y el Rey), algo que hemos comprobado, entre otros rasgos, poniendo de relieve algunas pautas discursivas que funcionan como señales explícitas de autopresentación y autoafirmación; cuando introduce a su pareja, el Comisario, lo presenta señalando su oficio y contribuyendo a reforzar el parámetro del PODER y de la consiguiente eterna INSATISFACCIÓN en la caracterización de ambos, debido a sus ambiciones insaciables de ascenso y de prestigio social y económico. El discurso de los dos también se distingue por la presencia de la INFELICIDAD, relacionada con los percances amorosos de sus vidas. A la Marquesa se contrapone Margarita, básicamente por ser el verdadero amor de Gonzalo y por ser una chica de pueblo, sin pretensiones. Sin embargo, el análisis de las palabras clave evidencia varias coincidencias en su construcción expresiva: Margarita también tiene una serie de vicisitudes amorosas, aunque su conducta no es libertina; es una mujer inteligente cuyos pensamientos y acciones se desarrollan en la esfera del DESEO, la SEGURIDAD y la autoafirmación, como demuestran algunas pautas repetidas en sus diálogos y las señales del autor en las acotaciones. Por último, en el grupo de las mujeres, Catalina recibe una atención especial a la hora de ser construida como personaje del pueblo a través de su habla, que desvela emociones 'típicamente' femeninas, expresadas a través de una prosodia discursiva especialmente rica en marcas coloquiales que contrasta con el lenguaje formal que tiene que emplear en su rol ocupacional de ama de llaves.

El análisis llevado a cabo a partir de las palabras clave del Cardenal y del Rey desvela unos rasgos igualmente fundados en el PODER (por ejemplo, en su autoafirmación y en el uso de enunciados deónticos), pero con matices distintos. En el primer personaje, el uso de la cortesía positiva y de algunos marcadores de evidencia desdibujan una personalidad que se manifiesta especialmente ambigua y turbia, mientras que, en el caso del monarca, las acotaciones desvelan su INSEGURIDAD, que nace especialmente de los secretos familiares que esconde.

Finalmente, intuimos en la exploración del caudal discursivo de Alonso y Nuño la construcción de una expresividad opuesta y complementaria, que hemos puesto en evidencia creando dos listados de palabras clave, utilizando alternativamente los dos subcorpus "Alonso" y "Nuño" como subcorpus de referencia. Los resultados nos restituyen los ámbitos de las respectivas redes sociales y familiares, los escenarios principales de sus apariciones y los parámetros del DESEO y del PODER como fundamento de la caracterización de Nuño; también argumentamos cómo la aparición de las palabras clave *cobarde* y *plebeyo* constituyen patrones lingüísticos distintivos de la personalidad de los dos jóvenes.

A través de nuestro análisis estilístico basado en corpus comprobamos cómo las elecciones lingüísticas planteadas por los guionistas proporcionan suficientes indicios para inferir y distinguir la identidad expresiva de los personajes, creando, especialmente en el caso de los personajes más 'redondos', unas voces únicas, diseñadas para ser reconocidas por la audiencia y crear un efecto de realismo emocional.

8. Conclusiones

Nuestra investigación se ha centrado en una exitosa serie televisiva de ficción producida en un momento que podría considerarse el comienzo de la época de la proyección transmediática de este tipo de producciones en España. Dirigida a un público familiar y con una marcada tendencia a la hibridación, combina la caracterización clásica con una perspectiva moderna, es decir, la comedia de capa y espada con la dramedia televisiva, con muchos guiños orientados indiscutiblemente hacia la audiencia contemporánea. Con el análisis que hemos llevado a cabo, hemos tenido la oportunidad de profundizar en el modo de construcción de los personajes a través de los diálogos telecinemáticos, tal como aparecen en los guiones de esta serie.

A lo largo de nuestro trabajo, hemos advertido que, por un lado, las decisiones lingüísticas tomadas por los guionistas están profundamente vinculadas con la figuración de la dimensión multimodal que adquirirá el producto final. Por otro, se hace bastante evidente que la creación de los diálogos telecinemáticos se ubica en la dimensión del diseño de audiencia y, a través de la activación o desactivación de estereotipos y modelos, está encaminada a activar procesos interpretativos en el público potencial al que se dirige el producto televisivo ultimado. Basándonos principalmente en el modelo cognitivo propuesto por Culpeper (2001, 2009) y en los estudios de referencia de Bednarek (especialmente 2008, 2009c, 2010, 2011a, 2012a, 2012b, 2015a, 2017, 2018), hemos centrado nuestro análisis en la construcción de la identidad expresiva de los personajes, especialmente por lo que atañe a una serie de aspectos como la emoción, la actitud y la ideología, a través de señales discursivas explícitas o implícitas. Adoptamos una metodología asentada en el ámbito de los estudios del discurso asistidos por corpus, que funda su perspectiva cualitativa en una base cuantitativa, combinando tal metodología con la perspectiva de la estilística telecinemática. Considerando que el guion de serie y las series mismas suponen prácticas discursivas de cierta complejidad, dedicamos los primeros capítulos a sus características más relevantes y al amplio contexto social, cultural y económico en el que se desarrollan, principalmente en España.

Al atenernos a la tradición de focalizar la investigación en un único producto cultural (como, por ejemplo, en los estudios acerca del discurso en las series de televisión de Bubel 2006, Bubel y Spitz 2006, Mandala 2007, 2008, 2011, Quaglio 2009), los resultados obtenidos se aplican exclusivamente a un caso de estudio y no a la construcción de personajes en los guiones de series en general. Esperamos que nuestra contribución pueda ser eficaz como referencia para otros análisis dedicados al estudio del discurso telecinemático en español. De hecho, la ficción seriada en lengua española, hasta el momento, no ha recibido gran atención como objeto de análisis lingüístico, como comentamos en el capítulo 1, mientras que la mayor parte de la investigación en este campo, que se ha demostrado especialmente vigorosa en los últimos quince años, se ha ceñido, comprensiblemente, a la ficción en lengua inglesa, como atestigua la nutrida bibliografía de Bednarek/Zago (2021).

Estimamos que el hecho de adentrarse en el proceso de creación de una serie estudiando la construcción de personajes a partir de los propios guiones refuerza la consistencia del análisis, ya que el guion puede ser un objeto de estudio en sí mismo, como propone Bednarek (2015c) cuando acuña el término *linguistic of screenwriting* para describir este campo de investigación. Al mismo tiempo, el lenguaje de la creación del diálogo telecinemático nace como un reflejo de la percepción que los guionistas tienen de la conversación real que pretenden representar por escrito y de las formas de interacción reales entre las personas. De ahí la posibilidad de su análisis como muestra lingüística (Alvarez-Pereyre 2011: 48), por ejemplo, desde una perspectiva diacrónica o diatópica o incluso de la variación lingüística en general, con gran interés para la investigación sociolingüística (Bednarek 2018: 23, Queen 2015), u ofreciendo marcos para el estudio de aspectos como la descortesía o el cambio de código (*codeswitching*).

El diálogo telecinemático también ofrece un gran potencial para fines didácticos (Quaglio 2009: 149), en la escritura creativa o en las clases de E/LE o E/L2. Las diferencias con la conversación natural, estudiadas por Quaglio (2009) en el caso de la serie norteamericana *Friends*, también se pueden explorar en el área del análisis conversacional, por ejemplo, teniendo en cuenta los aspectos de la emoción, la actitud y la ideología. Si aplicamos este inventario incompleto de perspectivas lingüísticas a las dimensiones de la creación, el producto y el consumo (Bednarek 2015c: 222, véase § 1.3), tendremos un horizonte de investigación para la lengua española de enorme amplitud, que abarca, por ejemplo, la traducción audiovisual y el doblaje (un campo que ya cuenta con varios estudios; véase § 1.3), especialmente si nos adentramos en la dimensión multimodal en la que el lenguaje telecinemático se despliega en toda su complejidad.

El futuro de los estudios sobre el discurso telecinemático no depende, sin duda, del caudal de producciones originales, que es abundante, sino del interés de los investigadores y de la posibilidad de crear repositorios de guiones, transcripciones, subtítulos, así como de la disponibilidad de materiales multimodales que sean de libre uso para fines de investigación. Además de servir para estudios concretos, recursos de este tipo permitirían diseñar y crear corpus que incluyeran una amplia gama de series de televisión y de películas, con la finalidad de centrarse en el diálogo telecinemático como tipo de lenguaje (véase Bednarek 2020). En este sentido, en lengua inglesa ya existen, por ejemplo, por lo que atañe a las series, el *Corpus of American Television Series*, *The Corpus of American Soap Operas*, *The Friends Corpus*, *The Sydney Corpus of Television Dialogue* o, en el ámbito fílmico, el corpus paralelo bilingüe inglés/italiano *Pavia Corpus of Film Dialogue*, descrito por Pavesi (2014). Tal vez únicamente con estas premisas podrán nacer trabajos seminales que funcionen como referencia en el ámbito hispánico. Por nuestra parte, confiamos en haber dado un paso en la dirección de suscitar el interés académico hacia los aspectos lingüísticos de las narrativas televisivas en lengua española.

Referencias bibliográficas

Alba Juez, Laura/MacKenzie, J. Lachlan 2019. Emotion processes in discourse. En Mackenzie, J. Lachlan/Alba Juez, Laura (eds.). *Emotion in discourse*. Amsterdam/Philadelphia: John Benjamins: 3–26.

Alonso-Cortés, Ángel. 1999. Las construcciones exclamativas. La interjección y las expresiones vocativas. En Bosque, Ignacio/Demonte, Violeta (dirs.). *Gramática Descriptiva de la Lengua Española*. Vol. 3. Madrid: Espasa Calpe: 3993–4050.

Altman, Rick. 1996. Cinema and Genre. En Nowell-Smith, Geoffrey (ed.). *The Oxford History of World Cinema*. Oxford: Oxford University Press.

Álvarez Monzoncillo, José María/López Villanueva, Javier. 1999. La producción de ficción en España: un cambio de ciclo. *ZER – Revista de Estudios de Comunicación* 4, 7. http://www.ehu.eus/ojs/index.php/Zer/article/view/17398/15176 [Acceso 24/8/2018].

Alvarez-Pereyre, Michael. 2011. Using film as linguistic specimen. En Piazza, Roberta/Bednarek, Monika/Rossi, Fabio (eds.). *Telecinematic discourse. Approaches to the language of film and television series*. Amsterdam/Philadelphia: John Benjamins: 47–67.

Androutsopoulos, Jannis. 2012. Introduction: Language and society in cinematic discourse. *Multilingua* 31: 139–154.

Ang, Ien. 1985. *Watching Dallas: Soap Opera and the Melodramatic Imagination*. London: Methuen.

Ang, Ien. 2007. Television Fictions around the World: Melodrama and Irony in Global Perspective, *Critical Studies in Television* 2 (2): 18–30.

Bajtín, Mijaíl. 1981. *The dialogic imagination: Four essays*. Austin, TX: University of Texas Press.

Baker, Paul. 2005. *Public Discourses of Gay Men*. London/New York: Routledge.

Baker, Paul. 2006. *Using Corpora in Discourse Analysis.* London/ New York: Continuum.

Baker, Paul/Gabrielatos, Costas/McEnery, Tony. 2013. *Discourse Analysis and Media Attitudes: The Representation of Islam in the British Press.* Cambridge: Cambridge University Press.

Baños Piñero, Rocío. 2009. Estudio descriptivo-contrastivo del discurso oral prefabricado en un corpus audiovisual comparable en español: oralidad prefabricada de producción propia y de producción ajena. En Cantos, Pascual / Sánchez, Aquilino (eds.). *Panorama de investigaciones basadas en corpus.* Murcia: Asociación Española de Lingüística del Corpus: 399–413.

Baños Piñero, Rocío. 2010. El diálogo audiovisual en la traducción para el doblaje y en producciones domésticas: parecidos y diferencias. En López-Campos Bodineau, Rafael/Balbuena Torezano, M.ª del Carmen/Álvarez Jurado, Manuela (eds.). *Traducción y modernidad: textos científicos, jurídicos, económicos y audiovisuales.* Córdoba: Servicio de publicaciones de la Universidad de Córdoba: 199–210.

Baños Piñero, Rocío. 2013. *That is so cool*: investigating the translation of adverbial intensifiers in English-Spanish dubbing through a parallel corpus of sitcoms, *Perspectives* 21, 4: 526–542.

Barrientos Bueno, Mónica. 2011. *Águila Roja*, un espectáculo de masas (de espectadores). *Comunicación* 9, 1: 4–18.

Bednarek, Monika. 2008. *Emotion talk across corpora.* Basingstoke/ New York: Palgrave Macmillan.

Bednarek, Monika. 2009a. Corpora and discourse: a three-pronged approach to analyzing linguistic data. En Haugh, Michael/Burridge, Kate/Mulder, Jean/Peters Pam (eds.). *Selected Proceedings of the 2008 HCSNet Workshop on Designing the Australian National Corpus.* Sommerville, MA Mustering Languages: Cascadilla Proceedings Project: 19–24.

Bednarek, Monika. 2009b. Language patterns and ATTITUDE. *Functions of Language* 16, 2: 165–192.

Bednarek, Monika. 2009c. Dimensions of evaluation. Cognitive and linguistic perspectives. *Pragmatics & Cognition* 17:1: 146–175.

Bednarek, Monika. 2010. *The language of fictional television: Drama and identity*. London/New York: Continuum.

Bednarek, Monika. 2011a. Expressivity and televisual characterization. *Language & Literature* 20 (1): 1–19.

Bednarek, Monika. 2011b. The stability of the televisual character: A corpus stylistic case study. En Piazza, Roberta/Bednarek, Monika/Rossi, Fabio (eds.). *Telecinematic discourse. Approaches to the language of film and television series*. Amsterdam/Philadelphia: John Benjamins: 185–204.

Bednarek, Monika. 2012a. Constructing 'nerdiness': Characterization in *The Big Bang Theory*. *International Journal of Corpus Linguistics* 17, 1: 35–63.

Bednarek, Monika. 2012b. *Get us the hell out of here*. Key words and trigrams in fictional television series. *Multilingua* 31: 199–229.

Bednarek, Monika. 2015a. Wicked women in contemporary popculture: bad language and gender in *Weeds*, *Nurse Jackie*, and *Saving Grace*. *Text&Talk* 35 (4): 431–451.

Bednarek, Monika. 2015b. Corpus-assisted multimodal discourse analysis of television and film narratives. En Baker, Paul/McEnery, Tony (eds.). *Corpora and Discourse Studies*. Basingstoke/New York: Palgrave Macmillan: 63–87.

Bednarek, Monika. 2015c. An overview of the linguistics of screenwriting and its interdisciplinary connections, with special focus on dialogue in episodic television. *Journal of Screenwriting* 6/2: 221–238.

Bednarek, Monika. 2017. The role of dialogue in fiction. En Locher, Miriam A./Jucker, Andreas H. (eds.). *Pragmatics of Fiction*. Berlin/Boston: De Gruyter Mouton: 129–158.

Bednarek, Monika. 2018. *Language and Television Series. A Linguistic Approach to TV Dialogue*. Cambridge: Cambridge University Press.

Bednarek, Monika. 2019. The multifunctionality of swear/taboo words in television series. En Mackenzie. J. Lachlan/Alba Juez, Laura (eds.). *Emotion in discourse*. Amsterdam/Philadelphia: John Benjamins: 29–54.

Bednarek, Monika. 2020. On the usefulness of the Sydney Corpus of Television Dialogue as a reference point for corpus stylistic analyses of TV series. En Hoffmann, Christian/Kirner-Ludwig, Monika (eds.). 2020. *Telecinematic Stylistics*. London: Bloomsbury Academic: 39–62.

Bednarek, Monika/Zago, Raffaele. 2021. *Bibliography of linguistic research on fictional (narrative, scripted) television series and films/movies*, version 4 (January 2021). https://unico.academia.edu/RaffaeleZago. [Acceso 7/1/2021].

Bell, Alan/Gibson, Andy. 2011. Staging language: An introduction to the sociolinguistics of performance. *Journal of Sociolinguistics* 15/5: 555–572.

Biber, Douglas/Johansson, Stig/Leech, Geoffrey/Conrad, Susan/Finegan, Edward. 1999. *The Longman Grammar of Spoken and Written English*. Harlow (RU): Pearson Education.

Bolívar, Adriana. 1994. *Discurso e interacción en el texto escrito*. Consejo de Desarrollo Científico y Humanístico. Caracas: Universidad Central de Venezuela.

Bousfield, Derek. 2008. *Impoliteness in interaction*. Amsterdam/Philadelphia: John Benjamins.

Briz Gómez, Antonio. 2011. *El español coloquial en la conversación. Esbozo de pragmagramática*. Barcelona: Ariel.

Briz Gómez, Antonio/Grupo Val.Es.Co. 2002. *Corpus de conversaciones coloquiales*. Madrid: Arco Libros.

Bruti, Silvia/Vignozzi, Gianmarco. 2016. Routines as social pleasantries in period dramas: A corpus linguistic analysis. En Ferrari, Roberta/Bruti, Silvia (eds.). *A language on one's own: Idiolectal English*. Bologna: I libri di Emil: 207–239.

Bubel, Claudia. 2006. *The linguistic construction of character relations in TV drama: Doing friendship in* Sex and the City. Tesis doctoral, Universität des Saarlandes (Alemania). http://scidok.sulb.uni-saarland.de/volltexte/2006/598/ [Acceso 21/3/2017].

Bubel, Claudia. 2008. Film audiences as overhearers. *Journal of Pragmatics* 40: 55–71.

Bubel, Claudia/Spitz, Alice. 2006. *One of the last vestiges of gender bias*. The characterization of women through the telling of dirty jokes in *Ally McBeal*. *Humor* 19 (1): 71–104.

Bustamante, Enrique. 1999. *La televisión económica. Financiación, estrategias y mercados*. Barcelona: Gedisa.

Carrasco Campos, Ángel. 2010. Teleseries: géneros y formatos. Ensayo de definiciones. *Miguel Hernández Communication Journal* 9: 174–200.

Casas Gómez, Miguel. 2012. The Expressive Creativity of Euphemism and Dysphemism. *Lexis* 7: 43–64.

Cascajosa Virino, Concepción. 2016. Buscando al espectador serial desesperadamente: la nueva investigación de audiencias y la serie *El Ministerio del Tiempo*. *Dígitos* 2: 53–69.

Cestero Mancera, Ana María. 2015. La expresión del tabú: estudio sociolingüístico. *Boletín de Filología* 50, 1. Santiago de Chile: Universidad de Chile: 71–105.

Chamizo Domínguez, Pedro J. 2004. La función social y cognitiva del eufemismo y del disfemismo. *Panace@* V (15): 45–51.

Chierichetti, Luisa. 2017. El 'criado pesado': la caracterización en la serie *Águila Roja*. *Quaderns de Filologia. Estudis Lingüístics* 22: 57–78.

Chierichetti, Luisa/Garofalo, Giovanni/Mapelli, Giovanna. 2019. Hacia una visión holística del discurso turístico. *Círculo de Lingüística Aplicada a la Comunicación* 78: 3–16.

Chouliaraki, Lilie/Fairclough, Norman. 1999. *Discourse in Late Modernity. Rethinking Critical Discourse Analysis*. Edinburgh: Edinburgh University Press.

CLAVE. *Diccionario de uso del español actual*. 2004. Ediciones SM/Hoepli.

Costa Sánchez, Carmen/Piñeiro Otero, Teresa. 2012. Nuevas narrativas audiovisuales: multiplataforma, crossmedia y transmedia. El caso de *Águila Roja*. *ICONO 14* 10 (2): 102–125. https://doi.org/10.7195/ri14.v10i2.156 [Acceso 29/3/2017].

Coupland, Nikolas. 2007. *Style: Language Variation and Identity*. Cambridge: Cambridge University Press.

Creeber, Glen. 2015. *The Television Genre Book* (3rd ed.). London: Palgrave.

Culpeper, Jonathan. 2001. *Language and characterisation: People in plays and other texts*. London: Longman.

Culpeper, Jonathan. 2002. Computers, language and characterisation: an analysis of six characters in *Romeo and Juliet*. En

Melander-Marttala, Ulla/Ostman, Carin/Kyto, Merja. (eds.), *Conversation in Life and in Literature: Papers from the ASLA Symposium.* Uppsala: Universitetstryckeriet: 11–30.

Culpeper, Jonathan. 2009. Keyness: Words, part-of-speech and semantic categories in the character-talk of Shakespeare's *Romeo and Juliet. International Journal of Corpus Linguistics* 14 (1): 29–59.

Culpeper, Jonathan/Fernández Quintanilla, Carolina. 2017. Fictional characterisation. En Locher, Miriam A./Jucker, Andreas H. (eds.). *Pragmatics of Fiction.* Berlin/Boston: De Gruyter Mouton: 93–128.

Culpeper, Jonathan/McIntyre, Dan. 2010. Activity Types and Characterisation in Dramatic Discourse. En Eder, Jens/Jannidis, Fotis/Schneider, Ralf (eds.). *Characters in Fictional Worlds: Understanding Imaginary Beings in Literature, Film, and Other Media.* Berlin: Mouton de Gruyter: 176–207.

DEA. Seco, Manuel/Andrés, Olimpia/Ramos, Gabino. 1999. *Diccionario del español actual.* Madrid: Aguilar.

Díaz Castañón, Carmen. 1975. Sobre la terminación *-ado* en el español de hoy. *Revista española de lingüística* 5, 1: 111–120.

Díaz Pérez, Juan Carlos. 2012. *Pragmalingüística del disfemismo y la descortesía.* Tesis doctoral, Universidad Carlos III de Madrid. https://e-archivo.uc3m.es/handle/10016/15682 [Acceso 14/04/2020].

DLE. Real Academia Española: *Diccionario de la lengua española,* 23.ª ed., [versión 23.3 en línea]. https://dle.rae.es [Acceso 02/04/2020].

Douglas, Pam. 2011. *Writing the TV Drama Series: How to Succeed as a Professional Writer in TV.* Studio City, CA: Michael Wiese Productions.

DUE. Moliner, María. 1987. *Diccionario de uso del español.* Madrid: Gredos.

Dynel, Marta. 2010. Not hearing things – Hearer/listener categories in polylogues. *mediAzioni* 9: 1–21. http://mediazioni.sitlec.unibo.it [Acceso 27/10/2018].

Dynel, Marta. 2011a. "I'll be there for you" On participation-based sitcom humour. En Dynel, Marta (ed.). *The Pragmatics of Humour across Discourse Domains*. Amsterdam/Philadelphia: John Benjamins: 311–333.

Dynel, Marta. 2011b. "You talking to me?" The viewer as a ratified listener to film discourse. *Journal of Pragmatics* 43 (6): 1628–1644.

Dynel, Marta. 2012. Setting our House in order: The workings of impoliteness in multi-party film discourse. *Journal of Politeness Research* 8 (6): 161–194.

Eder, Jens/Jannidis, Fotis/Schneider, Ralf. 2010. Characters in fictional worlds: An introduction. En Eder, Jens/Jannidis, Fotis/Schneider, Ralf (eds.). *Characters in Fictional Worlds: Understanding Imaginary Beings in Literature, Film, and Other Media*. Berlin: Mouton de Gruyter: 1–66.

Eggins, Suzanne/Slade, Diana. 1997. *Analysing casual conversation*. London: Cassell.

Emmott, Catherine. 1997 *Narrative Comprehension: A Discourse Perspective*. Oxford, UK: Oxford University Press.

Enkvist, Nils Erik. 1964. On defining style. En Enkvist, Nils Erik/Spencer, John/Gregory, Michael J. *Linguistics and Style*. London: Oxford University Press: 1–56.

Enkvist, Nils Erik. 1973. *Linguistic Stylistics*. The Hague/Paris: Mouton.

Eysenck, Michael W./Keane Mark T. 2000. *Cognitive Psychology: A Student's Handbook*. London: Taylor & Francis.

Fairclough, Norman. 2008. El análisis crítico del discurso y la mercantilización del discurso público: Las universidades. *Discurso & Sociedad* 2 (1): 170–185.

Fernández Quijada, David. 2010. La industria de producción televisiva independiente en el País Vasco: retos y perspectivas ante la transición digital. *ZER – Revista de Estudios de Comunicación* 15, 28: 65–83.

Fernández Tubau, Valentín. 2012. Diálogos en el guion. Arte y técnica. En Ríos San Martín, Manuel (coord.). *El guion para series de televisión*. Madrid: Instituto RTVE: 169–207.

Forster, Edward Morgan. 1927. *Aspects of the Novel*. New York: Harcourt, Brace and Company.

Fowler, Roger. 1977. *Linguistics and the Novel*. London: Methuen.

Fuster Márquez, Miguel. 2014. Lexical bundles and phrase frames in the language of hotel websites. *English Text Construction* 7 (1): 84–121.

Fuster Márquez, Miguel. 2020. "Con tan enfermo cerebro": Fraseología recurrente en *Corazón tan Blanco* de Javier Marías. *Círculo de Lingüística Aplicada a la Comunicación* 83: 41–64. https://revistas.ucm.es/index.php/CLAC/article/view/70563 [Acceso 2/6/2020].

Gabrielatos, Costas. 2018. Keyness Analysis: nature, metrics and techniques. En Taylor, Charlotte/Marchi, Anna (eds.). *Corpus Approaches to Discourse: A critical review.* Oxford: Routledge: 225–258.

Galán Fajardo, Elena. 2006. La representación de los inmigrantes en la ficción televisiva en España. Propuesta para un análisis de contenido. *El Comisario* y *Hospital Central. Revista Latina de comunicación social* 61. http://www.ull.es/publicaciones/latina/200608galan.htm [Acceso 21/3/2017].

Galán Fajardo, Elena. 2007. Construcción de género y ficción televisiva en España. *Comunicar: Revista científica iberoamericana de comunicación y educación* 28: 229–236. http://www.revista-comunicar.com/index.php?contenido=detalles&numero=28&articulo=28-2007-28 [Acceso 21/3/2017].

Ganz, Adam. 2013. "To make you see": Screenwriting, description and the 'lensbased' tradition. *Journal of Screenwriting* 4,1: 7–24.

García Mouton, Pilar. 2003. *Así hablan las mujeres.* Madrid: La Esfera de los Libros.

Garrido Medina, Joaquín. 1999. Los actos de habla. Las oraciones imperativas. En Bosque, Ignacio/Demonte, Violeta (dirs.). *Gramática Descriptiva de la Lengua Española.* Vol. 3. Madrid: Espasa Calpe: 3879–3928.

Gil Blasco, Marta. 2014. La teoría de las emociones de Martha Nussbaum: el papel de las emociones. en la vida pública. Tesis doctoral, Universitat de València. https://core.ac.uk/download/pdf/71032359.pdf [Acceso 1/8/2020].

Gómez Martínez, Pedro/García García, Francisco. 2011. *El guion en las series televisivas.* Madrid: Fragua.

Gómez Torrego, Leonardo. 2007 [1997]. *Gramática didáctica del español.* Madrid: SM.

González de Garay Domínguez, Beatriz. 2009. Ficción online frente a ficción televisiva en la nueva sociedad digital. Diferencias de representación del lesbianismo entre las series españolas para televisión generalista y las series para Internet. *Actas ICONO 14* http://eprints.ucm.es/9856/ [Acceso 21/3/2017].

Graesser, Arthur C./Gernsbacher, Morton A./Goldman, Susan R. 2003 [1997]. Cognición. En van Dijk, Teun (compilador). *El discurso como estructura y proceso. Estudios sobre el discurso I. Una introducción multidisciplinaria.* Barcelona: Gedisa: 417–452.

Gregori Signes, Carmen. 2007. What do we laugh at? Gender representations in *3rd Rock from the Sun.* En Santaemilia, José/Bou, Patricia/Maruenda, Sergio/Zaragoza, Gora (eds.). *International Perspectives on Gender and Language.* Valencia: Universitat de Valencia: 726–750.

Gregori Signes, Carmen. 2020. Caracterización mediante formas denominativas: una aproximación estilística de corpus a *Corazón tan blanco* (1992) de Javier Marías. *Círculo de Lingüística Aplicada a la Comunicación* 82: 137–150. https://revistas.ucm.es/index.php/CLAC/article/view/68969 [Acceso 2/6/2020].

Gregory, Michael/Carroll, Suzanne. 1978. *Language and situation: Language varieties and their social contexts.* London: Routledge and Kegan Paul.

Guerrero, Mar. 2014. Webs televisivas y sus usuarios: un lugar para la narrativa transmedia. Los casos de *Águila Roja* y *Juego de Tronos* en España. *Comunicación y sociedad* 21: 239–267.

Guiraud, Pierre. 1954. *Les caractères statistiques du vocabulaire.* Paris: Presses Universitaires de France.

Halliday, Michael Alexander Kirkwood. 1994 [1985]. *An introduction to funcional grammar.* London: Edward Arnold.

Hoffmann, Christian. 2020. Introduction. En Hoffmann, Christian/Kirner-Ludwig, Monika (eds.). *Telecinematic Stylistics.* London: Bloomsbury Academic: 1–18.

Hoffmann, Christian/Kirner-Ludwig, Monika (eds.). 2020. *Telecinematic Stylistics.* London: Bloomsbury Academic.

Huete, Jesús/Marimón, Joan. 2002. *Diccionario incompleto del guion audiovisual.* Barcelona: Océano.

Huisman, Rosemary. 2005. Aspects of narrative in series and serials. En Fulton, Helen/Huisman, Rosemary/Murphet, Julian/Dunn, Anne. *Narrative and Media*. New York: Cambridge University Press: 153–171.

Igartua, Juan José/Barrios, Isabel M./Ortega, Félix. 2012. Analysis of immigration image in the prime time television fiction. *Comunicación y Sociedad* 25 (2): 5–28.

Janney, Richard. 2012. Pragmatics and cinematic discourse. *Lodz Papers in Pragmatics* 8 (1): 85–113.

Jenner, Mareike. 2018. *Netflix and the Re-Invention of Television*. Cham: Palgrave Macmillan.

Kaplan, Nora. 2004. Nuevos desarrollos en el estudio de la evaluación en el lenguaje: La Teoría de la Valoración. *Boletín de Lingüística* 22: 52–78.

Kilgarriff, Adam. 1997. Putting frequencies in the dictionary. *International Journal of Lexicography* 10, 2: 135–155.

Kilgarriff, Adam. 2009. Simple Maths for Keywords. En Mahlberg, Michaela/González-Díaz, Victorina/Smith, Catherine (eds.). *Proceedings of the Corpus Linguistics Conference CL2009*. Liverpool: University of Liverpool. http://ucrel.lancs.ac.uk/publications/cl2009. Article n. 171. [Acceso 18/7/2018].

Kilgarriff, Adam. 2012. Getting to Know Your Corpus. En Sojka, Petr *et al.* (eds.) *Text, Speech and Dialogue. Lecture Notes in Computer Science*. Heidelberg/Berlin: Springer: 3–15.

Kozloff, Sarah. 2000. *Overhearing Film Dialogue*. Berkeley/Los Angeles: University of California Press.

Kress, Gunther/van Leeuwen, Theo. 2017 [2001]. *Multimodal Discourse. The Modes and Media of Contemporary Communication*. London/New York: Bloomsbury.

La Forgia, Francesca/Tonin, Raffaella. 2016. Il parlato delle serie televisive: il caso di *Cuéntame* e di *Boris*. *Orillas* 5 http://orillas.cab.unipd.it/orillas/05_08toninlaforgia_astilleros/ [Acceso 18/7/2018].

Lakoff, Robin/Tannen, Deborah. 1994. Conversational strategy and metastrategy in a pragmatic theory: The example of *Scenes from a marriage*. En Tannen, Deborah (ed.) *Gender and discourse*. Oxford: Oxford University Press: 137–173.

Landone, Elena. 2009. *Los marcadores del discurso y cortesía verbal en español*. Bern: Peter Lang.

López, José Antonio/Cuenca, Francisco Antonio. 2005. Ficción televisiva y representación generacional: modelos de tercera edad en las series nacionales. *Comunicar* 25. http://www.revistacomunicar.com/index.php?contenido=detalles&numero=25&articulo=25-2005-147 [Acceso 21/3/2017].

López García, Ángel/Morant, Ricardo. 1995. *Gramática femenina*. Madrid: Cátedra.

López Morales, Milagros. 2011. Águila Roja, la serie (segunda parte). *Encadenados. Revista de Cine*. http://www.encadenados.org/rdc/todo-lo-demas/55-el-silencio-es-oro/articulos/2423-aguila-roja-la-serie-segunda-parte [Acceso 21/3/2017].

Lorenzo Dus, Nuria. 2009. *Television Discourse: Analysing Language in the Media*. Basingstoke/New York: Palgrave Macmillan.

Lüdtke, Ulrike M. 2015. Introduction: From Logos to Dialogue. En Lüdtke Ulrike M. (ed.). *Emotion in Language*. Amsterdam/Philadelphia: John Benjamins: vii–xi.

Macdonald, Ian W. 2013. *Screenwriting Poetics and the Screen Idea*. Basingstoke/New York: Palgrave Macmillan.

Magazzino, Raffaele. 2008. *La traducción de las interjecciones en el habla juvenil audiovisual en contrastividad entre español e italiano*. Tesis doctoral, Università di Bologna. http://www.contrastiva.it/baul_contrastivo/dati/barbero/magazzino_raffaele_tesi.pdf [Acceso 1/8/2020].

Mahlberg, Michaela. 2007. Clusters, key clusters and local textual functions in Dickens. *Corpora* 2 (1): 1–31.

Mahlberg, Michaela. 2012. *Corpus stylistics and Dickens's fiction*. London: Routledge.

Mandala, Susan. 2007. Solidarity and the scoobies: an analysis of the -y suffix in the television series *Buffy the Vampire Slayer*. *Language and Literature* 16 (1): 53–73.

Mandala, Susan. 2008. Representing the future: Chinese and codeswitching in *Firefly*. En Wilcox, Rhonda V./Cochran Tanya R. (eds.). *Investigating* Firefly *and* Serenity*: Science fiction on the frontier*. London/New York: I. B. Tauris: 31–40.

Mandala, Susan. 2011. *Star Trek: Voyager*'s seven of nine: a case study of language and character in a televisual text. En Piazza, Roberta/Bednarek, Monika/Rossi, Fabio (eds.). *Telecinematic discourse: Approaches to the language of film and television series.* Amsterdam/Philadelphia: John Benjamins: 205–223.

Mapelli, Giovanna. 2016. Aspectos de la oralidad en las series televisivas españolas: los procedimientos de intensificación. *Orillas* 5 http://orillas.cab.unipd.it/orillas/es/05_09mapelli_astilleros/ [Acceso 21/7/2018].

Mapelli, Giovanna. 2017. Los procedimientos de atenuación en las series televisivas españolas entre humorismo y construcción del ethos. *Normas* 7 (2): 139–153. http://dx.doi.org/10.7203/normas.v7i2.11171 [Acceso 21/7/2018].

Marcos, María/Igartua, Juan José. 2014. Análisis de las interacciones entre personajes inmigrantes/extranjeros y nacionales/autóctonos en la ficción televisiva española. *Disertaciones: Anuario electrónico de estudios en Comunicación Social* 7 (2), 136–159.

Marcos Ramos, María. 2013. Algunos apuntes sobre la ficción seriada nacional: tipología y características. *Revista de Comunicación Vivat Academia* 124: 34–50.

Martín Zorraquino, María Antonia/Portolés Lázaro, José. 1999. Los marcadores del discurso. En Bosque, Ignacio/Demonte, Violeta (dirs.). *Gramática Descriptiva de la Lengua Española.* Vol. 3. Madrid: Espasa Calpe: 4051–4213.

Martin, James R. / White Peter R. R. 2005. *The Language of Evaluation: Appraisal in English.* Basingstoke/New York: Palgrave Macmillan.

McEnery, Tony. 2006. *Swearing in English: Bad language, purity and power from 1586 to the present.* London/New York: Routledge.

McEnery, Tony/Hardie, Andrew. 2011. *Corpus Linguistics: Method, Theory and Practice.* Cambridge: Cambridge University Press.

McEnery, Tony/Xiao, Richard/Tono, Yukio. 2006. *Corpus-Based Language Studies. An advanced resource book.* London/New York: Routledge.

McKee, Robert. 2013 [1997]. *El guion.* Barcelona: Alba.

McKee, Robert. 2018 [2016]. *El diálogo.* Barcelona: Alba.

Medina Bravo, Pilar/Rodrigo Alsina, Miquel. 2009. Análisis de la estructura narrativa del discurso amoroso en la ficción audiovisual. Estudio de caso: *Los Serrano* y *Porca Miseria. ZER – Revista de Estudios de Comunicación* 14, 27: 83–101.

Mella González, Cecilio. 2018. *Construcción de marca en las series de ficción: el caso de Águila Roja*. Tesis doctoral, Universidad Complutense de Madrid. https://eprints.ucm.es/48148/ [Acceso 21/12/2020].

Neale, Steve. 2015a. Studying genre. En Creeber, Glen. 2015. *The Television Genre Book* (3rd ed.). London: Palgrave: 3–4.

Neale, Steve. 2015b. Television and genre. En Creeber, Glen. 2015. *The Television Genre Book* (3rd ed.). London: Palgrave: 4–6.

Nencioni, Giovanni. 1976. Parlato-parlato, parlato-scritto, parlato-recitato. En *Di scritto e di parlato. Discorsi linguistici*. Bologna: Zanichelli: 126–179.

Nieto Caballero, Guadalupe/Ruano San Segundo, Pablo. 2020. *Estilística de Corpus: Nuevos Enfoques en el análisis de Textos Literario*. Bern: Peter Lang.

Oatley, Keith/Keltner, Dacher/Jenkins, Jennifer M. 2006. *Understanding Emotions*. Oxford: Blackwell.

Otaola Olano, Concepción. 1988. La modalidad (con especial referencia a la lengua española). *Revista de Filología Española* 68 (1/2): 97–117.

Palacios Arranz, Manuel (ed.). 2007. *Proyecto Media: televisión. Ministerio de Educación y Ciencia*. http://recursos.cnice.mec.es/media/television/index.html [Acceso 21/7/2018].

Partington, Alan. 2004. Corpora and Discourse, a Most Congruous Beast. En Partington, Alan/Morley, John/Haarman Louann (eds.). *Corpora and Discourse*. Bern: Peter Lang: 11–20.

Pavesi, Maria. 2014. The Pavia Corpus of Film Dialogue: A means to several ends. En Pavesi, Maria/Formentelli, Maicol/Ghia, Elisa (eds.). *The Languages of Dubbing. Mainstream Audiovisual Translation in Italy*. Bern: Peter Lang: 29–55.

Phillips, Martin. 1989. *Lexical Structure of Text*. Discourse Analysis Monograph n. 12. Birmingham: English Language Research, University of Birmingham.

Piazza, Roberta/Bednarek, Monika/Rossi, Fabio (eds.) 2011a. *Telecinematic discourse: Approaches to the language of film and television series.* Amsterdam/Philadelphia: John Benjamins.

Piazza, Roberta/Bednarek, Monika/Rossi, Fabio. 2011b. Introduction: Analysing telecinematic discourse. En Piazza, Roberta/Bednarek, Monika/Rossi, Fabio (eds.). *Telecinematic discourse: Approaches to the language of film and television series.* Amsterdam/Philadelphia: John Benjamins: 1–17.

Price, Jack. 2015. *'Oh Jesus Christ!' The Use of Bad Language in Contemporary American Television Series.* Honours thesis, Department of Linguistics, University of Sydney.

Propp, Vladimir. 1991 [1928]. *Morfologia della fiaba.* Torino: Einaudi.

Quaglio, Paulo. 2009. *Television Dialogue. The Sitcom* Friends *vs. Natural Conversation.* Amsterdam/Philadelphia: John Benjamins.

Queen, Robin. 2015. *Vox popular: The Surprising Life of Language in the Media.* Malden: Wiley-Blackwell.

REDES. 2004. *Diccionario combinatorio del español contemporáneo.* Madrid: SM.

Richardson, Kay. 2010. *Television dramatic dialogue: A sociolinguistic study.* Oxford: Oxford University Press.

Richardson, Kay/Queen, Robin. 2012. Describing, analysing and judging language codes in cinematic discourse. *Multilingua* 31: 327–336.

Ríos San Martín, Manuel/Olivares, Javier. 2012. De la idea a la emisión. En Ríos San Martín, Manuel (coord.). *El guion para series de televisión.* Madrid: Instituto RTVE: 169–207.

Rossi, Fabio. 2011. Discourse analysis of film dialogue: Italian comedy between linguistic realism and pragmatic non-realism. En Piazza, Roberta/Bednarek, Monika/Rossi, Fabio (eds.). *Telecinematic discourse. Approaches to the language of film and television series.* Amsterdam/Philadelphia: John Benjamins: 21–46.

Rueda Laffond, José Carlos. 2009. ¿Reescribiendo la Historia?: una panorámica de la ficción histórica televisiva española reciente. *Alpha* 29: 85–104.

Ruiz Collantes, Xavier/Ferrés, Joan/Obradors, Matilde/Pujadas, Eva/Pérez, Oliver. 2006. La imagen pública de la inmigración en las series de televisión españolas. *Política y cultura* 26: 93–108. http://www.scielo.org.mx/scielo.php?script=sci_arttext&pid=S0188-77422006000200005&lng=es&tlng=es [Acceso 21/7/2018].

Ruiz Gurillo, Leonor. 2012. *La lingüística del humor en español.* Madrid: Arco/Libros.

Sánchez Moya, Alfonso. 2020. Interview with professor Tony McEnery. *Boletín AELINCO* 7: 4–7.

Scolari, Carlos A. 2014. Narrativas transmedia: nuevas formas de comunicar en la era digital. *Anuario AC/E de Cultura Digital*: 71–75.

Scott, Mike. 2000. Focusing on the text and its key words. En Burnard, Lou/McEnery, Tony (eds.). *Rethinking Language Pedagogy from a Corpus Perspective*, Volume 2. Frankfurt: Peter Lang: 103–122.

Scott, Mike. 2004–2007. *WordSmith Tools Version 4.0 Manual.* Oxford: Oxford University Press.

Scott, Mike. 2008. *WordSmith Tools Help Manual. Version 5.0.* Liverpool: Lexical Analysis Software.

Scott, Mike/ Tribble, Chris. 2006. *Textual Patterns: keyword and corpus analysis in language education.* Amsterdam/ Philadelphia: John Benjamins.

Selby, Keith/Cowdery, Ron. 1995. *How to Study Television.* Basingstoke/London: Palgrave Macmillan.

Semino, Elena/Short, Mick. 2004. *Corpus stylistics: A corpus-based study of speech, thought and writing in a corpus of English writing.* London: Routledge.

Simelio Solà, Nuria. 2010. La representación de las relaciones sociales en las series de ficción digitales creadas específicamente para internet. La televisión como contribución a la alfabetización digital. En *Congreso Euro-Iberoamericano de Alfabetización Mediática y Culturas Digitales.* Sevilla: Universidad de Sevilla. https://idus.us.es/xmlui/handle/11441/56278 [Acceso 21/7/2018].

Sinclair, John. 2005. Corpus and Text – Basic Principles. En Wynne, Martin (ed.). *Developing Linguistic Corpora: a Guide to Good Practice.* Oxford: Oxbow Books: 1–16. http://ota.ox.ac.uk/documents/creating/dlc/ [Acceso 21/7/2018].

Skowron, Marcin/Trapp, Martin/Payr, Sabine/Trapp, Robert. 2016. Automatic Identification of Character Types from Film Dialogs, *Applied Artificial Intelligence* 30, 10: 942–973.

Sperber, Dan/Wilson, Deirdre. 1986. *Relevance: communication and cognition*. Oxford: Basil Blackwell.

Stokoe, Elizabeth. 2008. Dispreferred actions and other interactional breaches as devices for occasioning audience laughter in television 'sitcoms'. *Social Semiotics* 18, 3: 289–307.

Stubbs, Michael. 2001. *Words and Phrases: Corpus Studies of Lexical Semantics*. London: Blackwell.

Stubbs, Michael. 2005. Conrad in the computer: examples of quantitative stylistic methods. *Language and Literature* 14 (1): 5–24.

Taavitsainen, Irma. 1999. Personality and styles of affect in *The Canterbury Tales*. En Lester, Geoffrey (ed.) *Chaucer in Perspective: Middle English Essays in Honour of Norman Blake*. Sheffield: Sheffield Academic Press: 218–234.

Taavitsainen, Irma/Melchers, Gunnel. 1999. Writing in Nonstandard English: Introduction. En Taavitsainen, Irma/Melchers, Gunnel/ Pahta, Päivi (eds.). *Writing in Nonstandard English*. Amsterdam/ Philadelphia: John Benjamins: 1–26.

Tognini-Bonelli, Elena. 2001. *Corpus linguistics at work*. Amsterdam/ Philadelphia: John Benjamins.

Tonin, Raffaella. 2014. Un poquito de *por favor*: la sfida dell'oralità alle limitazioni del sottotitolo. *Cuadernos AISPI* 4: 213–228. http://www.aispi.it/wp-content/uploads/Cuaderno-2014-4-un-poquito-de-__por-favor__-la-sfida-delloralita-alle-limitazioni-del-sottotitolo.pdf. [Acceso 18/7/2018].

Torrado, Susana/Castelo, Carmen. 2005. Series de ficción de producción nacional y telespectadores: un negocio en bandeja. *Comunicar* 25. https://www.revistacomunicar.com/index.php?contenido=detalles&numero=25&articulo=25-2005-097 [Acceso 21/7/2018].

Turner, Graeme. 2015. Genre, hybridity and mutation. En Creeber, Glen. 2015. *The Television Genre Book* (3rd ed.). London: Palgrave: 9.

van Dijk, Teun A. 1987. *Communicating racism: Ethnic prejudice in thought and talk*. Newbury Park, CA *et al.*: Sage Publications.

van Dijk, Teun A. 1988. El discurso y la reproducción del racismo. *Lenguaje en contexto* (Universidad de Buenos Aires) 1 (1–2): 131–180.

van Dijk, Teun A. 2005 [1997]. El discurso como interacción en la sociedad. En van Dijk, Teun (compilador). *El discurso como interacción social. Estudios sobre el discurso II. Una introducción multidisciplinaria.* Barcelona: Gedisa: 19–66.

Vigara Tauste, Ana María. 1980. *Aspectos del español hablado.* Madrid: SGEL.

Vigara Tauste, Ana María. 1997. *Miau*: El lenguaje coloquial (humano) en Galdós. *Espéculo* 5. https://pendientedemigracion.ucm.es/info/especulo/numero5/miau_vig.htm [Acceso 18/8/2017].

Widdowson, Henry G. 2000. On the limitations of linguistics applied. *Applied Linguistics* 21 (1): 3–25.

Widdowson, Henry G. 2004. *Text, Context, Pretext: Critical Issues in Discourse Analysis.* Oxford: Blackwell.

Wodak, Ruth. 2009. *The discourse of politics in action.* Basingstoke/New York: Palgrave Macmillan.

LUISA CHIERICHETTI es profesora de Lengua española en el *Dipartimento di Lingue, letterature e culture straniere* de la Universidad de Bérgamo (Italia). Sus principales líneas de investigación abarcan los aspectos lingüísticos del humor (*Narrazione e umorismo. López Rubio, Jardiel Poncela e Neville*, 2000), la tradición gramaticográfica del español y el análisis del discurso, con particular atención a los ámbitos jurídico, médico y turístico. En los últimos años se ha dedicado a la investigación del discurso telecinemático aplicada a las series de televisión.

Este volumen, basado en los estudios más recientes sobre el diálogo telecinemático, se propone abrir al ámbito español la investigación lingüística sobre las series de televisión, uno de los productos culturales populares más influyentes en la sociedad contemporánea. La investigación se basa en los guiones de una exitosa serie de televisión, la serie de ficción histórica *Águila Roja,* producida precisamente en una época en la que se inicia la modalidad transmediática en este tipo de producciones en España. Combinando técnicas de la lingüística de corpus con el análisis del discurso, el presente estudio se centra especialmente en la construcción expresiva de los personajes principales de la serie tal como aparecen reflejados en los guiones, antes de su traslación a la realidad fílmica por parte de los actores. De este modo, el acercamiento a la creación de la ficción audiovisual se ofrece desde un punto de vista lingüístico, tanto por el tipo de materiales utilizados como por las metodologías que entran en juego a la hora de analizar los datos.

Linguistic Insights

Studies in Language and Communication

This series aims to promote specialist language studies in the fields of linguistic theory and applied linguistics, by publishing volumes that focus on specific aspects of language use in one or several languages and provide valuable insights into language and communication research. A cross-disciplinary approach is favoured and most European languages are accepted.

The series includes two types of books:

- Monographs – featuring in-depth studies on special aspects of language theory, language analysis or language teaching.
- Collected papers – assembling papers from workshops, conferences or symposia.

Each volume of the series is subjected to a double peer-reviewing process.

Vol. 1 Maurizio Gotti & Marina Dossena (eds)
Modality in Specialized Texts. Selected Papers of the 1st CERLIS Conference.
421 pages. 2001. ISBN 3-906767-10-8 · US-ISBN 0-8204-5340-4

Vol. 2 Giuseppina Cortese & Philip Riley (eds)
Domain-specific English. Textual Practices across Communities and Classrooms.
420 pages. 2002. ISBN 3-906768-98-8 · US-ISBN 0-8204-5884-8

Vol. 3 Maurizio Gotti, Dorothee Heller & Marina Dossena (eds)
Conflict and Negotiation in Specialized Texts. Selected Papers of the 2nd CERLIS Conference.
470 pages. 2002. ISBN 3-906769-12-7 · US-ISBN 0-8204-5887-2

Vol. 4 Maurizio Gotti, Marina Dossena, Richard Dury, Roberta Facchinetti & Maria Lima
Variation in Central Modals. A Repertoire of Forms and Types of Usage in Middle English and Early Modern English.
364 pages. 2002. ISBN 3-906769-84-4 · US-ISBN 0-8204-5898-8

Editorial address:

Prof. Maurizio Gotti Università di Bergamo, Dipartimento di Lingue, Letterature e Culture Straniere Piazza Rosate 2, 24129 Bergamo, Italy
Fax: +39 035 2052789, E-Mail: m.gotti@unibg.it

Vol. 5 Stefania Nuccorini (ed.)
Phrases and Phraseology. Data and Descriptions.
187 pages. 2002. ISBN 3-906770-08-7 · US-ISBN 0-8204-5933-X

Vol. 6 Vijay Bhatia, Christopher N. Candlin & Maurizio Gotti (eds)
Legal Discourse in Multilingual and Multicultural Contexts.
Arbitration Texts in Europe.
385 pages. 2003. ISBN 3-906770-85-0 · US-ISBN 0-8204-6254-3

Vol. 7 Marina Dossena & Charles Jones (eds)
Insights into Late Modern English. 2nd edition.
378 pages. 2003, 2007.
ISBN 978-3-03911-257-9 · US-ISBN 978-0-8204-8927-8

Vol. 8 Maurizio Gotti
Specialized Discourse. Linguistic Features and Changing Conventions.
351 pages. 2003, 2005.
ISBN 3-03910-606-6 · US-ISBN 0-8204-7000-7

Vol. 9 Alan Partington, John Morley & Louann Haarman (eds)
Corpora and Discourse.
420 pages. 2004. ISBN 3-03910-026-2 · US-ISBN 0-8204-6262-4

Vol. 10 Martina Möllering
The Acquisition of German Modal Particles. A Corpus-Based Approach.
290 pages. 2004. ISBN 3-03910-043-2 · US-ISBN 0-8204-6273-X

Vol. 11 David Hart (ed.)
English Modality in Context. Diachronic Perspectives.
261 pages. 2003. ISBN 3-03910-046-7 · US-ISBN 0-8204-6852-5

Vol. 12 Wendy Swanson
Modes of Co-reference as an Indicator of Genre.
430 pages. 2003. ISBN 3-03910-052-1 · US-ISBN 0-8204-6855-X

Vol. 13 Gina Poncini
Discursive Strategies in Multicultural Business Meetings.
2nd edition. 338 pages. 2004, 2007.
ISBN 978-3-03911-296-8 · US-ISBN 978-0-8204-8937-7

Vol. 14 Christopher N. Candlin & Maurizio Gotti (eds)
Intercultural Aspects of Specialized Communication.
2nd edition. 369 pages. 2004, 2007.
ISBN 978-3-03911-258-6 · US-ISBN 978-0-8204-8926-1

Vol. 15 Gabriella Del Lungo Camiciotti & Elena Tognini Bonelli (eds)
Academic Discourse. New Insights into Evaluation.
234 pages. 2004. ISBN 3-03910-353-9 · US-ISBN 0-8204-7016-3

Vol. 16 Marina Dossena & Roger Lass (eds)
Methods and Data in English Historical Dialectology.
405 pages. 2004. ISBN 3-03910-362-8 · US-ISBN 0-8204-7018-X

Vol. 17 Judy Noguchi
The Science Review Article. An Opportune Genre in
the Construction of Science.
274 pages. 2006. ISBN 3-03910-426-8 · US-ISBN 0-8204-7034-1

Vol. 18 Giuseppina Cortese & Anna Duszak (eds)
Identity, Community, Discourse. English in Intercultural Settings.
495 pages. 2005. ISBN 3-03910-632-5 · US-ISBN 0-8204-7163-1

Vol. 19 Anna Trosborg & Poul Erik Flyvholm Jørgensen (eds)
Business Discourse. Texts and Contexts.
250 pages. 2005. ISBN 3-03910-606-6 · US-ISBN 0-8204-7000-7

Vol. 20 Christopher Williams
Tradition and Change in Legal English. Verbal Constructions in Prescriptive Texts.
2nd revised edition. 216 pages. 2005, 2007. ISBN 978-3-03911-444-3.

Vol. 21 Katarzyna Dziubalska-Kolaczyk & Joanna Przedlacka (eds)
English Pronunciation Models: A Changing Scene.
2nd edition. 476 pages. 2005, 2008. ISBN 978-3-03911-682-9.

Vol. 22 Christián Abello-Contesse, Rubén Chacón-Beltrán, M. Dolores López-Jiménez & M. Mar Torreblanca-López (eds)
Age in L2 Acquisition and Teaching.
214 pages. 2006. ISBN 3-03910-668-6 · US-ISBN 0-8204-7174-7

Vol. 23 Vijay K. Bhatia, Maurizio Gotti, Jan Engberg & Dorothee Heller (eds)
Vagueness in Normative Texts.
474 pages. 2005. ISBN 3-03910-653-8 · US-ISBN 0-8204-7169-0

Vol. 24 Paul Gillaerts & Maurizio Gotti (eds)
Genre Variation in Business Letters. 2nd printing.
407 pages. 2008. ISBN 978-3-03911-681-2.

Vol. 25 Ana María Hornero, María José Luzón & Silvia Murillo (eds)
Corpus Linguistics. Applications for the Study of English.
2nd printing. 526 pages. 2006, 2008. ISBN 978-3-03911-726-0

Vol. 26 J. Lachlan Mackenzie & María de los Ángeles Gómez-González (eds)
Studies in Functional Discourse Grammar.
259 pages. 2005. ISBN 3-03910-696-1 · US-ISBN 0-8204-7558-0

Vol. 27 Debbie G. E. Ho
Classroom Talk. Exploring the Sociocultural Structure of Formal ESL Learning.
2nd edition. 254 pages. 2006, 2007. ISBN 978-3-03911-434-4

Vol. 28 Javier Pérez-Guerra, Dolores González-Álvarez, Jorge L. Bueno-Alonso & Esperanza Rama-Martínez (eds)
'Of Varying Language and Opposing Creed'. New Insights into Late Modern English.
455 pages. 2007. ISBN 978-3-03910-788-9

Vol. 29 Francesca Bargiela-Chiappini & Maurizio Gotti (eds)
Asian Business Discourse(s).
350 pages. 2005. ISBN 3-03910-804-2 · US-ISBN 0-8204-7574-2

Vol. 30 Nicholas Brownlees (ed.)
News Discourse in Early Modern Britain. Selected Papers of CHINED 2004.
300 pages. 2006. ISBN 3-03910-805-0 · US-ISBN 0-8204-8025-8

Vol. 31 Roberta Facchinetti & Matti Rissanen (eds)
Corpus-based Studies of Diachronic English.
300 pages. 2006. ISBN 3-03910-851-4 · US-ISBN 0-8204-8040-1

Vol. 32 Marina Dossena & Susan M. Fitzmaurice (eds)
Business and Official Correspondence. Historical Investigations.
209 pages. 2006. ISBN 3-03910-880-8 · US-ISBN 0-8204-8352-4

Vol. 33 Giuliana Garzone & Srikant Sarangi (eds)
Discourse, Ideology and Specialized Communication.
494 pages. 2007. ISBN 978-3-03910-888-6

Vol. 34 Giuliana Garzone & Cornelia Ilie (eds)
The Use of English in Institutional and Business Settings.
An Intercultural Perspective.
372 pages. 2007. ISBN 978-3-03910-889-3

Vol. 35 Vijay K. Bhatia & Maurizio Gotti (eds)
Explorations in Specialized Genres.
316 pages. 2006. ISBN 3-03910-995-2 · US-ISBN 0-8204-8372-9

Vol. 36 Heribert Picht (ed.)
Modern Approaches to Terminological Theories and Applications.
432 pages. 2006. ISBN 3-03911-156-6 · US-ISBN 0-8204-8380-X

Vol. 37 Anne Wagner & Sophie Cacciaguidi-Fahy (eds)
Legal Language and the Search for Clarity / Le langage juridique et la quête de clarté. Practice and Tools / Pratiques et instruments.
487 pages. 2006. ISBN 3-03911-169-8 · US-ISBN 0-8204-8388-5

Vol. 38 Juan Carlos Palmer-Silveira, Miguel F. Ruiz-Garrido & Inmaculada Fortanet-Gómez (eds)
Intercultural and International Business Communication.
Theory, Research and Teaching.
2nd edition. 343 pages. 2006, 2008. ISBN 978-3-03911-680-5

Vol. 39 Christiane Dalton-Puffer, Dieter Kastovsky, Nikolaus Ritt & Herbert Schendl (eds)
Syntax, Style and Grammatical Norms. English from 1500–2000.
250 pages. 2006. ISBN 3-03911-181-7 · US-ISBN 0-8204-8394-X

Vol. 40 Marina Dossena & Irma Taavitsainen (eds)
Diachronic Perspectives on Domain-Specific English.
280 pages. 2006. ISBN 3-03910-176-0 · US-ISBN 0-8204-8391-5

Vol. 41 John Flowerdew & Maurizio Gotti (eds)
Studies in Specialized Discourse.
293 pages. 2006. ISBN 3-03911-178-7

Vol. 42 Ken Hyland & Marina Bondi (eds)
Academic Discourse Across Disciplines.
320 pages. 2006. ISBN 3-03911-183-3 · US-ISBN 0-8204-8396-6

Vol. 43 Paul Gillaerts & Philip Shaw (eds)
The Map and the Landscape. Norms and Practices in Genre.
256 pages. 2006. ISBN 3-03911-182-5 · US-ISBN 0-8204-8395-4

Vol. 44 Maurizio Gotti & Davide Giannoni (eds)
New Trends in Specialized Discourse Analysis.
301 pages. 2006. ISBN 3-03911-184-1 · US-ISBN 0-8204-8381-8

Vol. 45 Maurizio Gotti & Françoise Salager-Meyer (eds)
Advances in Medical Discourse Analysis. Oral and Written Contexts.
492 pages. 2006. ISBN 3-03911-185-X · US-ISBN 0-8204-8382-6

Vol. 46 Maurizio Gotti & Susan Šarcević (eds)
Insights into Specialized Translation.
396 pages. 2006. ISBN 3-03911-186-8 · US-ISBN 0-8204-8383-4

Vol. 47 Khurshid Ahmad & Margaret Rogers (eds)
Evidence-based LSP. Translation, Text and Terminology.
584 pages. 2007. ISBN 978-3-03911-187-9

Vol. 48 Hao Sun & Dániel Z. Kádár (eds)
It's the Dragon's Turn. Chinese Institutional Discourses.
262 pages. 2008. ISBN 978-3-03911-175-6

Vol. 49 Cristina Suárez-Gómez
Relativization in Early English (950-1250). the Position of Relative Clauses.
149 pages. 2006. ISBN 3-03911-203-1 · US-ISBN 0-8204-8904-2

Vol. 50 Maria Vittoria Calvi & Luisa Chierichetti (eds)
Nuevas tendencias en el discurso de especialidad.
319 pages. 2006. ISBN 978-3-03911-261-6

Vol. 51 Mari Carmen Campoy & María José Luzón (eds)
Spoken Corpora in Applied Linguistics.
274 pages. 2008. ISBN 978-3-03911-275-3

Vol. 52 Konrad Ehlich & Dorothee Heller (Hrsg.)
Die Wissenschaft und ihre Sprachen.
323 pages. 2006. ISBN 978-3-03911-272-2

Vol. 53 Jingyu Zhang
The Semantic Salience Hierarchy Model. The L2 Acquisition of Psych Predicates
273 pages. 2007. ISBN 978-3-03911-300-2

Vol. 54 Norman Fairclough, Giuseppina Cortese & Patrizia Ardizzone (eds)
Discourse and Contemporary Social Change.
555 pages. 2007. ISBN 978-3-03911-276-0

Vol. 55 Jan Engberg, Marianne Grove Ditlevsen, Peter Kastberg & Martin Stegu (eds)
New Directions in LSP Teaching.
331 pages. 2007. ISBN 978-3-03911-433-7

Vol. 56 Dorothee Heller & Konrad Ehlich (Hrsg.)
Studien zur Rechtskommunikation.
322 pages. 2007. ISBN 978-3-03911-436-8

Vol. 57 Teruhiro Ishiguro & Kang-kwong Luke (eds)
Grammar in Cross-Linguistic Perspective.
The Syntax, Semantics, and Pragmatics of Japanese and Chinese.
304 pages. 2012. ISBN 978-3-03911-445-0

Vol. 58 Carmen Frehner
Email – SMS – MMS
294 pages. 2008. ISBN 978-3-03911-451-1

Vol. 59 Isabel Balteiro
The Directionality of Conversion in English. A Dia-Synchronic Study.
276 pages. 2007. ISBN 978-3-03911-241-8

Vol. 60 Maria Milagros Del Saz Rubio
English Discourse Markers of Reformulation.
237 pages. 2007. ISBN 978-3-03911-196-1

Vol. 61 Sally Burgess & Pedro Martín-Martín (eds)
English as an Additional Language in Research Publication and Communication.
259 pages. 2008. ISBN 978-3-03911-462-7

Vol. 62 Sandrine Onillon
Pratiques et représentations de l'écrit.
458 pages. 2008. ISBN 978-3-03911-464-1

Vol. 63 Hugo Bowles & Paul Seedhouse (eds)
Conversation Analysis and Language for Specific Purposes.
2nd edition. 337 pages. 2007, 2009. ISBN 978-3-0343-0045-2

Vol. 64 Vijay K. Bhatia, Christopher N. Candlin & Paola Evangelisti Allori (eds)
Language, Culture and the Law.
The Formulation of Legal Concepts across Systems and Cultures.
342 pages. 2008. ISBN 978-3-03911-470-2

Vol. 65 Jonathan Culpeper & Dániel Z. Kádár (eds)
Historical (Im)politeness.
300 pages. 2010. ISBN 978-3-03911-496-2

Vol. 66 Linda Lombardo (ed.)
Using Corpora to Learn about Language and Discourse.
237 pages. 2009. ISBN 978-3-03911-522-8

Vol. 67 Natsumi Wakamoto
Extroversion/Introversion in Foreign Language Learning.
Interactions with Learner Strategy Use.
159 pages. 2009. ISBN 978-3-03911-596-9

Vol. 68 Eva Alcón-Soler (ed.)
Learning How to Request in an Instructed Language Learning Context.
260 pages. 2008. ISBN 978-3-03911-601-0

Vol. 69 Domenico Pezzini
The Translation of Religious Texts in the Middle Ages.
428 pages. 2008. ISBN 978-3-03911-600-3

Vol. 70 Tomoko Tode
Effects of Frequency in Classroom Second Language Learning.
Quasi-experiment and stimulated-recall analysis.
195 pages. 2008. ISBN 978-3-03911-602-7

Vol. 71 Egor Tsedryk
Fusion symétrique et alternances ditransitives.
211 pages. 2009. ISBN 978-3-03911-609-6

Vol. 72 Cynthia J. Kellett Bidoli & Elana Ochse (eds)
English in International Deaf Communication.
444 pages. 2008. ISBN 978-3-03911-610-2

Vol. 73 Joan C. Beal, Carmela Nocera & Massimo Sturiale (eds)
Perspectives on Prescriptivism.
269 pages. 2008. ISBN 978-3-03911-632-4

Vol. 74 Carol Taylor Torsello, Katherine Ackerley & Erik Castello (eds)
Corpora for University Language Teachers.
308 pages. 2008. ISBN 978-3-03911-639-3

Vol. 75 María Luisa Pérez Cañado (ed.)
English Language Teaching in the European Credit Transfer System. Facing the Challenge.
251 pages. 2009. ISBN 978-3-03911-654-6

Vol. 76 Marina Dossena & Ingrid Tieken-Boon van Ostade (eds)
Studies in Late Modern English Correspondence. Methodology and Data.
291 pages. 2008. ISBN 978-3-03911-658-4

Vol. 77 Ingrid Tieken-Boon van Ostade & Wim van der Wurff (eds)
Current Issues in Late Modern English.
436 pages. 2009. ISBN 978-3-03911-660-7

Vol. 78 Marta Navarro Coy (ed.)
Practical Approaches to Foreign Language Teaching and Learning.
297 pages. 2009. ISBN 978-3-03911-661-4

Vol. 79 Qing Ma
Second Language Vocabulary Acquisition.
333 pages. 2009. ISBN 978-3-03911-666-9

Vol. 80 Martin Solly, Michelangelo Conoscenti & Sandra Campagna (eds)
Verbal/Visual Narrative Texts in Higher Education.
384 pages. 2008. ISBN 978-3-03911-672-0

Vol. 81 Meiko Matsumoto
From Simple Verbs to Periphrastic Expressions: The Historical Development of Composite Predicates, Phrasal Verbs, and Related Constructions in English.
235 pages. 2008. ISBN 978-3-03911-675-1

Vol. 82 Melinda Dooly
Doing Diversity. Teachers' Construction of Their Classroom Reality.
180 pages. 2009. ISBN 978-3-03911-687-4

Vol. 83 Victoria Guillén-Nieto, Carmen Marimón-Llorca & Chelo Vargas-Sierra (eds)
Intercultural Business Communication and Simulation and Gaming Methodology.
392 pages. 2009. ISBN 978-3-03911-688-1

Vol. 84 Maria Grazia Guido
English as a Lingua Franca in Cross-cultural Immigration Domains.
285 pages. 2008. ISBN 978-3-03911-689-8

Vol. 85 Erik Castello
Text Complexity and Reading Comprehension Tests.
352 pages. 2008. ISBN 978-3-03911-717-8

Vol. 86 Maria-Lluisa Gea-Valor, Isabel García-Izquierdo & Maria-José Esteve (eds)
Linguistic and Translation Studies in Scientific Communication.
317 pages. 2010. ISBN 978-3-0343-0069-8

Vol. 87 Carmen Navarro, Rosa Mª Rodríguez Abella, Francesca Dalle Pezze & Renzo Miotti (eds)
La comunicación especializada.
355 pages. 2008. ISBN 978-3-03911-733-8

Vol. 88 Kiriko Sato
The Development from Case-Forms to Prepositional Constructions in Old English Prose.
231 pages. 2009. ISBN 978-3-03911-763-5

Vol. 89 Dorothee Heller (Hrsg.)
Formulierungsmuster in deutscher und italienischer Fachkommunikation. Intra- und interlinguale Perspektiven.
315 pages. 2008. ISBN 978-3-03911-778-9

Vol. 90 Henning Bergenholtz, Sandro Nielsen & Sven Tarp (eds)
Lexicography at a Crossroads. Dictionaries and Encyclopedias Today, Lexicographical Tools Tomorrow.
372 pages. 2009. ISBN 978-3-03911-799-4

Vol. 91 Manouchehr Moshtagh Khorasani
The Development of Controversies. From the Early Modern Period to Online Discussion Forums.
317 pages. 2009. ISBN 978-3-3911-711-6

Vol. 92 María Luisa Carrió-Pastor (ed.)
Content and Language Integrated Learning. Cultural Diversity.
178 pages. 2009. ISBN 978-3-3911-818-2

Vol. 93 Roger Berry
Terminology in English Language Teaching. Nature and Use.
262 pages. 2010. ISBN 978-3-0343-0013-1

Vol. 94 Roberto Cagliero & Jennifer Jenkins (eds)
Discourses, Communities, and Global Englishes
240 pages. 2010. ISBN 978-3-0343-0012-4

Vol. 95 Facchinetti Roberta, Crystal David, Seidlhofer Barbara (eds)
From International to Local English – And Back Again.
268 pages. 2010. ISBN 978-3-0343-0011-7

Vol. 96 Cesare Gagliardi & Alan Maley (eds)
EIL, ELF, Global English. Teaching and Learning Issues
376 pages. 2010. ISBN 978-3-0343-0010-0

Vol. 97 Sylvie Hancil (ed.)
The Role of Prosody in Affective Speech.
403 pages. 2009. ISBN 978-3-03911-696-6

Vol. 98 Marina Dossena & Roger Lass (eds)
Studies in English and European Historical Dialectology.
257 pages. 2009. ISBN 978-3-0343-0024-7

Vol. 99 Christine Béal
Les interactions quotidiennes en français et en anglais. De l'approche comparative à l'analyse des situations interculturelles.
424 pages. 2010. ISBN 978-3-0343-0027-8

Vol. 100 Maurizio Gotti (ed.)
Commonality and Individuality in Academic Discourse.
398 pages. 2009. ISBN 978-3-0343-0023-0

Vol. 101 Javier E. Díaz Vera & Rosario Caballero (eds)
Textual Healing. Studies in Medieval English Medical, Scientific and Technical Texts.
213 pages. 2009. ISBN 978-3-03911-822-9

Vol. 102 Nuria Edo Marzá
The Specialised Lexicographical Approach. A Step further in Dictionary-making.
316 pages. 2009. ISBN 978-3-0343-0043-8

Vol. 103 Carlos Prado-Alonso, Lidia Gómez-García, Iria Pastor-Gómez &
David Tizón-Couto (eds)
New Trends and Methodologies in Applied English Language Research.
Diachronic, Diatopic and Contrastive Studies.
348 pages. 2009. ISBN 978-3-0343-0046-9

Vol. 104 Françoise Salager-Meyer & Beverly A. Lewin
Crossed Words. Criticism in Scholarly Writing?
371 pages. 2011. ISBN 978-3-0343-0049-0.

Vol. 105 Javier Ruano-García
Early Modern Northern English Lexis. A Literary Corpus-Based Study.
611 pages. 2010. ISBN 978-3-0343-0058-2

Vol. 106 Rafael Monroy-Casas
Systems for the Phonetic Transcription of English. Theory and Texts.
280 pages. 2011. ISBN 978-3-0343-0059-9

Vol. 107 Nicola T. Owtram
The Pragmatics of Academic Writing.
A Relevance Approach to the Analysis of Research Article Introductions.
311 pages. 2009. ISBN 978-3-0343-0060-5

Vol. 108 Yolanda Ruiz de Zarobe, Juan Manuel Sierra &
Francisco Gallardo del Puerto (eds)
Content and Foreign Language Integrated Learning.
Contributions to Multilingualism in European Contexts
343 pages. 2011. ISBN 978-3-0343-0074-2

Vol. 109 Ángeles Linde López & Rosalía Crespo Jiménez (eds)
Professional English in the European context. The EHEA challenge.
374 pages. 2010. ISBN 978-3-0343-0088-9

Vol. 110 Rosalía Rodríguez-Vázquez
The Rhythm of Speech, Verse and Vocal Music. A New Theory.
394 pages. 2010. ISBN 978-3-0343-0309-5

Vol. 111 Anastasios Tsangalidis & Roberta Facchinetti (eds)
Studies on English Modality. In Honour of Frank Palmer.
392 pages. 2009. ISBN 978-3-0343-0310-1

Vol. 112 Jing Huang
Autonomy, Agency and Identity in Foreign Language Learning and Teaching.
400 pages. 2013. ISBN 978-3-0343-0370-5

Vol. 113 Mihhail Lotman & Maria-Kristiina Lotman (eds)
Frontiers in Comparative Prosody. In memoriam: Mikhail Gasparov.
426 pages. 2011. ISBN 978-3-0343-0373-6

Vol. 114 Merja Kytö, John Scahill & Harumi Tanabe (eds)
Language Change and Variation from Old English to Late Modern English.
A Festschrift for Minoji Akimoto
422 pages. 2010. ISBN 978-3-0343-0372-9

Vol. 115 Giuliana Garzone & Paola Catenaccio (eds)
Identities across Media and Modes. Discursive Perspectives.
379 pages. 2009. ISBN 978-3-0343-0386-6

Vol. 116 Elena Landone
Los marcadores del discurso y cortesía verbal en español.
390 pages. 2010. ISBN 978-3-0343-0413-9

Vol. 117 Maurizio Gotti & Christopher Williams (eds)
Legal Discourse across Languages and Cultures.
339 pages. 2010. ISBN 978-3-0343-0425-2

Vol. 118 David Hirsh
Academic Vocabulary in Context.
217 pages. 2010. ISBN 978-3-0343-0426-9

Vol. 119 Yvonne Dröschel
Lingua Franca English. The Role of Simplification and Transfer.
358 pages. 2011. ISBN 978-3-0343-0432-0

Vol. 120 Tengku Sepora Tengku Mahadi, Helia Vaezian & Mahmoud Akbari
Corpora in Translation. A Practical Guide.
135 pages. 2010. ISBN 978-3-0343-0434-4

Vol. 121 Davide Simone Giannoni & Celina Frade (eds)
Researching Language and the Law. Textual Features and Translation Issues.
278 pages. 2010. ISBN 978-3-0343-0443-6

Vol. 122 Daniel Madrid & Stephen Hughes (eds)
Studies in Bilingual Education.
472 pages. 2011. ISBN 978-3-0343-0474-0

Vol. 123 Vijay K. Bhatia, Christopher N. Candlin & Maurizio Gotti (eds)
The Discourses of Dispute Resolution.
290 pages. 2010. ISBN 978-3-0343-0476-4

Vol. 124 Davide Simone Giannoni
Mapping Academic Values in the Disciplines. A Corpus-Based Approach.
288 pages. 2010. ISBN 978-3-0343-0488-7

Vol. 125 Giuliana Garzone & James Archibald (eds)
Discourse, Identities and Roles in Specialized Communication.
419 pages. 2010. ISBN 978-3-0343-0494-8

Vol. 126 Iria Pastor-Gómez
The Status and Development of N+N Sequences in
Contemporary English Noun Phrases.
216 pages. 2011. ISBN 978-3-0343-0534-1

Vol. 127 Carlos Prado-Alonso
Full-verb Inversion in Written and Spoken English.
261 pages. 2011. ISBN 978-3-0343-0535-8

Vol. 128 Tony Harris & María Moreno Jaén (eds)
Corpus Linguistics in Language Teaching.
214 pages. 2010. ISBN 978-3-0343-0524-2

Vol. 129 Tetsuji Oda & Hiroyuki Eto (eds)
Multiple Perspectives on English Philology and History of Linguistics.
A Festschrift for Shoichi Watanabe on his 80th Birthday.
378 pages. 2010. ISBN 978-3-0343-0480-1

Vol. 130 Luisa Chierichetti & Giovanni Garofalo (eds)
Lengua y Derecho. líneas de investigación interdisciplinaria.
283 pages. 2010. 978-3-0343-0463-4

Vol. 131 Paola Evangelisti Allori & Giuliana Garzone (eds)
Discourse, Identities and Genres in Corporate Communication.
Sponsorship, Advertising and Organizational Communication.
324 pages. 2011. 978-3-0343-0591-4

Vol. 132 Leyre Ruiz de Zarobe & Yolanda Ruiz de Zarobe (eds)
Speech Acts and Politeness across Languages and Cultures.
402 pages. 2012. 978-3-0343-0611-9

Vol. 133 Thomas Christiansen
Cohesion. A Discourse Perspective.
387 pages. 2011. 978-3-0343-0619-5

Vol. 134 Giuliana Garzone & Maurizio Gotti
Discourse, Communication and the Enterprise. Genres and Trends.
451 pages. 2011. ISBN 978-3-0343-0620-1

Vol. 135 Zsuzsa Hoffmann
Ways of the World's Words.
Language Contact in the Age of Globalization.
334 pages 2011. ISBN 978-3-0343-0673-7

Vol. 136 Cecilia Varcasia (ed.)
Becoming Multilingual.
Language Learning and Language Policy between Attitudes and Identities.
213 pages. 2011. ISBN 978-3-0343-0687-5

Vol. 137 Susy Macqueen
The Emergence of Patterns in Second Language Writing.
A Sociocognitive Exploration of Lexical Trails.
325 pages. 2012. ISBN 978-3-0343-1010-9

Vol. 138 Maria Vittoria Calvi & Giovanna Mapelli (eds)
La lengua del turismo. Géneros discursivos y terminología.
365 pages. 2011. ISBN 978-3-0343-1011-6

Vol. 139 Ken Lau
Learning to Become a Professional in a Textually-Mediated World.
A Text-Oriented Study of Placement Practices.
261 pages. 2012. ISBN 978-3-0343-1016-1

Vol. 140 Sandra Campagna, Giuliana Garzone, Cornelia Ilie & Elizabeth Rowley-Jolivet (eds)
Evolving Genres in Web-mediated Communication.
337 pages. 2012. ISBN 978-3-0343-1013-0

Vol. 141 Edith Esch & Martin Solly (eds)
The Sociolinguistics of Language Education in International Contexts.
263 pages. 2012. ISBN 978-3-0343-1009-3

Vol. 142 Forthcoming.

Vol. 143 David Tizón-Couto
Left Dislocation in English. A Functional-Discoursal Approach.
416 pages. 2012. ISBN 978-3-0343-1037-6

Vol. 144 Margrethe Petersen & Jan Engberg (eds)
Current Trends in LSP Research. Aims and Methods.
323 pages. 2011. ISBN 978-3-0343-1054-3

Vol. 145 David Tizón-Couto, Beatriz Tizón-Couto, Iria Pastor-Gómez & Paula Rodríguez-Puente (eds)
New Trends and Methodologies in Applied English Language Research II.
Studies in Language Variation, Meaning and Learning.
283 pages. 2012. ISBN 978-3-0343-1061-1

Vol. 146 Rita Salvi & Hiromasa Tanaka (eds)
Intercultural Interactions in Business and Management.
306 pages. 2011. ISBN 978-3-0343-1039-0

Vol. 147 Francesco Straniero Sergio & Caterina Falbo (eds)
Breaking Ground in Corpus-based Interpreting Studies.
254 pages. 2012. ISBN 978-3-0343-1071-0

Vol. 148 Forthcoming.

Vol. 149 Vijay K. Bhatia & Paola Evangelisti Allori (eds)
Discourse and Identity in the Professions. Legal, Corporate and Institutional Citizenship.
352 pages. 2011. ISBN 978-3-0343-1079-6

Vol. 150 Maurizio Gotti (ed.)
Academic Identity Traits. A Corpus-Based Investigation.
363 pages. 2012. ISBN 978-3-0343-1141-0

Vol. 151 Priscilla Heynderickx, Sylvain Dieltjens, Geert Jacobs, Paul Gillaerts &
Elizabeth de Groot (eds)
The Language Factor in International Business.
New Perspectives on Research, Teaching and Practice.
320 pages. 2012. ISBN 978-3-0343-1090-1

Vol. 152 Paul Gillaerts, Elizabeth de Groot, Sylvain Dieltjens, Priscilla Heynderickx &
Geert Jacobs (eds)
Researching Discourse in Business Genres. Cases and Corpora.
215 pages. 2012. ISBN 978-3-0343-1092-5

Vol. 153 Yongyan Zheng
Dynamic Vocabulary Development in a Foreign Language.
262 pages. 2012. ISBN 978-3-0343-1106-9

Vol. 154 Carmen Argondizzo (ed.)
Creativity and Innovation in Language Education.
357 pages. 2012. ISBN 978-3-0343-1080-2

Vol. 155 David Hirsh (ed.)
Current Perspectives in Second Language Vocabulary Research.
180 pages. 2012. ISBN 978-3-0343-1108-3

Vol. 156 Seiji Shinkawa
Unhistorical Gender Assignment in Lahamon's *Brut*. A Case Study of a Late Stage
in the Development of Grammatical Gender toward its Ultimate Loss.
186 pages. 2012. ISBN 978-3-0343-1124-3

Vol. 157 Yeonkwon Jung
Basics of Organizational Writing: A Critical Reading Approach.
151 pages. 2014. ISBN 978-3-0343-1137-3.

Vol. 158 Bárbara Eizaga Rebollar (ed.)
Studies in Linguistics and Cognition.
301 pages. 2012. ISBN 978-3-0343-1138-0

Vol. 159 Giuliana Garzone, Paola Catenaccio, Chiara Degano (eds)
Genre Change in the Contemporary World. Short-term Diachronic Perspectives.
329 pages. 2012. ISBN 978-3-0343-1214-1

Vol. 160 Carol Berkenkotter, Vijay K. Bhatia & Maurizio Gotti (eds)
Insights into Academic Genres.
468 pages. 2012. ISBN 978-3-0343-1211-0

Vol. 161 Beatriz Tizón-Couto
Clausal Complements in Native and Learner Spoken English. A corpus-based study with Lindsei and Vicolse. 357 pages. 2013. ISBN 978-3-0343-1184-7

Vol. 162 Patrizia Anesa
Jury Trials and the Popularization of Legal Language. A Discourse Analytical Approach.
247 pages. 2012. ISBN 978-3-0343-1231-8

Vol. 163 David Hirsh
Endangered Languages, Knowledge Systems and Belief Systems.
153 pages. 2013. ISBN 978-3-0343-1232-5

Vol. 164 Eugenia Sainz (ed.)
De la estructura de la frase al tejido del discurso. Estudios contrastivos español/italiano.
305 pages. 2014. ISBN 978-3-0343-1253-0

Vol. 165 Julia Bamford, Franca Poppi & Davide Mazzi (eds)
Space, Place and the Discursive Construction of Identity.
367 pages. 2014. ISBN 978-3-0343-1249-3

Vol. 166 Rita Salvi & Janet Bowker (eds)
Space, Time and the Construction of Identity.
Discursive Indexicality in Cultural, Institutional and Professional Fields.
324 pages. 2013. ISBN 978-3-0343-1254-7

Vol. 167 Shunji Yamazaki & Robert Sigley (eds)
Approaching Language Variation through Corpora. A Festschrift in Honour of Toshio Saito.
421 pages. 2013. ISBN 978-3-0343-1264-6

Vol. 168 Franca Poppi
Global Interactions in English as a Lingua Franca. How written communication is changing under the influence of electronic media and new contexts of use.
249 pages. 2012. ISBN 978-3-0343-1276-9

Vol. 169 Miguel A. Aijón Oliva & María José Serrano
Style in syntax. Investigating variation in Spanish pronoun subjects.
239 pages. 2013. ISBN 978-3-0343-1244-8

Vol. 170 Inés Olza, Óscar Loureda & Manuel Casado-Velarde (eds)
Language Use in the Public Sphere. Methodological Perspectives and Empirical Applications
564 pages. 2014. ISBN 978-3-0343-1286-8

Vol. 171 Aleksandra Matulewska
Legilinguistic Translatology. A Parametric Approach to Legal Translation.
279 pages. 2013. ISBN 978-3-0343-1287-5

Vol. 172 Maurizio Gotti & Carmen Sancho Guinda (eds)
Narratives in Academic and Professional Genres.
513 pages. 2013. ISBN 978-3-0343-1371-1

Vol. 173 Madalina Chitez
Learner corpus profiles. The case of Romanian Learner English.
244 pages. 2014. ISBN 978-3-0343-1410-7

Vol. 174 Chihiro Inoue
Task Equivalence in Speaking Tests.
251 pages. 2013. ISBN 978-3-0343-1417-6

Vol. 175 Gabriel Quiroz & Pedro Patiño (eds.)
LSP in Colombia: advances and challenges.
339 pages. 2014. ISBN 978-3-0343-1434-3

Vol. 176 Catherine Resche
Economic Terms and Beyond: Capitalising on the Wealth of Notions.
How Researchers in Specialised Varieties of English Can Benefit from Focusing on Terms.
332 pages. 2013. ISBN 978-3-0343-1435-0

Vol. 177 Wei Wang
Media representation of migrant workers in China. Identities and stances
198 pages. 2018. 978-3-0343-1436-7

Vol. 178 Cécile Desoutter & Caroline Mellet (dir.)
Le discours rapporté: approches linguistiques et perspectives didactiques.
270 pages. 2013. ISBN 978-3-0343-1292-9

Vol. 179 Ana Díaz-Negrillo & Francisco Javier Díaz-Pérez (eds)
Specialisation and Variation in Language Corpora.
341 pages. 2014. ISBN 978-3-0343-1316-2

Vol. 180 Pilar Alonso
A Multi-dimensional Approach to Discourse Coherence. From Standardness to Creativity.
247 pages. 2014. ISBN 978-3-0343-1325-4

Vol. 181 Alejandro Alcaraz-Sintes & Salvador Valera-Hernández (eds)
Diachrony and Synchrony in English Corpus Linguistics.
393 pages. 2014. ISBN 978-3-0343-1326-1

Vol. 182 Runhan Zhang
Investigating Linguistic Knowledge of a Second Language.
207 pages. 2015. ISBN 978-3-0343-1330-8

Vol. 183 Hajar Abdul Rahim & Shakila Abdul Manan (eds.)
English in Malaysia. Postcolonial and Beyond.
267 pages. 2014. ISBN 978-3-0343-1341-4

Vol. 184 Virginie Fasel Lauzon
Comprendre et apprendre dans l'interaction. Les séquences d'explication en classe de français langue seconde.
292 pages. 2014. ISBN 978-3-0343-1451-0

Vol. 185 Forthcoming.

Vol. 186 Wei Ren
L2 Pragmatic Development in Study Abroad Contexts
256 pages. 2015. ISBN 978-3-0343-1358-2

Vol. 187 Marina Bondi & Rosa Lorés Sanz (eds)
Abstracts in Academic Discourse. Variation and Change.
361 pages. 2014. ISBN 978-3-0343-1483-1

Vol. 188 Giuditta Caliendo
Rethinking Community. Discourse, Identity and Citizenship in the European Union.
240 pages. 2017. ISBN 978-3-0343-1561-6

Vol. 189 Paola Evangelisti Allori (ed.)
Identities in and across Cultures.
315 pages. 2014. ISBN 978-3-0343-1458-9

Vol. 190 Erik Castello, Katherine Ackerley & Francesca Coccetta (eds).
Studies in Learner Corpus Linguistics. Research and Applications for Foreign Language Teaching and Assessment.
358 pages. 2015. ISBN 978-3-0343-1506-7

Vol. 191 Ruth Breeze, Maurizio Gotti & Carmen Sancho Guinda (eds)
Interpersonality in Legal Genres.
389 pages. 2014. ISBN 978-3-0343-1524-1

Vol. 192 Paola Evangelisti Allori, John Bateman & Vijay K. Bhatia (eds)
Evolution in Genre. Emergence, Variation, Multimodality.
364 pages. 2014. ISBN 978-3-0343-1533-3

Vol. 193 Jiyeon Kook
Agency in Arzt-Patient-Gesprächen. Zur interaktionistischen Konzeptualisierung von Agency
271 pages. 2015. ISBN 978-3-0343-1666-8

Vol. 194 Susana Nicolás Román & Juan José Torres Núñez (eds)
Drama and CLIL. A new challenge for the teaching approaches in bilingual education.
170 pages. 2015. ISBN 978-3-0343-1629-3

Vol. 195 Alessandra Molino & Serenella Zanotti (eds)
Observing Norm, Observing Usage. Lexis in Dictionaries and in the Media.
430 pages. 2015. ISBN 978-3-0343-1584-5

Vol. 196 Begoña Soneira
A Lexical Description of English for Architecture. A Corpus-based Approach.
267 pages. 2015. ISBN 978-3-0343-1602-6

Vol. 197 M Luisa Roca-Varela
False Friends in Learner Corpora. A corpus-based study of English false friends in the written and spoken production of Spanish learners.
348 pages. 2015. ISBN 978-3-0343-1620-0

Vol. 198 Rahma Al-Mahrooqi & Christopher Denman
Bridging the Gap between Education and Employment. English Language Instruction in EFL Contexts.
416 pages. 2015. ISBN 978-3-0343-1681-1

Vol. 199 Rita Salvi & Janet Bowker (eds)
The Dissemination of Contemporary Knowledge in English. Genres, discourse strategies and professional practices.
171 pages. 2015. ISBN 978-3-0343-1679-8

Vol. 200 Maurizio Gotti & Davide S. Giannoni (eds)
Corpus Analysis for Descriptive and Pedagogical Purposes. ESP Perspectives.
432 pages. 2014. ISBN 978-3-0343-1516-6

Vol. 201 Ida Ruffolo
The Perception of Nature in Travel Promotion Texts. A Corpus-based Discourse Analysis.
148 pages. 2015. ISBN 978-3-0343-1521-0

Vol. 202 Ives Trevian
English suffixes. Stress-assignment properties, productivity, selection and combinatorial processes.
471 pages. 2015. ISBN 978-3-0343-1576-0

Vol. 203 Maurizio Gotti, Stefania Maci & Michele Sala (eds)
Insights into Medical Communication.
422 pages. 2015. ISBN 978-3-0343-1694-1

Vol. 204 Carmen Argondizzo (ed.)
European Projects in University Language Centres. Creativity, Dynamics, Best Practice.
371 pages. 2015. ISBN 978-3-0343-1696-5

Vol. 205 Aura Luz Duffé Montalván (ed.)
Estudios sobre el léxico. Puntos y contrapuntos.
502 pages. 2016. ISBN 978-3-0343-2011-5

Vol. 206 Maria Pavesi, Maicol Formentelli & Elisa Ghia (eds)
The Languages of Dubbing. Mainstream Audiovisual Translation in Italy.
275 pages. 2014. ISBN 978-3-0343-1646-0

Vol. 207 Ruth Breeze & Inés Olza (eds)
Evaluation in media discourse. European perspectives.
268 pages. 2017. ISBN 978-3-0343-2014-6

Vol. 208 Vijay K. Bhatia & Maurizio Gotti (eds)
Arbitration Discourse in Asia.
331 pages. 2015. ISBN 978-3-0343-2032-0

Vol. 209 Sofía Bemposta-Rivas, Carla Bouzada-Jabois, Yolanda Fernández-Pena, Tamara Bouso, Yolanda J. Calvo-Benzies, Iván Tamaredo (eds)
New trends and methodologies in applied English language research III. Synchronic and diachronic studies on discourse, lexis and grammar processing.
280 pages. 2017. ISBN 978-3-0343-2039-9

Vol. 210 Francisco Alonso Almeida, Laura Cruz García & Víctor González Ruiz (eds)
Corpus-based studies on language varieties.
285 pages. 2016. ISBN 978-3-0343-2044-3

Vol. 211 Juan Pedro Rica Peromingo
Aspectos lingüísticos y técnicos de la traducción audiovisual (TAV).
177 pages. 2016. ISBN 978-3-0343-2055-9

Vol. 212 Maria Vender
Disentangling Dyslexia. VenderPhonological and Processing Deficit in Developmental Dyslexia.
338 pages. 2017. ISBN 978-3-0343-2064-1

Vol. 213 Zhilong Xie
Bilingual Advantages. Contributions of Different Bilingual Experiences to Cognitive Control Differences Among Young-adult Bilinguals.
221 pages. 2016. ISBN 978-3-0343-2081-8

Vol. 214 Larissa D'Angelo
Academic posters. A textual and visual metadiscourse analysis.
367 pages. 2016. ISBN 978-3-0343-2083-2

Vol. 215 Evelyne Berger
Prendre la parole en L2. Regard sur la compétence d'interaction en classe de langue.
246 pages. 2016. ISBN 978-3-0343-2084-9

Vol. 216 David Lasagabaster and Aintzane Doiz (eds)
CLIL experiences in secondary and tertiary education: In search of good practices.
262 pages. 2016. ISBN 978-3-0343-2104-4

Vol. 217 Elena Kkese
Identifying Plosives in L2 English: The Case of L1 Cypriot Greek Speakers.
317 pages. 2016. ISBN 978-3-0343-2060-3

Vol. 218 Sandra Campagna, Elana Ochse, Virginia Pulcini & Martin Solly (eds)
Languaging in and across Communities: New Voices, New Identities. Studies in Honour of Giuseppina Cortese.
507 pages. 2016. ISBN 978-3-0343-2073-3

Vol. 219 Adriana Orlandi & Laura Giacomini (ed.)
Defining collocation for lexicographic purposes. From linguistic theory to lexicographic practice.
328 pages. 2016. ISBN 978-3-0343-2054-2

Vol. 220 Pietro Luigi Iaia
Analysing English as a Lingua Franca in Video Games. Linguistic Features, Experiential and Functional Dimensions of Online and Scripted Interactions.
139 pages. 2016. ISBN 978-3-0343-2138-9

Vol. 221 Dimitrinka G. Níkleva (ed.)
La formación de los docentes de español para inmigrantes en distintos contextos educativos.
390 pages. 2017. ISBN 978-3-0343-2135-8

Vol. 222 Katherine Ackerley, Marta Guarda & Francesca Helm (eds)
Sharing Perspectives on English-Medium Instruction.
308 pages. 2017. ISBN 978-3-0343-2537-0

Vol. 223 Juana I. Marín-Arrese, Julia Lavid-López, Marta Carretero, Elena Domínguez Romero, Mª Victoria Martín de la Rosa & María Pérez Blanco (eds)
Evidentiality and Modality in European Languages. Discourse-pragmatic perspectives.
427 pages. 2017. ISBN 978-3-0343-2437-3

Vol. 224 Gilles Col
Construction du sens : un modèle instructionnel pour la sémantique.
292 pages. 2017. ISBN 978-3-0343-2572-1

Vol. 225 Ana Chiquito & Gabriel Quiroz (eds)
Pobreza, Lenguaje y Medios en América Latina.
362 pages. 2017. ISBN 978-3-0343-2142-6

Vol. 226 Xu Zhang
English Quasi-Numeral Classifiers. A Corpus-Based Cognitive-Typological Study.
360 pages. 2017. ISBN 978-3-0343-2818-0

Vol. 227 María Ángeles Orts, Ruth Breeze & Maurizio Gotti (eds)
Power, Persuasion and Manipulation in Specialised Genres. Providing Keys to the Rhetoric of Professional Communities.
368 pages. 2017. ISBN 978-3-0343-3010-7

Vol. 228 Maurizio Gotti, Stefania Maci & Michele Sala (eds)
Ways of Seeing, Ways of Being: Representing the Voices of Tourism.
453 pages. 2017. ISBN 978-3-0343-3031-2

Vol. 229 Dino Selvaggi
Plurilingual Code-Switching between Standard and Local Varieties.
A Socio-Psycholinguistic Approach
371 pages. 2018. ISBN 978-3-0343-2663-6

Vol. 230 Anca-Cristina Sterie
Interprofessional interactions at the hospital. Nurses' requests and reports of problems in calls with physicians.
371 pages. 2017. ISBN 978-3-0343-2734-3

Vol. 231 Xiaodong Zhang
Understanding Chinese EFL Teachers' Beliefs and Practices in the Textbook-Based Classroom.
189 pages. 2017. ISBN 978-3-0343-3053-4

Vol. 232 Manuela Caterina Moroni & Federica Ricci Garotti (Hrsg.)
Brücken schlagen zwischen Sprachwissenschaft und DaF-Didaktik.
345 pages. 2017. ISBN 978-3-0343-2667-4

Vol. 233 Dimitrinka Georgieva Níkleva
Necesidades y tendencias en la formación del profesorado de español como lengua extranjera
401 pages. 2017. ISBN 978-3-0343-2946-0

Vol. 234 Juan Santana-Lario & Salvador Valera (Hrsg.)
Competing patterns in English affixation.
272 pages. 2017. ISBN 978-3-0343-2701-5

Vol. 235 Francisco Salgado-Robles
Desarrollo de la competencia sociolingüística por aprendices de español en un contexto de inmersión en el extranjero
241 pages. 2018. ISBN 978-3-0343-2323-9

Vol. 236 Maria Chiara Janner
Sguardi linguistici sulla marca. Analisi morfosintattica dei nomi commerciali in italiano
345 pages. 2017. ISBN 978-3-0343-2667-4

Vol. 237 Bárbara Herrero Muñoz-Cobo & Otman El Azami Zalachi
La primavera del árabe marroquí.
192 pages. 2017. ISBN 978-3-0343-3104-3

Vol. 238 Consuelo Pascual Escagedo
El papel del oyente en la construcción de la conversación espontánea de estudiantes italianos en su interlengua y en su lengua materna
295 pages. 2017. ISBN 978-3-0343-3186-9

Vol. 239 Stefania M. Maci
The MS Digby 133 *Mary Magdalene*. Beyond scribal practices: language, discourse, values and attitudes.
336 pages. 2017. ISBN 978-3-0343-3256-9

Vol. 240 Eliecer Crespo-Fernández
Taboo in Discourse. Studies on Attenuation and Offence in Communication.
326 pages. 2018. ISBN 978-3-0343-3018-3

Vol. 241 Jana Altmanova, Maria Centrella, Katherine E. Russo (eds)
Terminology & Discourse / Terminologie et discours.
424 pages. 2018. ISBN 978-3-0343-2417-5

Vol. 242 Xavier Blanco et Inès Sfar (dir.)
Lexicologie(s) : approches croisées en sémantique lexicale.
442 pages. 2018. ISBN 978-3-0343-3056-5

Vol. 243 Yunfeng Ge
Resolution of Conflict of Interest in Chinese Civil Court Hearings.
A Perspective of Discourse Information Theory.
302 pages. 2018. ISBN 978-3-0343-3313-9

Vol. 244 Carla Vergaro
Illocutionary Shell Nouns in English
322 pages. 2018. ISBN 978-3-0343-3069-5

Vol. 245 Paolo Frassi
L'adjectif en français et sa définition lexicographique.
270 pages. 2018. ISBN 978-3-0343-3394-8

Vol. 246 Suwilai Premsrirat and David Hirsh (eds)
Language Revitalization. Insights from Thailand
328 pages. 2018. ISBN 978-3-0343-3497-6

Vol. 247 Wei Wang
Researching Learning and Learners in Genre-based Academic Writing Instruction
282 pages. 2018. ISBN 978-3-0343-3297-2

Vol. 248 Isusi Alabarte, Alberto & Lahuerta Martínez, Ana Cristina (eds)
La comprensión lectora de lengua extranjera
Estudio de los factores de familiaridad, interés, género y métodos de evaluación
336 pages. 2018. ISBN 978-3-0343-3493-8

Vol. 249 Mercedes Eurrutia Cavero
Approche didactique du langage techno-scientifique
Terminologie et discours
374 pages. 2018. ISBN 978-3-0343-3512-6

Vol. 250 Aurora Ruiz Mezcua (ed.)
Approaches to Telephone Interpretation
Research, Innovation, Teaching and Transference
268 pages. 2018. ISBN 978-3-0343-3330-6

Vol. 251 Morini Massimiliano
A Day in the News
A Stylistic Analysis of Newsspeak
188 pages. 2018. ISBN 978-3-0343-3507-2

Vol. 252 Ignacio Guillén-Galve & Ignacio Vázquez-Orta (eds.)
English as a Lingua Franca and Intercultural Communication
Implications and Applications in the Field of English Language Teaching
414 pages. 2018. ISBN 978-3-0343-2763-3

Vol. 253 Bianca Del Villano
Using the Devil with Courtesy
Shakespeare and the Language of (Im)Politeness
216 pages. 2018. ISBN 978-3-0343-2315-4

Vol. 254 David Hirsh (ed.)
Explorations in Second Language Vocabulary Research
252 pages. 2018. ISBN 978-3-0343-2940-8

Vol. 255 Tania Baumann (ed.)
Reiseführer - Sprach- und Kulturmittlung im Tourismus / Le guide turistiche - mediazione linguistica e culturale in ambito turistico
270 pages. 2018. ISBN 978-3-0343-3402-0

Vol. 256 Ariadna Sánchez-Hernández & Ana Herraiz-Martínez (eds)
Learning second language pragmatics beyond traditional contexts
376 pages. 2018. ISBN 978-3-0343-3437-2

Vol. 257 Albert Bastardas-Boada, Emili Boix-Fuster, Rosa Maria Torrens (eds)
Family Multilingualism in Medium-Sized Linguistic Communities
336 pages. 2019. ISBN 978-3-0343-2536-3

Vol. 258 Yuyang Cai
Examining the Interaction among Components of English for Specific Purposes Ability in Reading. The Triple-Decker Model
296 pages. 2020. 978-3-0343-2913-2

Vol. 259 Catia Nannoni
Participe présent et gérondif dans la presse française contemporaine
176 pages. 2019. ISBN 978-3-0343-3631-4

Vol. 260 Nieves Rodríguez Pérez & Bárbara Heinsch (eds.)
Contextos multilingües. Mediadores interculturales, formación del profesorado de lenguas extranjeras
289 pages. 2019. ISBN 978-3-0343-3768-7

Vol. 261 Giuliana Elena Garzone, Mara Logaldo, Francesca Santulli (eds.)
Investigating Conflict Discourses in the Periodical Press
244 pages. 2020. ISBN 978-3-0343-3668-0

Vol. 262 Laura Nadal
Lingüística experimental y contraargumentación
233 pages. 2019. ISBN 978-3-0343-3791-5

Vol. 263 Claudia Claridge & Merja Kytö (eds.)
Punctuation in Context – Past and Present Perspectives
288 pages. 2019. ISBN 978-3-0343-3790-8

Vol. 264 Maurizio Gotti, Stefania Maci, Michele Sala (eds.)
Scholarly Pathways
530 pages. 2020. ISBN 978-3-0343-3860-8

Vol. 265 Ruth Breeze, Ana M. Fernández Vallejo (eds.)
Politics and populism across modes and media
350 pages. 2020. ISBN 978-3-0343-3707-6

Vol. 266 Jean Marguerite Jimenez
Understanding the Effects of Immediate Electronic Corrective Feedback on Second Language Development
252 pages. 2020. ISBN 978-3-0343-3815-8

Vol. 267 Sergio Rodríguez-Tapia, Adela González-Fernández (eds)
Lenguas y turismo: estudios en torno al discurso, la didáctica y la divulgación
380 pages. 2020. ISBN 978-3-0343-3881-3

Vol. 268 Ana Bocanegra-Valle (ed.)
Applied Linguistics and Knowledge Transfer. Employability, Internationalisation and Social Challenges
344 pages. 2020. ISBN 978-3-0343-3714-4

Vol. 269 Beatrice Garzelli
La traducción audiovisual español-italiano.Películas y cortos entre humor y habla soez
202 pages. 2020. ISBN 978-3-0343-4013-7

Vol. 270 Iván Tamaredo
Complexity, Efficiency, and Language Contact. Pronoun Omission in World Englishes
292 pages. 2020. ISBN 978-3-0343-3902-5

Vol. 271 Silvia Domenica Zollo,
Origine et histoire du vocabulaire des arts de la table. Analyse lexicale et exploitation de corpus textuels
239 pages. 2020. ISBN 978-3-0343-3890-5

Vol. 272 Paola Paissa, Michelangelo Conoscenti, Ruggero Druetta, Martin Solly (eds.)
Metaphor and Conflict / Métaphore et conflit
385 pages. 2021. 978-3-0343-4068-7

Vol. 273 María Martínez-Atienza de Dios,
Entre el léxico y la sintaxis: las fases de los eventos
178 pages. 2021. 978-3-0343-4173-8

Vol. 274 Noelia Castro-Chao,
Argument Structure in Flux. The Development of Impersonal Constructions in Middle and Early Modern English, with Special Reference to Verbs of Desire.
300 pages. 2021. 978-3-0343-4189-9

Vol. 275 Gabriella Carobbio, Cécile Desoutter, Aurora Fragonara (eds.)
Macht, Ratio und Emotion: Diskurse im digitalen Zeitalter / Pouvoir, raison et émotion: les discours à l'ère du numérique
246 pages. 2020. 978-3-0343-4184-4

Vol. 276 Miguel Fuster-Márquez, José Santaemilia, Carmen Gregori-Signes, Paula Rodríguez-Abruñeiras (eds.)
Exploring discourse and ideology through corpora
293 pages. 2021. 978-3-0343-3969-8

Vol. 277 Forthcoming

Vol. 278 Forthcoming

Vol. 279 Luisa Chierichetti
Diálogos de serie. Una aproximación a la construcción discursiva de personajes basada en corpus
246 pages. 2021. 978-3-0343-4274-2

www.ingramcontent.com/pod-product-compliance
Ingram Content Group UK Ltd.
Pitfield, Milton Keynes, MK11 3LW, UK
UKHW041829290926
8980IPUK00002B/159

9 783034 342742